ケベックのフェミニズム

若者たちに語り伝える物語

LE FÉMINISME QUÉBÉCOIS RACONTÉ À CAMILLE

ミシュリンヌ・デュモン
訳 矢内琴江

春風社

ケベックのフェミニズム——若者たちに語り伝える物語　目次

第4部 沸き立つフェミニズム 1969―1980 155

第5部　世界を変えるための活動　1981年から今日まで　225

凡例

・原書の脚注は各部末に並べた。
・訳注は＊を付し、各部末に並べた。
・原書の太字箇所については**太字**で示した。
・（）については原語を示し、［］は訳者による補足、〔〕は訳注とする程ではないが、読者にわかりやすいように入れた説明とした。
・地名や人名の表記は、原則としてフランス語読みで表記した。ただし、原文で英語で表記されている場合（例 Montreal）や、英語圏の地名・人名は英語読みで表記した。

全国カナダ女性評議会の設立から1世紀後に生まれた、
私の最初の読者、
孫娘のカミーユへ

日本語版序文

日本の読者の皆さんに、ケベックのフェミニズムに関する私の本を紹介できることを大変光栄に思っています。長崎大学ダイバーシティ推進センターのコーディネーター／准教授の矢内琴江さんの依頼で、私自身のことと女性たちの歴史に関する私の考えについてお話しします。

私は第二次世界大戦の前に生まれました。何もかもが、私を伝統的な女性の運命に向かわせようとしていました。つまり、結婚と家庭生活、おそらく日本の女性たちの多くと似たようなものです。しかし、私の希望は高等教育での勉強を続けることでした。それで、私は奨学金を得ることに成功しました。私の父の意にそぐわず、ですが。文学学士を修め、それから、女子コレージュで歴史の教員のポストを得ました。それでも、結婚し3人の娘をもうけました。1968年（3人目の娘の妊娠中です）、私は特別な依頼を受けました。それというのも、この年カナダ政府が、バード委員会と呼ばれている、カナダの女性の状況に関する調査委員会を設置していました。私の友人の1人で社会学者のモニック・ベジャン（Monique Begin）はその事務局長になり、私にケベックにおける女性の歴史に関する文章を執筆するよう依頼してきたのです。1971年の出版の際、英語とフランス語というカナダの2つの公用語によるこの著作は、カナダの女性たちの歴史の土台たるテクストの1つとなりました。実際、女性たちに関する逸話的な話を紹介する代わりに、私は女性たちを彼女たちの歴史の主体として位置付けました。それによって、女性は彼女自身の人生の主人であり得るのだということが理解可能になったのです。

当時、私は歴史学の博士課程の院生でもあり、最終的にシェルブルック大学で教員のポストを得ました。400人の教員集団のうち、私たち女性教員は約30人でした。女性のアカデミズムにおける状況は、したがって、すべての分野において、フェミニスト・リサーチの登場によって揺さぶり動かされました。私はこの運動にわくわくしながら入っていきました。科学的に検証すべき問題は、長大なリストになっていました。このとき、私は女性たちの歴史に関する研究を始めたのでした。女子教育、修道女たちの役割、初期のフェミニスト・グループ、女性団体、女性誌、女性教師、そして20世紀初頭のフェミニズム思想の登場についての研究です。また、執筆グループにも参加しました。1982年、**コレクティフ・クリオ**（私たちは4人の女性歴史学者でした）という著者名で、私たちは『4世紀にわたるケベックにおける女性の歴史（*Histoire des femmes au Québec depuis quatre siècles*）』を出版しました。それはベストセラーになりました。この濃密な仕事によって、私の歴史学者としての理想が形成されることになりました。すなわち、すべての人々にわかってもらいたいこと、それは、女性たちは歴史のなかに**存在する**、女性たちには歴史が**ある**、そして何よりも、女性たちは歴史を**創っている**、ということです。私は、フェミニズムはすべての国において20世紀の最も重要な出来事の1つだと考えています。なぜなら、フェミニズムは、社会的・政治的組織に関する1000年以上にわたる考え方を転覆させることに貢献したからです。フェミニスト出版社のルミュ・メナージュのおかげで、私は女性の歴史に関する作品をいくつも出版しました。

もちろん、私は数多くの女性団体や、活動家たち、学生たちの前で、数百もの講演もしてきました。そこで気がついたのは、多くの聞き手の皆さんが、フェミニズムの歴史の長さと社会変化におけるその根本的な役割をすっかり無視してしまっているということです。多くの女性たちが、フェミニズムは1970年代のものだと考えていました。だからこそ、一度は退職したものの、ケベックにおける女性たちの歴史について広く伝える作品を書くことに決めたのでした。まさに、あなたが手にしているこの本です。フェミニズムには長い歴史があり、歴史的に重要な出来事であり、そして女性たちの運命を変えることに貢献したのだと、女性たちに、とりわけ若い女性たちに、わかってもらう必要があったのです。

この本を読むと、ケベックの女性たちは他のカナダの女性たちよりも、ずっと遠いところから出発して、自分たちのことを遅れていると感じていたことがわかるでしょう。ケベックの女性たちは、他州の女性たちに遅れて、1940年に女性の参政権を、1964年に民法の近代化を、1965年以降に高等教育へのアクセスを、1969年に避妊と中絶へのアクセスを獲得しました。ところが数十年後、彼女たちはリーダーに返り咲きます。しかもケベックのフェミニストたちは、２０００年、女性に対する暴力と女性の貧困問題に対して世界中を喚起するために、五大陸で、数千人の女性たちを動かした大規模なデモ「２０００年世界女性パレード」を組織する力技に成功しました。

一見、全く異なる文化ですが、ケベックのフェミニズムの歴史が、みなさんを行動へと誘《いざな》うことができるようにと、強く期待しています。

ミシュリンヌ・デュモン

序文

本書は、21世紀の若い人々に向けて書かれている。私はこの若者たちに向けて、1893年から今日に至るまでのケベックにおけるフェミニズムの歴史を語りたいからだ。またこの本は、学術書、脚注、研究論文にあまり馴染みのないすべての人たちに向けて書かれている。

しかし、この本に記されているあらゆる情報は、調査、博士論文、研究論文、資料に依拠している。引用の出典を巻末にまとめたのは、読みやすくするためである。なお引用について、たとえ言葉が実際に発言されたものではなく、書かれたものであっても、対話形式で挿入した場合もある。

本書は、私の大学の同僚や活動家たちに向けて書いたものではない。この物語をすでに知っているだろうし、私がごく最近のいくつかの研究のなかで発見した、非常に細かい点の他には新たに学ぶことは何もないだろうと思うからだ。しかしながら、私がどちらにもわかってもらいたいことは、フェミニズムはまだまだこれからなのだということです！

2008年3月
ミシュリンヌ・デュモン

プロローグ――1890年代頃の17歳の女の子たち

今は1890年。彼女たちの名は、エルネスティーヌ、ベルト、マリー、アントワネット、ユージェニー、イメルダ。17歳。彼女たちのほとんどがみな、学校に通った。彼女たちは、教理問答とお祈りをよく理解している。読み書きそろばんだって、兄弟たちよりもずっとよくできる。何人かは、英語、音楽、文学、歴史を勉強しに寄宿制学校に行った。しかし、寄宿制学校を卒業してからも勉強を続けることはできない。女の子には、どんなコレージュも、専門学校もないからだ。大学に通うことは禁止されている。イギリス系住民で、お金持ちで、プロテスタントでもない限り！

彼女たちは、読書も文通も監視されている。彼女たちのできないことリストは、許可されていることよりもずっと長い。女の子たちが守らなければならない貞操は、少年たちよりも重んじられている。結婚前の若い女性は、処女でなければならない。結婚前の若い男性は、経験がなければならない。二重の圧、二重の基準。まさに〝二重規範《ダブル・スタンダード》〟と呼ばれているもの！

もし彼女たちが模範課程修了証（中学3年生に相当）を取得したならば、大体は農村学校[*1]で教えることができる。彼女たちの給料は、男性教師の給料に比べて非常に少額だ。田舎では、家族の家や農場で働く。仕事はたくさんあるのだ。子どもたちはみんな、そこでただ働きをしている。彼女た

【図 1】20 世紀初頭の 16 歳の女の子
黒いタイツ、詰め襟、長袖。女性に対する監視を雄弁に語る服装の掟。

ちは早くに結婚したがっているが、それが叶うという約束は何もない。なぜなら「年とった女の子」がたくさんいるからだ。25歳を過ぎたら、聖カトリーヌの頭巾をかぶる独身女だ[*2]。

　ある女性たちは、街に出ていくことにする。裕福な家族に女中として雇ってもらえるからだ。工場、商店、事務所にも仕事はある。都市では、労働者階級の少女の大部分が、早くに学校を離れる。母親が家の外で働いているので、彼女たちが小さな子どもの世話をするのだ。ほとんどの場合、彼女たちは工場で働いている。14歳か15歳まで、他の子たちよりもほんのわずかに長く学校に通った女の子たちは、事務所や商店で働くことができる。

　彼女たちもやはり薄給で、結婚するやいなや仕事を失う。女性というのは、働く権利そのものを持っているのだろうか。仕事は男に任すべきだと、人々は盛んに議論している。街でも田舎でも、女の子たちは勉強している期間が長いほど、「無理して」働くことはない。女性が働いてお金を稼ぐことはよく見られていないからだ。不名誉なことなのである。しかし、料理、掃除、洗濯、アイロンがけ、家のなかの補修修繕などの雑用が、彼女たちを待ちうけている。言ってみれば、彼女たちは兄弟たちの召使なのだ。

もし結婚すれば、彼女たちは何人もの子どもを持つことになる。夫の姓に変わって、自分の名を失う。例えば、エドワード・ランクト夫人と呼ばれるのだ。夫婦間の関係を規定する民法には、彼女たちは精神病者と子ども同様に、法の前では無能力者であると明示されている。たとえ働いても、その給料は夫のものだ。夫が死んでも、彼女たちは子どもの親権者になれない。離婚しなければならない場合（非常にめずらしいことだが）、子どもは父親のもとにとどまる。そう法律にあるのだ。相続に関して、ほとんどの場合男の子が女の子よりも有利である。不公平なことだが、それを指摘してはいけないし、異議を唱えてもいけない。女の子は、自分の宿命を受け入れるように教育されているのだ。

彼女たちのおばあさんは、19世紀のはじめに選挙権を持っていた。[*3] しかし1934年に、議員たちがこの慣行は許し難く、忌むべきだと決めたのだ！ 公益、品位、慎み深さを理由にして、彼女たちは投票所にはもう行けなくなる。1867年、コンフェデレーション[*4]の際に、議員たちは憲法のなかに男性だけが人間であると書き込むことにこだわった。男性は、公的な事柄に関わる。例えば、政治、選挙、ビジネス、契約、教育委員会、教区、鉄道の敷設だ。女性は、家族、子どもの面倒を見なければならず、また一部の女性は、慈善事業にも関わらなければならない。

女性たちには、ごくわずかな可能性しかない。そのため、一部は修道院に入ることを選ぶ。寄宿舎での生活では、多くの「召命」が与えられる。修道院に入るという選択は、それほど難しくない。というのも、宗教的な文化が社会全体に深く浸透しているからだ。ひとたび修道女になると、彼女たちは、教えたり、勉強したり、病人を介抱したり、ホスピスの慈善事業や、孤児、保護所、避難者の世話をする。盲者、聾者、犯罪者、囚人、未婚の母《フィーユ・メール》たちの世話もする。南米、ユーコン準州、あるいはカナダ西部といったほとんど未開の地域で、宣教師になることもできる。このように、召命の数は増えていく。ある修道女たちは、統括長、会計係長、教育監督という修道院における重要な責任を任されている。

やがて少なくとも街中では、新発明が登場する。鉄道、電話、ガス灯、あるいは電気だ。人々は、よその国々で女性たちが自己実現に成功していることを新聞で知る。ある女性たちは、医者、弁護士、記者、オペラ歌手になった！　アメリカでは、女子学生を受け入れている大学がある。今言ったことは、これから［ケベックの］女性たちにも可能になっていきそうだ。ブルジョワジーや知識人層では、「新しい女」が話題だ。当時の若い女性は、自分たちが「モダン」だと感じている。彼女たちは、20世紀に入っていこうとしているのだ。

ついに、産業化とともに新たな社会階級が台頭する。中産階級、あるいは下層中産階級である。この社会集団では、女中のおかげで女性たちに自由時間ができる。彼女たちの多くが、社交界の暮らし、つまり時間を埋めるためのトランプ・パーティー、お茶会、舞踏会とは別のものを望んでいる。彼女たちは、病院、孤児院、無料給食所などといった慈善事業に関わり始めるのだ。「慈善事業を行う上流婦人」[1]たちの協会を立ち上げ、資金を集め、病人を訪問し、ボランティア活動を行う。それは、当時、博愛事業《フィラントロピー》と呼ばれていた。寄宿制学校を出たばかりの女の子たちには、そこが行き先として用意される。

つまり女の子たちの大部分は、非常に限られ、保護され、厳しく監視された世界のなかにいるのだ。彼女たちの母親と同じように、自分を待ち受ける運命に疑問を抱くことはない。ごくわずかなもっと勇気のある女性たち、フェミニストたちをのぞいては。**しかし、フェミニストとは誰のことなのだろうか？　また、フェミニズムとは正確には何なのか？**

原注

1　様々な資金調達活動によって慈善事業を支えることを願っている女性たちを「慈善事業婦人（dames patronesses）」と呼ぶ。

訳注

＊1　農村学校（école de rang）は、1829年から1964年まで、カナダ・ケベック州の農村地域の6歳から14歳までの子どもたちの教育を担っていた。

＊2　これは25歳を過ぎた女性は、独身の女性であるという慣用表現。聖カトリーヌは、4世紀に処女のま

ま殉教した明晰な女性で、若い女性たちの守護者とされている。純潔のシンボルでもあるので、11月25日は、25歳を過ぎても未婚の女性たちのために、聖カトリーヌを讃える祝日である。そのときに、この女性たちが黄色（信仰のシンボル）と緑色（知性のシンボル）の頭巾をかぶるのが伝統になっていることから、この慣用表現が生まれた。

＊3　現在のケベック州の土地は、先住民族の人々が暮らしていたが、16世紀にフランス人が到来し、17世紀に入りフランスの植民地となる。しかし、イギリスとフランスの100年に及ぶ戦争の末、フランスは敗北し、ケベックはイギリスの植民地となる（1763年）。1791年、立憲法が成立し、ケベック植民地は、フランス系住民の多い地域をロワー・カナダ、イギリス系住民が多い地域をアッパー・カナダに分割する。この立憲法において、ロワー・カナダに立法議会の設置が定められ、選挙権も規定される。そこでは、性別が何であるかは関係ない「人（personne）」という語が用いられていたため、女性も男性同様の選挙権を有していた。

＊4　コンフェデレーションとは、1867年7月1日、「英領北アメリカ法」のもと、ケベック、オンタリオ、ニュー・ブランズウィック、ノヴァ・スコシアの4つの州で構成される、「ドミニオン・オブ・カナダ」の誕生のことを言う。それは、「近代国家」としてのカナダ連邦の誕生を意味している。

第1部

組織する女性たち　1893－1912

組織する女性たち

1893：アバディーン夫人による全国カナダ女性評議会（CNFC）の創設
1893：CNFCと連携した、モントリオール地区女性評議会の創設
1900：パリ万博へのカナダ人フェミニストたちの参加
1907：マリー・ジェラン=ラジョワとキャロリーヌ・ベイックによる全国サン・ジャン=バティスト連盟の設立
1908：マザー・サンタンヌ=マリーによる女子高等学校の設立

1. フェミニズムの誕生

19世紀末、いくつもの国々で、女性たちが政治結社に集って、自分たちの権利について議論している。こうした結社のなかで、最も古いものは１８４８年からある。それは、ヨーロッパ、アメリカ、そしてアジアに北アフリカまで、ほとんどいたるところで見られる。「フェミニズム」と「フェミニスト」という言葉が使われる前であっても、これらの団体は存在していた。当時もう「女性の権利」が話されているのだ。あらゆる国々における女性たちの状況は、19世紀半ばのケベックで見られたものと大差なかった。同様に、ケベックでも「フェミニスト」と言われる集団はいないし、世間の人々はこの言葉の存在に無関心だ。それどころか、実際のところもともと「フェミニズム」という語は、医学辞典に記された非常にめずらしい病のことを指している。身体的な女性の特徴（ひげがないこと、胸のふくらみ）がある男性のことを、彼は「フェミニズム」に罹っていると言うのである。

１８７０年ごろ、女性の権利のために闘う活動家たちがフランスでは非常に活発で、それは多くの男性の怒りを招く。作家のアレクサンドル・デュマ・フィス（Alexandre Dumas fils）は、こうした女性たちを笑いものにしようとして、彼女たちは男性に変わりたがっており、男性的特徴を我が物にしたいのだというニュアンスをこめて、「フェミニスト」として取り上げる。その後10年して、

1人のフランス人活動家ユーベルティーヌ・オークレール（Hubertine Auclert）が、この語は女性の権利のための闘いを描写するのにぴったりだと思い、自らを「フェミニスト」だと宣言すると、それはたちまち「フェミニズム」を生み出すのである。さらに、この語には、いくつもの言語に翻訳しやすいという長所があったおかげで、すぐさまヨーロッパで広まる。この言葉は、社会における女性の従属的な地位に異議を申し立て、女性の権利を擁護するための要求を表明する運動全体を示すのである。1890年代からは、国際的なフェミニスト会議がすでに開催されている。しかし、フェミニストたちはいったい何を望んでいるのだろうか。

彼女たちの要望書は長大だ。基本的に彼女たちの主張は、女性の劣等性は生まれもったものではなく、社会と文化に押しつけられているというものだ。したがって、彼女たちは、女性の従属が定められていることに関して責任がある法、規則、伝統を変えさせようとしている。フェミニストたちは、女性を男性よりも劣っているとする、この従属に対して反乱を起こしているのだ。彼女たちは、教育、労働、法といった、いくつもの前線で社会を変えようとする。

多くの女性たちが、初等教育や中等教育の先の勉強を続ける権利を、また大学に通学する権利を持つことまでも望んでいる。教育の権利は、次の3つの理由から、他のあらゆる権利の土台として考えられている。すなわち教育は自らの権利意識を発展させ、一人ひとりの自信を育み、そして、経済的自立を可能にするという理由だ。

ひとたび学業を終えると、ますます多くの女性たちが、報酬の良い仕事に就くことを望むようになる。何人もの女性がジャーナリストとなって、新聞でこれらの考え方を主張している。またある女性たちは男性と同じ仕事をしているので、賃金の平等を要求している。フェミニストたちは、アメリカ人女性のように、医者、弁護士、薬剤師、会計士、建築士になる権利の獲得を望む。彼女たちは女性労働者のために、より良い賃金とより良い労働環境――つまり、勤務日数の短縮と衛生環境の改善――を要求する。また彼女たちは、女性を雇用する工場を対象とした女性視察官を要求する。有償労働に関する権利が、フェミニストの要求の中心だ。

女性たちはまた、民法の改正も望んでいる。民法は女性たちを夫に依存させ、法の前で無能力にするからだ。彼女たちは、夫の名をもち、夫の署名なしには何もできない。さらに、フェミニストが抗議しているのは、民法が男性の性的品行に対して非常に寛大であるにもかかわらず、女性の貞操に関しては疑いのまなざしを向けていることだ。それは、性の「二重規範《ダブルスタンダード》」と呼ばれているものである。フェミニストは、離婚した女性たちのためのより良い保護と、その子どもと引き離されない権利を望んでいる。19世紀末の法律によると、子どもは父親に属しており、夫婦が離婚すると子どもは父親に委ねられるのだ。また、フェミニストは、結婚するのに必要な法的年齢の引き上げを望んでいる。当時は、女子の場合は12歳（男子は14歳）と定められていたからだ。さらに一部の勇敢なフェミニストたちは、離婚の権利まで要求している。それは、フランスやアメリカ合衆国のようないくつかの国々では現実のものとなっている。結婚と家族に関する民法の修正は、いつでも女性の権利要求の重要事項である。

多くのフェミニストが、選挙権、「参政権」(suffrage)、市民権の獲得を望んでいる。それらによって、女性たちは完全な権利を持った市民になるはずだからだ。しかしながら、この要求に対して、フェミニストたちはそろって賛同しているわけではない。いく人ものフェミニストから、それはあまりにも過激主義的な要求と見なされている。選挙権は、歴史のなかでは最近のものである。実に18世紀末からしか登場しなかったし、はじめはわずかな男性にしか割り当てられていなかった。実際、民主主義は男性のためだけを考えている。19世紀半ばに、人々が普通選挙を要求するとき、このいわゆる普遍的権利はもっぱら男性のものだ。

それにもかかわらず、フェミニストたちは地方政治に強い関心を持っている。彼女たちは、街のなかの緑地帯、労働者地域のより良い衛生環境、公衆浴場、幼稚園を要求する。はじめこそすべてのフェミニストにとって最優先事項でなくても、選挙権は20世紀初頭に、たちまち最優先事項となるのだ。

今から1世紀前、アルコール依存症、婦女売買《ホワイトスレイブ》と呼ばれている売春、猥褻文学のような、刑法に関連した、いくつもの問題がフェミニストたちの間で議論を呼び起こしていた。フェミニストは、たいていの場合貧困が売春の原因であることに気がついているし、使用人たちがどれほど弱い立場にあるかを知っている。また、彼女たちの関心は、女性囚人の生活環境と、少女のための更生院[*1]にもある。

あるフェミニストたちは、断酒会[1]で活動している。アルコールは家庭の敵と見なされているからだ。彼女たちが、選挙権に非常に好意的なのは、酒類商業を統制する法律を変える権力を持ちたいという理由である。

驚くべきは、一部の勇気ある女性たちが、避妊についてですら議論していることだ。それというのも、当時避妊と中絶は刑法に載っていて、法によって罰せられるという単なる犯罪であるだけではなく、これらについて公的に議論することが厳しく禁じられていたからである。また、これら2つの行為が、あらゆる教会によって断罪されていることはあえて言うまでもない。ちなみに、大多数のフェミニスト団体は、このことについて話題にしない。彼女たちは、さらなる性的自由を要求し、自由な生活を謳歌している、フランスと合衆国の稀有な女性たちに結びつけられることを恐れている。こうしたフェミニスト団体は、このような女性たちがフェミニズム運動全体の信用を傷つけると考えているのだ。また、これらの団体は、女性の身体の動きを制約する、女性たちに押し付けられた服装の流行を批判している。このようなフェミニスト団体の願いは、スキャンダルに騒ぎ立てられることなく、スポーツをして自転車で走ることなのだ！

最後に、フェミニストたちが考えていることとは、女性は母として、社会的保護を当然のこととして要求できるということである。彼女たちは、貧しい女性や夫に見棄てられた女性のための手当てを要求する。出産のための母親の援助と医療監督の公共事業、小児病院を求める。政府が失業者、病人、老人のためのプログラムをまだ実施していなかったことを考慮すると、社会的権利は、19世紀の初めにはまだごくわずかしか発展していない。一般的な意見は、あらゆる問題に対処するために、慈善事業の充実を求めている。

フェミニストたちは、現実的で実践的な頭脳の持ち主である。その要求のいくつかは、すでに一部の国々で獲得されていた。したがって、合衆国では女性たちがいく千人となく大学に通って、医者や弁護士のような職業を営んでいる。地球の反対側の端では、ニュージーランドの女性たちが、1872年に選挙権を獲得した。ちなみに、英語系カナダには、1882年から女性の権利のために活動している諸団体が存在している。

ケベックでは、フェミニスト要求の諸団体はまだ存在しない。中流階級の女性たちは、慈善事業で満足しているのだ。合衆国、イギリス、フランスで起こっていることは、ぼんやりと噂で聞いてはいる。その一方で、プチ・ブルジョワジーのほんのわずかな女性たちと、同じくわずかなジャーナリストたちは実際にそのことをよく知っている。**ケベックのフェミニズムの情熱に火を灯すことになるのは、どのような火花なのだろうか。**

2. 全国カナダ女性評議会のモンレアルの女性たち

19世紀末、ヨーロッパとアメリカ合衆国のように、カナダの女性たちも多様な目的を持った数多くの団体に集っている。断酒会、慈善事業婦人団体、文学会、勉強サークル、同窓会（卒業生の会）、職能団体、フリーメーソン・ロッジ、修道女・宣教師の団体ばかりではなく、かろうじてトロントに、女性の選挙権を要求する小さな団体がある。

1888年以来、あらゆる女性たちのエネルギーをある1つの国際集会に結集させようと、大規模な運動がいくつもの国々で起こった。7か国の女性団体が、1888年、ワシントン州で、**国際女性評議会**（Conseil international des femmes）を提案するのである。合衆国の参政権獲得活動家、メイ・ライト・シューアル（May Wright Sewall）は、すべての国々に国内評議会を創設させようと、ヨーロッパ中を奔走する。5年後の1893年に、シカゴで35か国が代表となって国際女性評議会を創設する。最初の会長は、イギリスの貴族、アバディーン夫人（Lady Aberdeen）だ。代表者たちが貴族を選んだのは、自分たちには革命的な狙いは一切ないことを強調し、いくつかの国に存在している、より急進的な団体と区別するためだった。

さて、1893年にロード・アバディーン（Lord Aberdeen）が、カナダの総督長に任命されると、彼の妻、アバディーン夫人は、カナダ人女性たちが国際女性評議会に参加できるように、すぐさ

【図2】イザベル・アバディーン=テメイア侯爵夫人（1857-1939）
アバディーン夫人の名でよく知られている。1893年に国際女性評議会の初代会長になる。当時のカナダ総督の妻。同評議会が、同じく1893年の全国カナダ女性評議会の設立の発端となる。

まカナダにおける評議会の設置に取りかかる。そこで彼女は、カナダの女性団体全体をまとめる大規模な同盟の結成を促す。このようにして、全国カナダ女性評議会（National Council of Women of Canada / Conseil national des femmes du Canada）が１８９３年に誕生する。この組織は、どの党や主義も支持していない。つまり、あらゆる宗教の、そしてすべての州のあらゆる団体の女性が、自分たちの要求をよりよく主張するためにこの組織で交流できるのだ。

初期の参加者たちは、女性の「生まれもった」性質、つまり同情と寛容さは、社会を変え、都市における産業革命を起因とする社会の痛手――貧困、乳幼児死亡率、疫病、アルコール依存症、婚外出産、売春、あばら家――を癒すのだと考えている。いく人もの参加者たちが、男性との平等を主張している。彼女たちは、意見の全会一致まではなかなか至らないものの、どのような方法で政府に圧力をかけるのかを議論し模索するのである。

全国カナダ女性評議会は、女性たちの発言に耳を傾け、彼女たちの要求を必要があれば異なる政府レベルに持っていくために、国内の主要都市で定期的に会議を開催する。メンバーたちは、嘆願書を作成し、署名を集め、法案の修正を提案し、政治的議論を監視し、新聞で自分たちの考えを主張することを覚えていく。いくつもの町で、複数の女性団体が一緒に活動できるように、**地区評議会**（conseil local）が設立される。

１８９３年、全国評議会設立の年以降、カナダでは3つの地区評議会がトロント、ハミルトン、モンレアルに設立される。翌１８９４年に、ケベック市も含む11の地区評議会が加わる。本当に運動が始まったのだ。１８９５年、新たに6つの地区評議会が設立される。これはつまり、全国カナダ女性評議会が人々に広まったことの表れだ。地区評議会のリーダーたちは、アングロフォン（英語をメインに話すカナダ人のこと）でプロテスタントである。それは、フランス系カナダ人の女性たちの参加にとって、深刻な壁となっている。実際に、モンレアルの宗教関係当局は、カトリック団体に新しい組織への加盟を固く禁じている。アバディーン夫人が、モンレアル司教区の大司教、ファーブル閣下（Mgr Fabre）に対して個人的にとりなしても、この見解を変えることはできない。大司教が許可しているのは、個人会員の加盟だけだ。ところが、その人数は片手の指だけで数えられるほどなのである。その女性たちのうち3名のことは知っておいたほうがいいだろう。

最初の女性は、マルゲリット・ラモット＝チボドー（Marguerite Lamothe-Thibodeau）である。この女性は、若い頃に美人コンテストの優勝者だったのに、１８８１年、ノートル＝ダム病院設立の翌年

【図3】マルゲリット・ラモット=チボドー（1853-1939）
ノートル=ダム病院の創始者と見なされている彼女は、モンレアル地区女性評議会の会員であり、多数の慈善事業団体の活発な会員ある。第一次世界大戦中は、赤十字のフランコフォン部隊の隊長だった。

に、**ノートル=ダム病院慈善事業婦人会**（Dames patronnesses de l'hôpital Notre-Dame）の代表になったので、誰もが驚いた。当時、慈善事業を行う上流婦人たちは病院財政の主要な一員で、モンレアルでは、チボドー夫人は病院創設者のうちの1人である。彼女は、1893年以来、**モントリオール地区女性評議会**（Montreal Local Council of Women / Conseil local des femmes de Montréal）の副会長に任命されている。彼女はほとんど発言しないが、卓越した影響力を及ぼしている。講演会を企画し、会場を見つけ、大司教の許可をとりつけ、周知をするのだ。彼女は、公の場で話さなければならないとき、極度に怯えてしまうため、翌年から評議会では、ケベックの政治エリートで最も著名な女性のうちの1人、ジョゼフィーヌ・マルシャン=ダンデュラン（Joséphine Marchand-Dandurand）に代理をしてもらう。

ジョゼフィーヌ・マルシャン=ダンデュランはジャーナリストで、有名な自由主義の一家の生まれである。1893年、昔からの夢、自分の雑誌『炉端（*Le Coin du feu*）』の創刊を実現させた。彼女が監修し、この雑誌をほとんど1人で執筆している。雑誌のために、フランス人の有名作家とのコラボレーションをとりつけることもある。この雑誌を通じて、彼女が願っていることは、「女性らしさのなかの知的水準を高めること、若者に言うべきとは誰も考えていない有益なことを若者に伝えること、社会の歪みを厳しく非難すること、若い女性たちに知的な事柄への興味をもたせること」である。したがって、彼女の全国カナダ女性評議会への参加は当然に思えるし、まさに彼女の雑誌で、読者の女性たちは全国女性評議会について知るのだ。実際、フランス語圏の雑誌はそれについてやはり取り上げないし、それらが話題にするときは、全国女性評議会を笑いものにしたり、反対したりするためなのだ。例えば、「主催者の女性たちは、家族と家庭を破壊しようとしている！」とある。

ジョゼフィーヌは、『炉端』のなかで、評議会の活動への司祭たちの反対に対してしっかりと批判

【図4】ジョゼフィーヌ・マルシャン=ダンデュラン（1861-1925）
初期の女性誌の1つ『炉端』（1893-1896）の編集者。1894年から、全国カナダ女性評議会の執行部の会員。1900年パリ万博では、夫のラウル・ダンデュランとともに、カナダ政府の代表者をする。

している。彼女ははっきり述べている。

「宗教的問題に関して、全国女性評議会の計画において行うべきことは一切ありません。」

彼女は、積極的で活動的な女性たちが、宗教的慈善事業のなかでは、受け身の役割にとどめられていることを残念がっている。彼女はこのように言い加える。

「まさに鉄の環！　それをアバディーン夫人の到来は破壊してしまうことでしょう！」

そのようなわけで、彼女は、当時カナダで広まっている社会改良の考えを支持している。1894年にオタワでの全国カナダ女性評議会の大会で、登壇の依頼を受けた彼女は、フランス語で行おうとする。そのことへの返答はこのようなものだ。

「お好きにしてください。しかし、誰もあなたの話を理解できないでしょう。あらゆる州の代表者たちは、フランス語が分からないものですから。」

そのため彼女は英語で登壇し、大成功をおさめる。

3人目の活動家は、マリー・ラコスト＝ジェラン＝ラジョワ（Marie Lacoste-Gérin-Lajoie）という26歳の若き主婦である。寄宿制学校を出た15歳から、彼女は父親の書庫で独学を続け、法律家の教育を受けた。彼女は、社会的不公正に心底憤慨している。とりわけ危惧しているのは、既婚女性の法的状態。つまり、彼女は妻が夫に対して法的従属状態にあることが許せないのである。彼女は自身の婚約者アンリ・ジェラン＝ラジョワ（Henri Gérin-Lajoie）に、結婚したら、女性たちの運命の改善に自由に専念することを受け入れるよう要求する。1887年に結婚し、子どもたちが生まれると、彼女は社会改良プロジェクトに専念して、女性の権利を向上させることを望む。そのため、彼女は『炉端』のなかで、既婚女性たちの法的状態に関する記事を連載する。アバディーン夫人について、彼女は称賛の声をあげている。

「この女性は、なんという女性でしょう！　彼女の名前は、私たち女性の擁護者のリストのなかでも、最も偉大な名として刻まれることでしょう！」

彼女にとって、全国評議会の登場は恩恵だ。モントリオール地区女性評議会の会長は、ジュリア・ドラモンド（Julia Drummond）で、もちろんアングロフォンの女性である。マルゲリット、ジョゼフィーヌ、マリー、ジュリア、この女性たち全員が、要人の妻であるということは述べておかなければならない。マルゲリットは、モントリオール・コットンの所有者、裕福な実業家ロゼール・チボドー（Rosaire Thibodeau）の妻。ジョゼフィーヌは、上院議員ラウル・ダンデュラン（Raoul Dandurand）の妻。彼女の父親フェリックス＝ガブリエル・マルシャン（Félix-Gabriel Marchand）

【図5】ジュリア・ドラモンド夫人(1851-1942)
モントリオール地区女性評議会の初代会長（1893-1899）。ジュリア・ドラモンドは、1907年の全国カナダ女性評議会の執行部のメンバーでもある。断固とした女性参政権運動家。

は、1897年にケベック州首相になる。マリーは、裁判官アレクサンドル・ラコスト（Alexandre Lacoste）の娘であり、著名な弁護士の妻。ジュリアは、モントリオール銀行の頭取の妻。もし彼女たちがエリートの一員ではなく、何人もの女中に仕えてもらっていなかったなら、彼女たちは間違いなく、女性問題に多くの時間とエネルギーを費やすことはできなかっただろう。

　モントリオール地区女性評議会が初期に行った活動のなかには、工場の女性労働者たちの労働条件に関する調査、工場の視察官の任命、刑務所における若い女性と「悪徳にふける年老いた犯罪者」の分離、読書サークルの設立、衛生に関する講演会の開催、1896年にモンレアルで最初の公衆浴場の開設がある。1899年には、29団体がモントリオール地区女性評議会と連携している。これらの団体は、ほぼアングロフォンでプロテスタントである。たった1つのカトリック団体は、勇気を出して大司教の禁止を破っていた。ノートル＝ダム病院の慈善事業婦人会である。宗教から独立して[2]設立されているこの病院は、宗教的権威に依存していない。**このようなフェミニズム的な社会参加《アンガージュマン》は、カトリックと両立し得るのだろうか。カトリック教会は、こうした宗教から独立した試みに、どのような反応を示すのだろうか。**

3. キリスト教フェミニズム

『炉端』の編集者として、ジョゼフィーヌ・マルシャン＝ダンデュランは、フランス人の女性ジャーナリストたちとコンタクトをとっている。そのおかげで彼女は、マリー・モージュレ（Marie Maugeret）が代表を務める団体と雑誌『キリスト教フェミニズム（*Le féminisme chrétien*）』を発見したのだ。この新たな情報に、マリー・ジェラン＝ラジョワは胸をなでおろす。というのも彼女は、宗教当局者たちが、女性のための権利を要求する運動を、プロテスタント的な「逸脱」に結びつけるのではないかと常日頃恐れているからだ。彼女は、日記に次のように打ち明けている。

「この発見には嬉しくて体が震える！」

かくして、1896年、「フェミニズム」という言葉が、全国カナダ女性評議会のフランコフォン〔フランス語をメインに話すカナダ人のこと〕の活動家たちによって、アメリカ大陸にやってくるのである。[*2] この発見のおかげで、マリー・ジェラン＝ラジョワは、いっそうエネルギッシュになる。フェミニズムは、カトリックと両立可能なのだ！ 同1896年にモンレアルで、フランス語による最初の全国カナダ女性評議会の集会が開催され、数百人もの女性たちが押しかける。この集会は、何よりもまず新聞で敵対的な反応を呼ぶ。家庭は、フェミニズムをめぐって分裂。夫たちは次のように言って、全国評議会のメンバーを批判する。

【図6】オタワ（1898年）
毎年、カナダの様々な都市の代表者たちが全国カナダ女性評議会の総会のために集う。

「今どきの女たちは恐ろしいね、この世で自分が優位に立とうとしているんだから！」

今日の人々には、フェミニズムの登場がもたらした敵意と戦うために、こうした女性たちがどれほどの勇気が必要だったか分からない。ある女性ジャーナリストは１９００年に次のように断言する。

「今は、フェミニズムに関する考えをあまりに素直に述べすぎるのは賢明ではない。」

１９００年、カナダ中のフェミニストは、パリ万博に参加するために協力し合う。彼女たちは、二言語で出版される著作『カナダの女性たち——彼女たちの暮らしと仕事（*Les femmes du Canada. Leur vie et leurs œuvres*）』を企画し、何人ものケベックのフェミニストがこの本に記事を書く。ジョゼフィーヌ・マルシャン＝ダンデュランとその夫ラウル・ダンデュランは、国の代表で政府からパリに派遣される。

1901年、数百人の女性たちが、ジョゼフィーヌ・マルシャン＝ダンデュランの講演「フェミニズム（*Le féminisme*）」を聞きに、モンレアルの中心街にある「神の家（Asile de la Providence）」の会場に集まる。彼女は、社会において女性たちが果たす重要な役割を強調する。このとき、運動が本当に始まったように思われる。女性たちは、自分たちで組織することに成功したのだ。マリー・ジェ

【図7】1900年のパリ万博の際に、全国カナダ女性評議会は、20世紀初頭のカナダ人女性たちの実現したことと願いをまとめた本を出版する。いく人ものモンレアルのフェミニストたちが協力している。英語とフランス語で出版されたこの本は、おそらく、カナダ人女性の状況に関して、これほど数多く、しかも的確な情報を提供する最初のものである。

ラン＝ラジョワはこのように述べて支持している。

「私たち女性に欠けていたもの、それはこのような協力し合って行われるアクション、このような共同の仕事だと思います。」

もちろん、女性たちが1880年代初頭から大学に通い、女性医師や女性知識人がいるアングロフォン社会では、運動はよりいっそうダイナミックだ。フランス系カナダ人の女性は、より教育を受けているイギリス系カナダ人の女性に対する自分たちの遅れを自覚している。そのうえすでに見てきたが、オンタリオ州では、1872年からは既婚女性たちはもはや夫に従属していないのだ。

それがまさにマリー・ジェラン＝ラジョワの重要な動機だ。1903年に彼女は、女性に、とりわけ若い女性たちに、結婚する際の「彼女たちの自由の放棄」について説明するために『一般法概説（*Traité de droit usuel*）』を出版する。彼女は、自分の入門書を教えるよう、寄宿制学校と公立学校の特進クラスを説得することに成功する。彼女自身、この問題について数十回もの講演会を行っている。

『祖国（*La Patrie*）』のフランソワーズ（Françoise）（ロベルティーヌ・バリー（Robertine Barry）のペンネーム）、『議論（*Les Débats*）』のコロンビーヌ（Colombine）（エヴァ・シルセ＝コテ（Éva Circé-Côté）のペンネーム）、『ジャーナリズム（*La Presse*）』のガエターヌ・ドゥ・モントルイユ（Gaëtane de Montreuil）（ジョルジナ・ベランジェ（Georgina Bélanger）のペンネーム）、『描かれた世界（*Le Monde illustré*）』のレオニーズ・ヴァロワ（Léonise Valois）といったジャーナリストたちは、こうした新しい考えを広めることに貢献している。ロベルティーヌ・バリーは、自身の雑誌、『フランソワーズ・ジャーナル（*Le Journal de Françoise*）』を１９０２年から発刊する。このとき、マドレーヌ・ユグナン（Madeleine Huguenin）が彼女のあとを継いで『祖国』の後任となる。こうしたジャーナリストのおかげで、徐々に女性たちは、フェミニズムをめぐる社会の新たな議論について知っていくのである。

【図8】ロベルティーヌ・バリー（1863-1910）
20世紀初頭、フランソワーズというペンネームで知られていたジャーナリスト、ロベルティーヌ・バリーは、『フランソワーズ・ジャーナル』(1902-1909) を出版する。モンレアルのあらゆるフェミニスト活動に協力する。

プロテスタントでアングロフォンの女性たちとの関係は、相変わらず一筋縄ではいかない。モントリオール地区女性評議会の集会の間、フランス系カナダ人の女性たちは、英語で話すことを強いられているのだ。この２つの国民集団は、次の３つの出来事が原因で分裂する。

１９０４年、モンレアルで地方選挙への女性の投票の問題が提起される。事実、寡婦と独身女性たちは、家主であろうが借家人であろうが、地方自治体政府レベルでは1887年からこの権利を持っている。夫がいないため彼女たちは税金を支払っており、法の前で自立しているからだ。マリー・ジェラン＝ラジョワとモントリオール地区女性評議会のメンバーたちは、「財産分離をさせられた」女性もまた選挙権を持つ許しを得た。市会議員たち（échevins）（地方議会のメンバー）は、たいていの場合女たちは選挙権を行使しないで、自分たちの代わりに、「卑しい女たち」に投票させているのだという口実を言ってなかなか承知せずにいた。マリー・ジェラン＝ラジョワは、「プロテスタントたちの言うなりにならないための」キャンペーンを行おうと、大司教の承認を要求する。プロテスタントたちが、攻撃文書を次々と出すように指示し、選挙権を持つ女性たちに示される政策綱領を確定するつもりだと言い張っているからである。彼女は、選挙権のある女性たち（寡婦と独身女性）に自らの権利の行使を促すために、「驚異的な反響のある」ジャーナリズム・キャンペーンをはる。投票前日、このような疑問が、いたるところの人たちの口の端にのぼる。「彼女たちは投票に行くか？　行かないか？」ところが、非常に多くの女性たちが、冷静にかつ厳粛に、投票所に行くのだ。投票の晩、マリー・ジェラン＝ラジョワは喜びをあらわにする。

「氷は割られた！　私たちが後戻りすることはないと思う！」

2つ目のエピソードは、嫌な気分になる出来事である。1905年、アングロフォンのコミュニティは、トラファルガーでのナポレオンに対するネルソンの勝利の100周年を祝おうとしている。モントリオール地区女性評議会の婦人たちは、祝会に仲間の女性たちを招待する。彼女たちは断固拒否。「フランスの敗北を祝うなんてしたくない！」と言って。

最後のエピソード。女性活動家たちは、教育、社会、医療といった多くの事業の責任を担っている修道会に、ぜひとも協力したがっている。しかし、当然修道女たちが、プロテスタントに支配されている組織への参加を決して受け入れるはずがない。

20世紀初頭、フランス系カナダ人のナショナリズムは、社会のなかで強い影響力があった。したがって、モンレアルのフランコフォンのフェミニストたちは、彼女たちがマイノリティであるモントリオール地区女性評議会ではあまり居心地が良くないのだ。**フランコフォンのフェミニストたちは、どのようにしてもっと自治的になっていくことができるのだろうか？**

4．全国サン・ジャン＝バティスト連盟

20世紀のはじめ、モントリオール地区女性評議会の何人ものフランコフォンの女性活動家たちが、新しい慈善事業婦人会、すなわち、1834年からある非常に有名なナショナリスト組織であるサン・ジャン＝バティスト会の慈善事業婦人会会合に集まった。会長の妻キャロリーヌ・ドゥソール＝ベイック（Caroline Dessaulles-Béique）の呼びかけで、この女性たちは、1903年にモニュマン・ナシオナル（Monument national）の負債を支払うための大規模な募金キャンペーンを始めた。モニュマン・ナシオナルは、サンローラン通りの有名な劇場であり、またこの地区で無料の夜間講座も提供している。サン・ジャン＝バティスト会の男性たちは、基金集めのキャンペーンを企画するために妻の助けを借りることを思いついたのだった。確かに、慈善事業に出資するためのお金を集める技術において、彼女たちは専門家になっていた。活動は、正真正銘の大成功。

「私たちの慈善事業婦人会は、ある程度の影響力を手にしました」と、会長であるキャロリーヌ・ドゥソール＝ベイックは、自身の手記のなかで回想している。

マリー・ジェラン＝ラジョワとキャロリーヌ・ベイックにとって、進むべき道はもうはっきりしている。後は、この会の目的を変え、イニシアティヴを拡大し、カトリックの女性団体の真の結集を実現するだけなのだ。当然、このような新たな団体を立ち上げる許可をモンレアルの大司教と交

渉しなければならない。ダンデュラン夫人とベイック夫人がおらずしては不可能な、2年の準備期間を経て、最初のフランス系カナダ人フェミニスト団体が、1907年、ついに設立される。それは、誕生のきっかけとなった会の名前をとって、**全国サン・ジャン=バティスト連盟**（Fédération nationale Saint-Jean-Baptiste : FNSJB）という。初代会長は、キャロリーヌ・ベイックである。

マリー・ジェラン=ラジョワが、この大規模な組織の実際の創始者であることは周知の事実だ。彼女は秘書として、人生の大事業に挑む。連盟は、3タイプの団体をとりまとめている。

【図9】マリー・ジェラン=ラジョワ（1868-1945）
マリー・ラコストは、婚約者であるアンリ・ジェラン=ラジョワに、結婚後も女性たちの運命の改善に自由に励むことができるよう要求する。彼女はこの条件でなら結婚を受け入れることにした。献身的にこのミッションに取り組んでいたからだ。全国サン・ジャン=バティスト連盟の設立者。

1. とくに慈善事業婦人委員会で構成されている慈善事業
2. 学習サークル、教育施設、1904年に設立された州立家政学校を含む教育事業
3. 職能団体の形式で、女性労働者たちの生活水準を改善するための経済的事業

設立時から、22団体がそのメンバーになる。設立者たちは、「サン・ジャン＝バティスト会の姉妹事業である連盟は、当然フランス系カナダ人女性たちのみで結成される」ことを全会一致で決定した。

連盟は、諸教区にいくつかの支部を持つことになる。設立者たちは、これらの支部を設置するために不可欠な大司教の許可を得ていたのである。大司教は、支部の創設を促すために、主任司祭が毎週日曜日に教会で彼女たちの案内文を読みあげることを彼女たちに約束する。ブリュシェシ枢機卿（Mgr Bruchési）は、長い間職能団体に賛同することを渋っていた。しかし、誰がマリー・ジェラン＝ラジョワに反対できるだろうか。大司教はこのように答えている。

「賛同するほかないだろう。まさにこれが真のフェミニズムなのである。まさしく、我々の時代の求めに応じるものである。」

というのも彼の考えでは、女性のための権利を要求するフェミニズムは、受け入れがたいものだからだ。

彼女が活発に取り組んでいるすべての問題において、マリー・ジェラン＝ラジョワは危うい橋を

渡っている。世間の人々は、いたるところで女性のための権利を要求する「悪しきフェミニズム」を非難するのだ。誰も、マリーがあちこちに奔走しなければならないこと、彼女があらゆる反発に遭遇していることは思いもよらない。彼女の近しい協力者たちでさえ、臆病になっている。彼女は、日記に次のように打ち明けている。

「その頃、女性の社会的活動は、家族と社会の幸福をみじんも目的とはしていない、極端な、個人主義的フェミニズムと混同されていました。」

最も難しいのは、職能団体の結成に取りかかることである。というのも、当時、人々は、どのような業界であっても、組合活動に不信感があったからだ。それにもかかわらず、マリー・ジェラン＝ラジョワは、**女性工場労働者協会**（Association des employées de manufactures）、**女性従業員協会**（Association des employées de magasins）、**女性事務員協会**（Association des employées de bureaux）、**女性実業家協会**（Associations des femmes d'affaires）、**女性教員協会**（Associations des institutrices）を設立するのに成功する。彼女は、各協会の運営事務局の座につくことを承諾するよう、女性労働者たちを説得しなければならない。彼女は自ら規約を作成する。こうした説得の仕事は骨が折れるものだ。その尽力にもかかわらず、**家政婦協会**（Association d'aides-domestiques）なんかは、2年しかもたないのである。

1907年5月26日、モニュマン・ナシオナルにて、全国サン・ジャン＝バティスト連盟は4日間の大会を開催する。翌日、日刊紙『祖国』は、このことを7段抜きの大見出しにしている！この試みは大成功。ついに、フェミニズムは、モンレアルにすっかり定着したかのように思われ

Cherchez-vous
Une Servante.

La Patrie

Une Chambre Vide
Comment la Louer

29e ANNEE—No 77 DOUZE PAGES　MONTREAL, LUNDI, 27 MAI 1907　LE NUMERO: UN CENTIN

LA FEDERATION NATIONALE DES FEMMES CANADIENNES-FRANÇAISES

Intéressantes choses dites à la séance d'ouverture du premier Congrès annuel de l'Association. -- Quatre discours

CONCERT D'OUVERTURE

LA PORTEE LITTERAIRE

LEUR ROLE SOCIAL

L'EGLISE ET LES FEDERATION FEMINISTES

LADY JETTE, présidente d'honneur aux séances de la Fédération.

SIR LOUIS JETTE, qui a adressé la parole à la séance d'hier.

Mme GERIN-LAJOIE, fondatrice de la Fédération.

Mme BEIQUE, présidente de la Fédération.

(Voir à la 5e page)

【図 10】全国サン・ジャン=バティスト連盟の設立は、1907 年 5 月 27 日付けの日刊紙『祖国』の大見出しを飾っている。記事は 7 段に及んでいるが、それは当時でも非常にめずらしい。

る。さらに10年後には、30近くのFNSJBの支部が、同じ数のモンレアル地域の教区にできるのだ。

また別の問題が、フェミニストたちの心配の種になっている。女子高等教育の問題である。教育職の修道女たちの何人かは、女子高等教育を発展させたいと強く思っている。大学当局者と宗教当局者は、女子学生が男子学生と張り合うかもしれないという懸念から、断固反対だ。ところが1908年4月に、勇気ある2人の女性ジャーナリスト、シルセ・コテとガエターヌ・ドゥ・モントルイユは、教会の許可をとらずに実行することに決めて、サン・ドゥニ通りにあるラテン系地区の中心に、宗教から独立した高校[3]を設立することを発表する。そこで、若い女性たちがようやく理数系と商業系分野では、大学に入るために、寄宿制学校から先の勉強を続けられるようになる。彼女たちは、教育に関する教会の独占を打ち壊したいという、ある名士たちの団体の支援を受けている。当然、この計画について、フランス系カナダ人の上流社会では、意見の一致からは程遠い状況である。

　マリー・ジェラン＝ラジョワは、マリー・ジュスティーヌ（Marie-Justine）という今では17歳になる娘がいて、この娘が学士課程まで勉強を続けることを望んでいる。彼女はどこで勉強できるのだろうか？　少女たちのためのコレージュはないし、大学に通う権利もない。彼女の母親はカトリック当局者の厚遇を受け続けたいと思っており、少女たちが寄宿制学校の先の勉強を継続できるようになるためにむしろ、モンレアルで最も重要な教育修道会である、ノートル＝ダム修道会のマザー・サンタンヌ＝マリー（mère Sainte-Anne-Marie）の協力を得ようと尽力する。彼女には、フランス系カナダ人の少女たちが、学士号を取得できる教育機関を創設することが、最善策のように思えるのだ。彼女は、修道女たちにこのようにはっきりと述べる。

「非聖職者たちが、あなた方の先を行ってしまいますよ！」

　マリー・ジェラン＝ラジョワは、プロテスタントたちと一緒に勉強させに、娘を〔英語系の〕マギル大学に入れるつもりだと言って脅しさえするのだ。

　しかし、１９０８年春に行われた、宗教から独立した高校開設の発表で、大学責任者の反対を一掃させることができる。マザー・サンタンヌ＝マリーは大司教の擁護をとりつけて、1908年の新学期に向けた完全な実施にこぎつけるのだ。もし宗教当局者の許可がなければ、20世紀初頭のケベックでは、ものごとを変えることは不可能なのである。そのことをマリー・ジェランヌ＝ラジョワは熟知しており、だからこそ彼女は、娘が宗教から独立した高校に通うことを拒んだのだ。

この新しい教育機関の教員たちは大学からやって来て、1時間につき5ドルという、当時では莫大な給与が支払われることになっている。講義は、他の女子寄宿制学校と一線を画すために、修道院の母院で行われる。母院は、街の西部、アットウォーター通りとシェルブルック通り角（現在のドーソン・カレッジ）に位置している。この教育機関は、女子高等学校と名付けられる。プログラムは旧男子コレージュの第二課程のものだが、修道女たちには「コレージュ」という語（男子にのみ用いられる語）を使う権利がないのである。

女子学生の数は多くはなく、さらに学士課程まで行く女子学生はより一層少なくなる。そのうえ最初の数年は、修道女たちが、生徒たちと同じ時間に授業に出席して、復習教師役となっている。設立者であるマザー・サンタンヌ＝マリーでさえ、学士課程を合格しなければならないのだ！

マリー・ジュスティーヌ・ジェラン＝ラジョワは、1911年に古典教育を修了する。ケベック最初の女子学士号取得者である。彼女は、すべての男子学士号取得者を差しおいて、学士号取得試験で一番にすらなった。もちろんこの結果は内密にされて、最優秀賞のコラン賞は2番目になった者に授けられたのである。女性の脳は、高等教育課程とは相容れないなどといたるところで大声で言っていた男性たちは、いったいどんな様子だったのだろうか？

しかしながら、マザー・サンタンヌ＝マリーは、彼女の高等学校の脆さを自覚している。学位授与式の度に、政界や宗教界からの来賓者は女子学生に、彼女たちの修了証ではキャリアを作る権利を得られないと必ず釘を刺す。だが、マザー・サンタンヌ＝マリーは、学士号取得者たちに予めこのように言っている。

「もし皆さん方が、コレージュをこてんぱんにしたければ、大学にお入りなさい！」

非宗教の高校のほうはといえば、2年は存続するが、最終的には、財政難とこの高校への通学を女子に禁じる大司教の反対を前にして、閉鎖しなければならなくなる。

それから数十年間、FNSJBのフェミニストたちは、人文科学教育講座[4]、コレージュ、師範学校[5]、家政高等専門学校、音楽高等専門学校を修道女たちに一任する。フェミニストと同じく、修道女は厳しい監督下で働く。

女子高等学校の女子学生たちはすぐにFNSJBの活発なメンバーとなるが、女子高等学校が、同連盟と結びつきがある唯一の学校というわけではない。サン・ジャン＝バティスト会の3名の慈善事業婦人が、夫の支援を受けて1904年に創設した州立家政学校は、教育事業の柱だ。初期の責任者たちを、スイスのフライブルクで研修を受講するよう派遣し、同校は家政教授免状を授与する権利を取得したのである。この家政学校は、フルタイムの学生はわずかしか集まらないが、夜と土曜の授業は大人気だ。同校は、世界中のフェミニストたちのミッションを、弱腰なケベック版として体現しており、その目的は、家事を価値のある仕事にするために専門職化するというものである。事実、同じ時代にアメリカ人女性たちは、〝家政学〟(*home economics*)プログラムを設立している。このような術で、アメリカ人女性は、自分たちの家庭責任の軽んじられた地位、すなわち家庭内における彼女たちの劣等性の象徴に対して抗議しているのだ。

この通り20世紀初頭には、踏みならされた道から外れて、社会における未知の責任を担っていくことを決心した多くの女性たちがいたのである。キリスト教フェミニズムは、彼女たちにとって刺激的な枠組みそのものであり、だからこそ彼女たちは、あれほどの熱心さで受け入れたのだった。

このようなモンレアルのフェミニストたちの主な活動とは、どのようなものだったのだろうか?

5. 活動するフェミニストたち

設立直後から、FNSJBは数々の第一線で活動しており、とりわけアルコール中毒反対キャンペーンと、乳幼児死亡率に対するキャンペーンに取り組んでいる。もし私たちが父親のアルコール中毒によって起こる「力の濫用（abus de force）」（フェミニストたちは、このような控えめな表現を使って、家庭内暴力のことをこっそり話題にしているのだ）を食いとめるために何もしないのならば、もし私たちが母親の無学と貧困が原因で頻繁に起こる乳児の死亡を避けるために何もしないのならば、我らの幸福なカナダ人家庭に関する立派な講演も、いったい何の役に立つのだろうか。マリー・ジェラン＝ラジョワは、次のように主張している。

「残酷かつ痛ましい現実とは、私たちの赤ん坊が、私たちを未開人に近づけるほどの規模で亡くなっていることである。」

１９０７年からは、禁酒会が置かれる。フェミニストは、モンレアルには、パン屋の４倍もの飲料提供店があるという点を強調している。だから彼女たちは、新たな飲料提供店の開店を妨げるように、許可法の修正を提案するのだ。彼女たちは、請願書に６万人から署名をもらうことに成功し、ロメール・グーアン（Lomer Gouin）ケベック州首相の前で、自分たちの意見を主張するためにケベック市まで赴く。彼女たちは、モントリオール地区女性評議会の婦人たちと連れ立って行った。婦人たちも、請願書に参加したからである。

例の請願書は、木製の筒に巻きつけられていた。おまけに、それを運ぶのには男性2人がかりだ。議論がなされ、またアルコール販売業者による反対請願書の提出があった後、最終的には、彼女たちが提案したものに類似する修正案が採用された。州の財務官は、次のように明言している。

「この国の女性たちから賛同された原則は、道徳的改良とその進展を確固たるものにするはずだろう。」

そこで一部の界隈の人々は、女性たちが政治に関わることは良いことなのではないかと気がつき始める。実際にこの法律の後、「立ち呑み屋」は相当数減ったのだった。

しかしながら、この勝利によって、連盟の会員たちの仕事は増える。自治体の許可申請登録簿を監視せねばならず、申請があるとすぐに、その開店を妨げるために署名を集めなければならない。会員たちは、アルコール販売管理が1921年に州法化されるまでこの不毛な仕事をやり遂げるのである。

乳幼児死亡率問題を解決するために、様々な方面からの率先的な取り組みが始まる。というのも医者、教会、政府、女性たち、とりわけフェミニストたちといった人々がこの問題をとても気にかけているからだ。主な原因の1つが、牛乳の品質の悪さであることは分かっている。事実、20世紀初頭において牛乳の低温殺菌法はまだ義務化されていない。とくに夏、数千人の子どもたちが病に殺されている。1901年から、低温殺菌された牛乳の保管所が2か所、モンレアルに開設される。アングロフォンの人々の保管所は、モントリオール・ファウンドリングと、ベイビー・ホスピタルの管轄だ。フランコフォンの人々の保管所は、**グット・ドゥ・レ**（Goutte de lait〔日本語に訳すと「ミルクのしずく」〕）と名付けられる。数名の医者たちの発案によるものである。ジャーナリスト、マドレーヌ・ユグナンは、『祖国』の経営者たちを、この取り組みに助成金を出すよう説き伏せる――残念ながら、5か月しか続かないが。1907年のサント・ジュスティーヌ病院の設立によって、1910年に常設のグット・ドゥ・レ、続いて労働者たちの教区に新たなグット・ドゥ・レの開設が可能になる。大きく広がっていく運動の誕生だ。1914年から1916年の間、連盟はモンレアルにネットワークを設けるために、医師たちと緊密な連携をとって活動する。また、コーディネーター1名分の給料の獲得に成功するが、長くは続かない。いかにも医師たちは、連盟の女性たちがイニシアティヴをとることを受け入れられないためだと思われる。

キャロリーヌ・ルクレルク＝アミルトン（Caroline Leclerc-Hamilton）は、1912年、モンレアルに、**母親サポート**（Assistance maternelle）という労働者階級の母親の支援を担う組織を立ち上げる。そこは、出産支援、産着の配布、育児相談を行う。この事業は大規模に拡がり、ケベック州の他の地域にも広まっていく。この事業もFNSJBの加盟団体である。

また、連盟の関心は、家事援助組織にもある。ここに出てきたような婦人たちはみな、自分たちの活動に専念するのに使用人を持たなければならないが、自分たちの使用人がちゃんとした教育を受けていないことに不満がある。州の家政学校が充実していないのである。女性たちは、使用人の教育を目的とした講座を開講する。FNSJBでは、女中として働くために地方から来ている少女たちのための宿泊施設と、駅のなかの受入窓口と協力する。

それから、教区のなかでこれらすべての事業を周知し、責任者を見つけ、この責任者たちの研修を保証しなければならない。職能団体では、家計に関する講座、技術研修、相互扶助基金（保険事業）を組織したり、労働環境を改善したりしている――例えば、商店で働く女性への椅子の提供や、極めて差別的な年金制度を修正するための女性教師たちの闘いを支援するなどだ。事実、20世紀初頭では、男性退職教員94名と夫が男性教員だった寡婦19名は、配当総額の53%が分配されているのに、女性退職教員462名はその残りで我慢しなければならないのである。

工場労働に関する調査のための資料を用意しなければならないし、既婚女性の市民権、衛生管理、子どものケアに関する講演会の巡回を組織しなければならない。今では連盟は、週に6日すべての午後、一般の人に開放された事務所を自由に使うことができる。とりわけそこにやってくるのは、困窮した女性たちである――人々はなんとか最も適切な援助のほうに彼女たちを行かせようとしているのだが。連盟は、大規模な募金キャンペーンを企画し、その利益は街の様々な慈善団体のもとに届けられる。連盟は、広報のためにこれらの組織の目録を出版する。これらの試みは、当時としては非常に斬新だ。この広範囲にわたる仕事が、FNSJBの会員たちによって、完全に無償で成し遂げられているのである。

全国カナダ女性評議会が国際女性評議会に加入しているにもかかわらず、連盟はむしろ**カトリッ**

ク女性リーグ国際ユニオン（Union international des ligues féminines catholiques）への加盟を申請する。そして、モントリオール地区女性評議会の会長キャリー・デリック（Carrie Derick）が、女性の参政権を獲得するために派手な方法を推奨する、著名なイギリス人サフラジェット、エメリン・パンクハースト（Emmeline Pankhurst）を招いても、連盟の人々はこれらの講演会からは用心深く距離をとったままでいる。

連盟は、「慈善によって、正義に向かって」というスローガンを採用した。このスローガンは、このフェミニスト組織が、革命的というよりもはるかに慈善事業の組織になっていったことを非常によく反映している。この傾向は、何年もかけて強まっていく。なぜなら活動家たちは、宗教当局者が称賛してやまない「正しいフェミニズム」の概念という罠にはめられていると気づいているからだ。マリー・ジェラン＝ラジョワは、なぜ彼女たちがこれほどまで妥協したのかを次のように説明している。

「いくつかの界隈では、司教が私たちに示した共感と何人かの聖職者のメンバーがいなかったならば、私たちは、社会から追放されてしまっていたような、スキャンダルの対象でありました。」

フランス系カナダ人の社会は、フェミニズムにどういった反応をしているのだろうか。確かに20数年もすれば、フェミニズムは、ケベック州、とりわけモンレアルで定着する。実際、**ケベック支部**が、1894年にケベック市に設立されたが、1900年には解散しなければならなかった。しっかりと根を下ろし、司教の許可を得ることに失敗したのだ。20世紀初頭のこうしたフェミニズムの主な成果は、女性たちが社会的な問題に関して行動するために、修道女になる必要はないと証明したことである。そのうえフェミニストたちは、男性に支配された教会や国家という2つの機関ではなく、女性たちがこの問題に専念すべきであると考えている。確かに、彼女たちの願いは具体的に実現されていない。しかしながら彼女たちは、社会保障を組織するための新たな考えを提案したのである。彼女たちは、自分たちの考えを推し進めるために宗教当局者や政治当局者と直接議論しに行く勇敢さを持っていたのだ。将来のカナダの首相、ウィルフリッド・ローリエ（Wilfrid Laurier）議長が女性選挙に反対していると知って、マリー・ジェラン＝ラジョワは、フェミニストたちが彼の考えを変えさせることに期待している。

次第に、カトリックであろうがプロテスタントであろうが、フェミニストたちは「もし私たちが選挙権を持っていれば、どれほど簡単なことか！」という結論に辿りつく。彼女たちは、政治的平等を要求していく時代の最初の何人かなのだ。今では、大部分のフェミニストが、選挙権の獲得を願っている。彼女たちは、司教や男性たちの権威のもとではなく、自分たちの間で団結することで、もっと自分たちの実効性を発揮できることを知っているのである。しかし、選挙権を得ることと、政権に参加することは、また別のこと！　**フェミニストたちは、どのように選挙権を要求していくのだろうか？**

原注

1 アルコールの販売を減らす、さらには禁止するためのキャンペーンは、「断酒闘争」と呼ばれている。
2 20世紀では、教会によって運営されていない機関をライック（laïques）と呼んでいる。
3 この高校は、おそらくセジェップ（Cégep）〔ケベック州独自の教育機関で、大学基礎教養機関のこと〕に相当する。
4 中等教育課程5年に相当する、女子のみの私立の中等教育課程。
5 将来の教員を養成する私立の機関。

訳注

＊1 1869年に女子更生院に関する法律が定められ、軽犯罪を犯した少女たちの更生を目的に、1870年にボン・パストゥール修道会の修道女の運営による「ボン・パストゥール更生院」（のちのサン＝シャルル養護院）が開設された。そこには、軽犯罪を犯した少女たち（7歳から16歳）が収監されていたが、実際には4歳や19歳の少女もいた。少女たちは、3年から5年そこで生活していた。ほとんどが、ケベック市内の貧困地区で路上生活をしていた孤児であったり、育児放棄をされた子どもであったりした。また、ボン・パストゥール修道会は、更生院を出所した後に、再び劣悪な生活環境に身を置いたり、犯罪を犯すことを防ぐために、作業所（école d'industrie）を開設した。これらの施設は、1950年に青少年保護施設が設置されるまで運営されていた。

＊2 英語圏におけるフェミニズムという語の初期の登場は、1895年、イギリスの『アテナ神殿』という雑誌においてだったが、ネガティヴな文脈で使用されていた。英語圏で、女性の権利を要求する運動という意味でこの語が用いられ、広まるのは20世紀に入ってからである。

第2部

選挙権を要求するフェミニストたち　1913－1940

選挙権を要求するフェミニストたち

1913：モントリオール・サフラージュ協会の設立
1918：カナダ人女性たちが 36 年もの闘いを経て連邦議会の選挙権を獲得する
1922：女性参政権の州評議会の設立、ケベック州立法議会でのデモ
1922：マリー・ジェラン=ラジョワがローマにおけるカトリック女性リーグ国際連合の大会に参加する
1927：テレーズ・キャスグランによる女性の権利リーグの設立
1927：イドラ・サン=ジャンによるケベック州女性の選挙のためのカナディアン同盟の設立
1929：既婚女性の市民権問題に関するドリオン委員会
1940：ケベック人女性たちの勝利、27 年の闘いを経て、州議会の選挙権を獲得する

6. モントリオール・サフラージュ協会と選挙権への反対

その頃、ケベック州とカナダで起きている出来事は、多くの国々で起きていることそのものだ。イギリスの参政権運動は1908年以来、女性参政権の獲得、言い換えれば女性の選挙を獲得するために、人目を引く派手な示威行動を試みている。代議士たちへの説得と話し合いが何の効果ももたらさなかったことを実感して、フェミニストたちは戦略を変え、もはや選挙権を要求するには法律を破ることもためらわない。「サフラジェット」は――このように人々は名づけているが――、鉄格子に鎖でつながれ、逮捕され、投獄される。首相との面会を得ようとしたが無駄になり、彼女たちは、郵便物に「なりすます」。1人の代表者が封筒で、もう1人がメッセージ。サフラジェットたちは、とくに彼女たちが警察と闘っているときには、きまって新聞の大見出しをかざる。彼女たちのなかのいく人もが投獄されているので、ハンガー・ストライキで抗議をする。そうすると、力づくで食べ物が与えられるので、再びデモによって投獄されているサフラジェットたちの解放を要求するのである。世間の人々は、1914年から1919年の間にイギリスで組織されているデモの拡大には思いも及ばない。

1912年以来、女性選挙の問題は、多くの国々において時事問題の中心となっている。1913年、エミリー・ワイルディング・デイヴィソン（Emily Wilding Davison）は、目的のためには血が流されなければならないと信じ、ダービーのレースの最中に、馬たちの足元にひるむことなく身を投げる。このドラマティックな自殺は、フェミニスト的主義主張のためだったので、衝撃を呼ぶ。彼女の葬儀のとき、ロンドンには長蛇の列ができる。なぜ今日、人々はエミリー・ワイルディング・デイヴィソンの犠牲を忘れてしまったのだろうか。

確かに、カナダでの運動は全く派手ではないが、しかし新聞では毎日サフラジェットたちが話題になっている。1913年始め、イギリスの例に触発されて、カナダのフェミニストたちは選挙権のための熾烈な運動を開始する。まさにこのとき、ケベックの舞台に登場するのが、ジャーナリストのアンリ・ブーラサ（Henri Bourassa）である――当時、ナショナリスト日刊紙『ル・ドゥヴォワール』（*Le Devoir*〔義務〕）を創刊した後で、彼の人気は頂点にある。彼は頑なにフェミニズムに反対しており、1913年、このテーマに関する連載記事を発表する。彼にとってフェミニズムとは、家族とフランス系カナダ文明への脅威であることは疑いの余地がない。彼の考えでは、それはプロテスタントの1つの過ちであり、社会主義と同じくらい危険な過ちなのである。アンチ・フェミニズムは、ついにその最初の大指導者を見つけたのだった。

この同じ年に、モントリオール地区女性評議会の活動家たちは、女性選挙権の擁護に注力する団体の創設を決定する。**モントリオール・サフラージュ協会**（Montreal Suffrage Association）だ。カナダで最初に大学教員となる女性、キャリー・デリックが会長になる。協会の人たちは、芝居を上演したり、映画を上映したり、請願書に署名してもらったり、政府の様々な部局に手紙を書いたりしている。イギリスのサフラジェットに対する仕打ちには、このような抗議を出している。「彼らは中世の拷問をよみがえらせているが、それはイギリスの正義に関する伝統的な原則と矛盾している。」

協会の人たちは、これらの新たな考えを広めるための窓口を、街の中心に設置する。11月、女性参政権を支持する唯一のモンレアルの日刊紙『ザ・モントリオール・ヘラルド紙（*The Montreal Herald*）』は、特別号を発行し、女性たちに路上で販売させる。これはなんというスキャンダルだろうか！

【図 11】キャリー・デリック（1862-1941）
最初のカナダ人女性大学教員である彼女は、1913 年にモントリオール・サフラージュ協会の会長に就任する。彼女は、男女平等の熱心な支持者である。

また、1913年に、FNSJB は、雑誌『正論（*La Bonne Parole*）』を創刊する。フェミニズムに対するナショナリストたちの反対で、マリー・ジェラン＝ラジョワは用心深くなっている。記事の論調は非常に控えめで、女性選挙に言及しないよう気を付けている。

1914年の夏、瞬く間に世界に

広まる戦争がヨーロッパで始まる。それが早くに終わることを人々は願っていたが、延々と丸4年間続く。まさに「大戦」だ。そこで、女性選挙問題は表舞台からは消えてしまうが、それでもモントリオール・サフラージュ協会の活動家たちは、行動を呼びかける運動を続けている。しかも女性たちは、カナダの戦争協力を支持するためにすぐさま積極的に活動するのだ。赤十字のために基金を集めたり、捕虜を援助したり、小包を用意したり、救急具を作ったりである。

ヨーロッパに戦闘へ行った男性たちの不在を補うために、多くの産業部門で、とくに軍需産業では、女性たちの労働が頼みの綱だ。カナダのフェミニストたちは、不偏不党のまま活動を続けたかったが、党派闘争とは無関係な態度をとったままでいるのはかなり難しくなってきている。女性労働者の組合、女性選挙、徴兵[1]の問題といったいくつもの問題で根本から分裂しているからだ。1916年、カナダ西部のあるフェミニストが、投票はイギリス出身の女性たちにのみ認められるべきだと主張すると、抗議の騒乱が引き起こされる！

アンリ・ブーラサの反応とは1つの兆候で、以降世論はフェミニズムに反対する。そのときまで、当局者は、フェミニズム運動は無害だと考えていたので放任していた。今や、フェミニズムは危険な運動として見なされている。数年前から、「正しいフェミニズム」ですら、疑わしいものとなってしまった。新聞のなかでは、パイオニアにかわって新しい女性ジャーナリストたちが、論調を変えている。彼女たちは、女性をフェミニズムから防御するのだ。『ル・ドゥヴォワール』では、ファデット（Fadette）（アンリ・ブーラサの従姉妹、アンリエット・ドゥソール（Henriette Dessaulles）

のペンネーム）が、女性たちに男性の敵のような振る舞いをしないよう訴えかけている。コレット（Colette）（エドゥアルディーナ・ルサージュ（Edouardina Lesage）のペンネーム）は、『ラ・プレス』で、フェミニストたちと真の女性たちを対立させている。ジョゼフィーヌ・ダンデュランとロベルティーヌ・バリーによる人々を動かす記事の時代は、もう終わったのだ。ジョゼフィーヌは、今は病で公的な生活を引退しており、ロベルティーヌは、1910年に亡くなった。

フェミニズムへの反対者たちは、女性活動家の考えについて明らかに無知である。彼らは、女性が男性の位置をとりたがっていると考えている——それとは全く反対で、フェミニストたちは母と妻という自分たちの役割をより良く果たすために、より良い権利を望んでいるのだが。当時この考えが、男女平等という理想以上に、彼女たちの行動の土台となっているのである。

したがって、女性たちが自主的な団体に集まることは、しだいに脅威と見なされていくようになる。そのため、ケベックの宗教当局者と政治当局者は、別のグループをフェミニストたちに対抗させようと考える。こうした背景から、1915年に農務省の責任者は、女性たちによる離村反対を促すために、**農業婦人サークル**（cercle de fermières）を設置する。もっとも、似たような団体が、同じ目的でイギリス系カナダで作られていた。**女性協会**（Women's Institute）である。

農業婦人サークルは、これまでフェミニズム運動とは距離をとっていた地方の女性たちを対象として、瞬く間に大成功をおさめる。設立から2年、ケベックの様々な地域で、すでに10個もの農業婦人サークルがある。地方の女性たちにとって、この団体は外出するかつてない機会そのものなのだ。会議は、毎週日曜日のミサの前後に行われ、女性たちが大勢参加している。農務省は、卵、種子、ミツバチの巣を配布して、農業、園芸、養蜂などの女性向きといわれていたあらゆる農業形式に、女性たちが参加するように勧誘するのである。手仕事と料理の講義も提供している。設立者の1人、農学者ジョルジュ・ブシャール（Georges Bouchard）は、このような新しい団体について不安がる人々を、次のように言って安心させる。

「若い女性たちがサフラジェットや解放家になるのを恐れている人々は、サークルの働きを知るべきである（……）そうすれば、彼らの反対は消えていくだろう。」

実際、団体は、農務省の責任者たちによって厳格に統率されている。女性協会の女性責任者たちは、フェミニストたちの目的をしばしば共有しているが、農業婦人サークルの責任者たちは、より保守的な意見を持っており、フェミニストたちの要求と対立すらしている。

この間、モントリオール・サフラージュ協会の活動家たちは、闘争を継続している。しかしながら彼女たちの行動は、イギリスのものほどの派手さは一切ない。彼女たちは、パンフレットや本を配布したり、女性たちにケベック州民法の異常さや、女性労働者の労働条件について情報提供したりするために、1日3時間エディンバーグ・カフェに居座る。女性の法的状態に関する情報誌は、3000部も売れる！　また、彼女たちは、講演会を開き、カナダの他の参政権運動団体とのつながりを保っている。

第一次世界大戦の間、カナダのいくつもの州のフェミニストたちは、女性参政権を可決させる。

女性選挙は、マニトバ州、サスカチュワン州、アルバータ州では1916年に、ブリティッシュ・コロンビア州、オンタリオ州では1917年に認められる。一部の州議会では、女性たちが議員として選ばれ、大臣にさえ任命されている！　実際1895年に、選挙権は州の管轄であると明示されていた。それは、州には、連邦政府の選挙法とは異なる選挙法を持つ許可を示している。

当然ながら、ケベック州では、政治家、ジャーナリスト、司教は、女性選挙に対して全会一致の反対である。とくに法律家たちは反対だ。彼らにとって選挙権は、女性たちを法の前で無能力者とする、ケベック州の現行の民法と切り離し得ないのである。**いったい何が、この反対を動かすことができるのだろうか？**

7. 連邦議会選挙の選挙権

戦争末期の1917年7月、ある法律が、兵役志願だけに頼るのではなく、若い男性に徴兵を義務づける。ケベック州で、この法律は激しい反発と反対デモを引き起こす。ナショナリストたちは「イギリスのために死ぬ」つもりなどない！ 1917年12月の連邦議会選挙で、反対者たちは保守的な現政権を転覆すると言って脅しをかける。そのうえ、カナダのボーダン（Bordan）首相は、戦時中に選挙法を可決させるが、なかんずくその法律は、息子や夫が戦地にいる女性たちに選挙権を与えるものなのだ。カナダの軍隊ではアングロフォンが大多数なので、つまりそれは政府の政策により好意的なアングロフォンの母親と妻たちが投票に行くことになるのである。

同法の可決をきっかけに、女性選挙に関して、マリー・ジェラン＝ラジョワは用心深くまもっていた沈黙をやぶる。彼女は、カナダの首相に手紙を書くのだった。

「負傷者の援助――例えば赤十字による――、この国への敬意をもって励んだ人道事業による女性たちの戦時中の多大なる貢献を覚えるために、我々は、連邦議会選挙における男性と同等の地位で、女性のための選挙権を要求します。」

そして、彼女は『正論』の女性読者たちに次のように伝える。

「ようやく女性に認められた部分的選挙権には、敬意よりも侮蔑が込められている。なぜなら、この投票は、母親を介して、むしろ兵士たちに何度も投票することを認める権利だからである。」

反対の意思を表明するために、マリー・ジェラン＝ラジョワは『正論』に、同法に「賛成」と「反対」を投じた議員たちそれぞれの氏名を掲載する。これでフェミニストたちは、自分たちの味方と敵がわかるはずだ！　また、多くのカナダ人フェミニストも抗議している。すべての女性たちが選挙権を獲得するのは、時間の問題でしかない。考え方は変わり始めている。

翌年の１９１８年4月から、ボーダン首相は、連邦政府レベルではすべての成人女性に選挙権を認めることとして、再度選挙法の改正を決定する。同法は、とくにケベック人議員側からの強固な反対にもかかわらず、可決される。したがってケベックの女性たちは、連邦議会選挙では選挙権を獲得するのである。

しかしながら、新聞ではほとんど話題にされない。というのも、世論全体は、当時ヨーロッパで長引いている戦争のほうを向いており、カナダでは徴兵制による国家的危機が起きているからである。徴兵制の危機は、ケベック市では大暴動へと発展する。アンリ・ブーラサだけが、一連の炎上しそうなタイトルの記事で、女性たちに認められたこの新たな権利に抗議している。例えば「脳の混乱――デモクラシーの勝利」「選挙権――性の闘争――我らは女たちを堕落させてよいのか？」「女性への政治的影響――進んだ国――ズボンをはいた女たち」といったものがある。

これらの記事の指摘は、ケベックの女性にとって州議会選挙の選挙権を獲得することは容易ではない、なぜならこの権利はフランス系カナダ人的かつカトリック教的な特徴に対する脅威だからだ、というものである。熱烈なナショナリストたちは、女性選挙に反対だ。公的見解は、女性たちの永遠の役割、つまり母役割を賛美している。1918年、ある神父は、フランス系カナダ人の人数の多さを維持し、またカナダにおける自分たちの影響力を保てるように、「ゆりかごの復讐」を提起している。女性のナショナリスト的義務とは、子どもを作ることなのだ！

もちろん、カナダ全体と同様にモンレアルでは、フェミニストたちは、女性に選挙権を認めたいくつかの国家の列にこの国の姿があることに喜んでいる。比較のために、詳しく見てみよう。合衆国では、記憶に残る闘いの後、1920年にようやく女性たちにはこの権利が認められた。イギリスでは1928年、フランスではなんと遅く1944年である！

1921年に、続けて行われた連邦議会選挙の際に、女性たちは初めて投票に行くことができるのだ。モンレアルでは、FNSJBのリーダーたちが、自らの新たな市民としての義務を非常に重く受け止めている。彼女たちは、女性を対象にした政治学習講座を組織する。この授業は、モンレアル大学で開催される。このこと自体が女性たちの新たな市民としての義務の重要性を示しており、宗教当局者の支持がその正当性を保証している。しかし、これらの講座には、モンレアルに住んでいない女性は参加できない。数百人もの女性が、講演会につめかけるのだが、それは全く非党派的なものだ。重要なのは、女性たちを、その新たな政治的責任に対して自覚的にすることなのである。選挙当日、投票所における女性たちの存在は混乱のもとになるだろうと吹聴する予想に反して、多くの選挙人の女性が投票に行き、女性たちの投票による厄介な事件は一切起きない。**さて、**

ところで、ケベックではどのようにして選挙権を獲得するのだろうか？

8. ケベックにおける初の試み

ケベックのフェミニストたちは、事実上、女性選挙のための闘いが、今後は州レベルで継続されなければならないことを理解している。1922年、全国サン・ジャン＝バティスト連盟の若い女性活動家、イドラ・サン＝ジャン（Idora Saint-Jean）の力強い説得で、選挙権を要求する新たなグループが設立された。**州議会選挙参政権評議会**（Comité du suffrage provincial）という2人の代表がいるバイリンガルの会である。2人の代表とは、マリー・ジェラン＝ラジョワと、当時女性クラブ（Women's Club）の会長であった、アンナ・リーマン（Anna Lyman）だ。イドラ・サン＝ジャンは、同評議会の事務局で、マリー・ジェラン＝ラジョワよりももっと進んだ考えを持っている。女性参政権を要求するためのケベックの代表団プロジェクトをめぐって、活発な議論が行われている。

「行動するのに相応しいタイミングでしょうか？」

「ええ！」

アンナ・リーマンは答える。ある議員が彼女に、タシュローーケベック州首相は好意的であると耳打ちしていたからだ。

「準備はできていますか？」

「いいえ！」

いく人ものアングロフォンの女性たちは抗議する。彼女たちは、投票したいと思っているフランス系カナダ人の女性たちはそれほどいないだろうと考えているからだ。

「できていますとも！」

マリー・ジェラン=ラジョワは答える。

彼女はそう確信して、選挙権には否定的な組織だが、農業婦人サークルの支持さえあることを告げる。

【図 12】イドラ・サン=ジャン（1880-1945）
設立以来、全国サン・ジャン=バティスト連盟の積極的なメンバーである彼女は、選挙権のための闘いに打ち込み、1927 年には、ケベック州女性の投票のためのカナディアン同盟を設立する。彼女は、1929 年に女性の権利に関する『ザ・モントリオール・ヘラルド紙』の二か国語コラムをもち、1933 年から『女性の領域』を発行している。1931 年には連邦議会選挙に立候補し 3,000 票を獲得する。

議論は白熱。委員会は最終的に、人々の印象に残るような行動を組織することを多数の声から採用する。オタワで女性が投票できるのなら、ケベックでもできるはずだと説得するためである。

そこで、１９２２

【図13】テレーズ・フォルジェ=キャスグラン（1896-1981）
テレーズ・キャスグランは、1922年、女性たちの派遣団がケベックに行って選挙権を要求する際に、立法議会で演説をして、フェミニストたちに知られるようになる。彼女は、1928年に女性の権利リーグを設立し、1930年代半ばにはいくつものラジオ講演を行う。

年２月９日、５００人以上の女性からなる代表団が、女性に選挙権を認める可能性がある法案を支持するためにケベックへ赴く。マリー・ジェラン=ラジョワ、イドラ・サン=ジャン、そして新顔のテレーズ・キャスグラン（Thérèse Casgrain）が、フランコフォンの女性たちを代表して議員らに訴えかける。キャリー・デリック、ドクター・グレース・リッチー=イングランド（Dr Grace Ritchie-England）、ジュリア・ドラモンドはアングロフォンの女性たちを代表して話す。議員たちとアレクサンドル・タシュロー州首相は、丁重に話を聞く。州首相の反応はどうだろうか？　タシュローはすぐさま、きっといつかケベックの女性たちは投票できるはずだが、それを彼女たちに認めるのは、**彼の**政権ではないと答える。全くの期待外れ。州首相の答えから予想はしていたが、法案は否決される。

この一件で、フェミニズムの敵は目を覚ます。司教たちが、選挙権反対を宣言するのだ。とりわけケベックの司教、ロワ（Roy）枢機卿は反対だ。投票したくないと明言する女性たち3万人が署名した請願書が回る。農業婦人サークルに向けた雑誌『善き農婦（*La Bonne Fermière*）』では、女性参政権に反対する記事が発表される。『ル・ドゥヴォワール』は、「アンチ・サフラジェット」たちの意見を発表する。ラヴァル大学学長ルイ＝アドルフ・パック（Louis-Adolphe Paquet）の記事は、神学と哲学を支柱として、「フェミニズムは、家族と社会の根幹を脅かす、背徳的運動である」ことを論証しようとしている。

マリー・ジェラン＝ラジョワは、女性選挙に対する中傷キャンペーンの論調、とりわけ司教たちの意見にいら立ち、教皇の代理人ピエトロ・デュ・マリア（Pietro du Maria）に助言を求めて会いに行くことにする。

「でも、貴方はケベックの司教の管轄下にいるわけではありませんよ！　さあ、お行きなさい！」と、彼はマリー・ジェラン＝ラジョワに言う。

そうしてマリー・ジェラン＝ラジョワは、教皇自身に指導を求めにローマに行く決心をするのだ。ケベックの司教は大激怒。彼は、彼女が「教会のなかにもう1つ別の教会を作らせようとしている」と言って非難する。しかし、マリー・ジェラン＝ラジョワの決意は固い。カトリック女性リーグ国際連合のあるローマに行くのである。**このように奔走して、成果はあるのだろうか？**

9. ローマ会議

マリー・ジェラン＝ラジョワは、全国サン・ジャン＝バティスト全国連盟の事務、ジョルジェット・ルモワーヌ（Georgette Lemoine）と連れ立って、ローマのカトリック女性リーグ国際連合に向かう。彼女は、政治委員会に申し込んでいる。他の委員会では、「信仰の普及」（propagation de foi）[2]、「強制売春」（traide de blanches）、「流行と映画の背徳性」を検討する。代表者たちは、とくにフランス、イタリア、スペイン、ポーランド、ドイツから来ている。会長は、ポーランド人の伯爵夫人だ。議論はフランス語で行われる。1911年に、マリー・ジェラン＝ラジョワが、連盟をカトリック女性リーグ国際連合に加盟させることにしたのは、なんとすばらしいアイディアだったろうか！

彼女も十分満足するほどに、長時間にわたって議論した末、政治委員会に参加している女性たちは、次のような提議を可決する。

1. すべての国々のカトリックの女性たちは、いかなる方法であれ、選挙に関する道徳的責任を理解すること
2. 女性たちは、万が一の場合に、使徒的任務（apostolat）[3]を務められるようにする道徳的教育、宗教的教育、市民的教育によって、自らの役割に備えること

なんという豹変ぶり！　教会は、ずっと女性選挙に反対だった。意見を変えるとは、いったい何が起きたのだろうか。１９１４年から１９１８年の戦争は、ヨーロッパの政治状況を大混乱に陥れた。そしてとりわけ、１９１７年のロシアの共産主義革命が教会とヨーロッパ諸政府にとって脅威としてうつるのである。これらの政治的大転換は、女性たちの暮らしも巻き込んで、かつてない文化的変化を伴っていた。今日の我々にとって、１９２０年代に、女性たちがスカートを短くし、脚を見せて道路を自転車で走っていることの意味は想像し難い。こうした新たな流行を、若い女性たちは、長いスカートで歩道や床を掃きながら歩く必要はもうないと歓喜し、感激しながら受け入れていたのである。さらにもっと驚くべきは、女性たちが髪を切ったことだ。「ギャルソンヌ」と呼ばれた新たなヘアスタイルが人気なのである。こうした振る舞いは、人間のあるべき姿（transgression dans l'esprit des hommes）への侵犯そのものだ。それでは、女性たちがスポーツをするためにズボンを履き始めていることはどうだろうか。映画、ジャズ、バイク、社交ダンス、化粧は、宗教当局者にとって、どれも道徳への脅威だと考えられている。

したがってカトリック教会は、ヨーロッパにおける共産主義者からの影響と、社会における近代主義の影響を阻止するために、女性たちを味方につけようとする。そこで、ブノワ15世（Benoît XV）教皇と、彼の後継者であるピウス11世（Pie XI）は、女性の参政権に関してカトリック教会の見解を変えることにするのである。事実、教皇は女性たちが共産党に反対票を投じて、カトリック政党を支持することを期待しているのだ。このように、女性の参政権に反対する教会の公式見解には、もはや障害はなさそうだ。この見地からは、投票はカトリックの義務にさえなっているのである！

ところが、ローマ会議閉会の全体会の際、マリー・ジェラン＝ラジョワは、第3の提案が付け加えられていたことに気がつき、愕然とする。

3．女性の参政権に関わるあらゆる新しいイニシアティヴは、事前に各国における司教団（épiscopat）[4]の同意に委ねられること

マリーは戸惑いあわてふためく。いったい、誰がこの第3の提案を追加したのだろうか？　彼女が、何とかしてそれを削除させようとしても無駄に終わる。後に彼女は、このときにローマを旅行していたアンリ・ブーラサと出会った、ローマの聖職者だったことを知る。アンリ・ブーラサが、第3の提案を追加するよう説得したのである。彼は、いくつもの国々で、政治状況は女性選挙を正当化する根拠にならないということを力説したのだ。

彼の主張はこうである。

「女性参政権は、［ヨーロッパにおいては］1914年から1918年の大惨劇の弊害であって、［わがケベックでは］それは正当化され得ない」

教皇は、後にこのように明言している。

「女性選挙は、他の国々では、教会にとって有効であるかもしれないが、ここでは、今のところいかなる有効性もないだろう。」

さらに、ローマから戻って間もない6月に、アンリ・ブーラサは、運命を定めた第3の提案を『ル・ドゥヴォワール』の第一面に掲載させる。

落胆したマリー・ジェラン＝ラジョワは、モンレアルに戻るとすぐ、州議会選挙評議会の会長を辞任する。もっとも、彼女は女性たちをフェミニズムに目覚めさせるための活動をやめはしない。同時に彼女は、ゴチエ（Gauthier）閣下から、実に1921年には始められていた、女性のための政治教育講座の開催を存続させる権利を奪い取る。このようにして、間接的に女性の参政権を推進しようとしているのだ。それというのも、司教が彼女に、FNSJBの名ではなく個人としてでしか許可しないからだ。

そんなことはものともしない！　彼女は、政治への女性たちの絶対的な参加という問題に取り組む必要のある様々な機会を作り出す。例えば、公教育評議会への女性の任命、寡婦と独身女性が選挙権を持つ地方選挙、女性労働の法整備委員会の設立だ。フェミニストたちが、何度も州政府に困窮状態にある一家の母親のための手当てを要請するので、この要求に追い込まれてタシュロー州首相は次のように明言する。

「もし女性たちに選挙が認められれば、母親への手当を認めなければならないだろう！」

1926年、ある委員会が議論している審議室で自分たちの見解を説明できるのではないかという希望を抱いて、派遣団がケベックへと赴く。この派遣団を、朝から夜中まで9時間半も待たせた挙句、委員会はその話を聞くことを拒否する！　なんという侮辱だろうか！　忍耐強いマリーは屈しない。彼女は、個人として州議会参政権評議会の数少ない会合に参加し続け、モンレアルの副司教、ゴチエ閣下との面会を執拗に要求し続けるのだ。司教は、彼女の手紙にさえ応じない。

1928年、母親サポートの年次総会の際、彼は次のように宣言する。

「フェミニズムは、政治活動とは異なる事業によって治癒されるべき病気である。皆さん方にもう一人女性議員がいても、何も解決しないでしょう。」

翌日、新聞はこのような見出しを出している。「女性は、慈善事業に専念すべく、政治を放棄すべし」。

1922年から1928年まで、マリー・ジェラン＝ラジョワは、女性参政推進のための権利を司教に要求し続けた。同時に彼女は、全国サン・ジャン＝バティスト連盟の基礎固めに取り組む。彼女は、連盟のために一軒家を購入し、それを整備するための「人民献金」という資金調達キャンペーンを組織する。その一軒家で、会合、講座、講演会を企画するのだ。連盟の家は、蜂が羽音を立てて飛びまわる巣箱のような活動の場だ。連盟誌『正論』の発刊のためには、ジェラン＝ラジョワ修道女となった、マリー・ジュスティーヌによって設立された修道女会、ボン＝コンセイユ姉妹会（Sœurs du Bon-Conseil）の助力を得る。

フェミニズム的政治参加を続けるマリー・ジェラン＝ラジョワが、選挙権の闘いをやめるのは、

1929年でしかない。彼女はこのとき62歳で、36年来の闘いになっている！ **それでは、誰が彼女の後に替わるのだろうか。**

10. 新たな2つのフェミニスト団体

1927年、テレーズ・キャスグランは、州議会選挙評議会の会長になった。ある意味でこの評議会の設立者であるイドラ・サン＝ジャンは、ブルジョワジーの女性があまりに多く集まり過ぎて、この会がすべての女性たちを代表しているわけではないと考えている。そこで、彼女は、**ケベック州女性選挙のためのカナディアン同盟**（Alliance canadienne pour le vote des femmes du Québec）を設立する。彼女にとって、この組織に300人以上のモンレアルの女性たち、とくに労働者階級の女性たちを集めたことは誇りだ。1928年、テレーズ・キャスグランは、評議会の名称を**女性の権利リーグ**（Ligue des droits de la femme）に改称する。その目的を拡げるのだ。すなわち、民法の改正と、弁護士会に女性が入会する権利、すなわち弁護職を実践する権利を要求するのである。リーグには、数十人の会員が集まる。幸運なことに、2つの組織はともに活動している。この2つは、あらゆる宗教の女性たちに開かれているのだ。カトリックとプロテスタントの協働である。全国サン・ジャン＝バティスト連盟と同様に、彼女たちはボランティアで活動している。2人の代表、テレーズ・キャスグランとイドラ・サン＝ジャンは、今やフェミニストたちの主な代弁者だ。

1915年、国は農業婦人サークルを作ることで、初期の参政運動団体の創立に対する反応を示した。今回は、教会が新たな女性団体を作って反撃する。教会は、女性的慎み[5]とカトリックの道徳に献身する**カトリック女性リーグ**（Ligue féminine catholique）を創設するのだ。この団体は、瞬く間に数千人の女性たちを集める。設立時から２０００人のメンバーがいるが、１９３２年には７０００人に及んでいる！

同じ頃に、修道女の寄宿制学校ごとに同窓会が見られるように、同窓会をまとめた団体も作られる。**カナダ・カトリック修道院卒業生連合会**（Association fédérée des anciennes des élèves des couvents catholiques du Canada）だ。この提案は、オンタリオから出される。というのも、イギリス系の人々の〝修練院〟（alumnae）[6]を真似てみようというのだ。女性たちの大部分は、短い期間で勉強するために寄宿制学校に通わざるを得ないので、会員募集が重要だ。１９３３年、３万５４００名の会員を集めて、１７０か所の同窓会が連合する。これらの同窓会では、女性たちは主として慈善目的で集められている。女性の権利の訴訟問題への取り組みも続けられている。曰く、女性たちには務めがあるのだ！　しかしながら、この運動は長くは続かない。１９３０年代半ばに活動は終わりを迎える。司教と修道院（congrégation religieuse）は、オンタリオから始まった運動とはさほど関係を持ちたくなかったからである。ところが、同窓会は寄宿制学校ごとに残り続ける。

こうした小競り合いは、フェミニストたちが自分たちの活動を続ける支障にはならない。リーグと同盟の活動家たちは、ケベック立法議会に法案を提出して女性の選挙権を認めるよう、与党議員を毎年説得する。法案を話し合う議員たちの議論に、高い所にある傍聴席から出席するために赴く、毎年の「巡礼《ペルリナージュ》」のことだ――彼女たちの表現で言えば。毎年聞くのは、だらだら続く無駄話。年が替わって、また次の年、それからまた次の年！　いつもまた初めからやり直し！　いつまでも活動家たちのことは「サフラジェット」呼ばわり！

「私はフェミニストであっても、サフラジェットではありません！」テレーズ・キャスグランは答える。「私が望んでいるのは、私たちの要求が、穏便さと、節度と、冷静さを充分にもって行われることです。」

このことを示すために、1929年、彼女はタシュロー州首相の誕生日に、63本のバラの花束を届けさせる。彼女の議論は、民主政治の正義、権利、論理、発展を論拠としている。仲間のイドラ・サン＝ジャンは、もう少しラディカルだ。彼女は自身の希望を、このように述べている。

「人類は、最後に生き残った貴族政治を廃止するだろう。すなわち、性の貴族政治である。」

彼女は、性差別のことに言及してはいない。この語はまだ発明されていない！　しかしながら彼女は、女性に対する男性の支配が、フェミニストたちの告発する不公正の原因であることを暗に述べているのだ。

1929年、まさにこのとき、政府は既婚女性の市民権問題を検討する調査委員会の発足を決定する。ドリオン委員会（Commission Dorion）である。どうやら、首相は女性選挙に反対したことに対する許しを請うているようだ。FNSJBとマリー・ジェラン＝ラジョワを含む、あらゆるフェミニスト団体が、モンレアルとケベックにおける公聴会で、自分たちの調査報告を発表する。もちろん、女性の権利リーグ、ケベック州女性選挙のためのカナディアン同盟、モントリオール地区評議会も参加している。マリー・ジェラン゠ラジョワにとっては、30年以上も続く個人的な闘いの到達点だ。1926年、自分の名前で銀行口座を持つ権利すらない既婚女性の地位のことを思って、彼女は次のように状況を嘆いている。

「ケベックは世界中の笑いの的ですよ！」

フェミニスト団体は、結婚における妻の従属を終焉させるために、民法のいくつもの条項の修正を要求し、強固に主張する。彼女たちは、改正を求める民法の条項を特定して、その新たな明記を提案する。彼女たちの語彙は直接的だ。マリー・ジェラン゠ラジョワは「束縛」について、イドラ・サン゠ジャンは「奴隷」について、テレーズ・キャスグランは「濫用」について述べている。

1931年に公表されたドリオン委員会の報告書では、彼女たちの要求のうちごくわずかしか、勧告のなかで取り上げられなかった。女性は自分自身の給料をとっておく権利があること（以前は、夫のものだった！）、離婚した女性は子どもの保護者でいられ、より良く保護されること、である。

それに対して委員たちは、妻たちの法的従属ならびに「二重規範の法」、すなわち、夫はその妻が姦通を犯した場合に夫婦の別居を要求する権利があるが、もし夫が夫婦の家で妾を囲っても妻には同じ権利がないという条項の削除を拒否したのである！　彼らははっきりこのように言っている。

「夫に対する侮辱ははるかに深刻で、許しは妻の心に何よりも自然に生じるものである。」

既婚女性の市民権問題は、さらにもっと長い間、フェミニストたちの要求の中心にあることになる。**この失敗で、フェミニストたちは挫折するだろうか。**

11. 経済危機でも続く選挙権のための闘い

1930年代は人々にとって、いわゆる「大恐慌」(dépression)という経済危機のために、とりわけ過酷だった。選挙権のための闘いは引き続き行われているものの、経済状況により、現実にはすっかり影を潜めている。失業率は高騰し、33%超え! 貧困、もっと言えば極貧状態が街中に見受けられる。世間の人々がヨーロッパだけのものと思っていた、社会主義と共産主義のような新たな政治的運動が、ケベックでも繰り広げられる。新たな潮流、ファシズムがイタリアで台頭し、ケベックでも人気を集める。明らかに、人々は新しい社会的かつ政治的秩序を求めているのだ。

初めての母子保護施設

多くの人々が、社会的保護なしには生存が厳しい状態にある。単身女性というのは、とりわけ脆弱である。そこで、1932年にモンレアルに新たな「慈善団体」が現れる。「気力を失った失業者たち、田舎から出てきて都会で途方に暮れている少女たち、仕事はあるがごくわずかしか稼げない人々、良心のない偽婚約者に騙されて悲嘆に暮れている少女たち、望まない妊娠をしていて、その大きくなったお腹をどこに隠せばよいのかわからなくなっている少女たち」を受け入れるための施設だ。イヴォンヌ・メゾンヌーヴ(Yvonne Maisonneuve)が創始者である。彼女の周りには、修道女でもなく、ブルジョワジーの出身でもない協力者《アソシエ》（associée）たちがいる。毎年、この女性たちの大部分が契約を更新する。しかしながら、イヴォンヌ・ドゥ・メゾンヌーヴは、協力者グループのためにも、彼女が開設したばかりの救護所のためにも、宗教当局者の賛同を得られていない。そこで、自治体当局者はこれを口実にして、彼女に助成金を認めないのである。彼女の施設に住まわせているすべての女性たちと子どもたちを支えるために、どうしたらよいのだろうか。彼女は、最初はフェアマウント通りで、それからラ・ゴシュティエール通りで、[*1]この施設の存続を可能にする、店主たちに対して食糧を直接懇願するという方式を思いつくのだ。これが、子どもと一緒に困窮状態の女性を受け入れる最初の施設である。この事業は、１９３６年に**庇護者ノートル＝ダム**（Notre-Dame de la Protection）と名付けられ、今日よく知られているシェルター、シェノン（Chaînon）の前身となる。この事業は、フェミニスト事業として誕生してはいないものの、しかし、その目的はフェミニスト分析と同一線上に位置づけられている。すなわち、男性優位の社会組織の犠牲者である女性たちを支援すること、というものである。この施設は、あらゆる女性を受け入れている。あれこれと詮索などしないのだ！　何という変わりようだろうか。今日、私たちにはこの事業はフェミニズム的だと思えるが、もしこのことをイヴォンヌ・ドゥ・メゾンヌーヴに言ったなら、さぞかし彼女は驚くだろう！

女性労働者の権利

同じ時期、いく人もの労働者階級の女性が、共産党の影響で**女性連帯**（Solidarité féminine）というグループに集められ、いくつか強烈な活動が企画される。路面電車を力づくで占拠したり、市役所でデモをしたり、政治集会を混乱させたりだ。今や、女性のための活動は、あらゆる社会階級に結びついている。実は女性労働者たちは、産業革命の初期から結集するのをためらっていた。しかし、組合が不可欠であることに気がつくのである。1907年にFNSJBによって設立された職能団体は、この経済危機で生じた新たな経済状況に、とりわけ1921年の真のカトリック労働組合の出現に適応できなかった。連盟の職能団体の会員数は、1920年代初頭には800人を超えていたが、1930年以降は劇的に減ってしまった。これらの団体が、ストライキを最終手段として認めなかったことは言っておかねばならない。

フェミニズム運動に捧ぐこの物語のなかで、女性労働者の組合化のすべての行程を伝えることは不可能だ。確かなのは、当時台頭する様々な労働組合のなかで、類まれな力のある女性活動家たちが現れるということだ。製造工場の女性労働者たちが、1934年に、さらに再び1937年にストライキを行う際に、レア・ロバック（Léa Roback）は、まさに女性労働者たちが女性であるという理由で被っている不公正――職工長の「性的」特権、女性用トイレの不足、出産休暇の欠如、そしてもちろん賃金の不平等と職場の不衛生――を告発する女性のうちの1人として代表を務める。ときに彼女は、闇中絶をせざるを得ない妊娠中の若い女性労働者を助けている。

EDITION QUOTIDIENNE

La Patrie

2¢

59e ANNEE — MONTREAL, VENDREDI 18 JUIN 1937 — No 97

LES 4,000 MISÉREUX ASSURÉS DE LEURS SECOURS

(LIRE EN PAGE 3)

Mort subite de M. Gaston Doumergue

(LIRE EN PAGE 11)

Les femmes réclament du pain à l'hôtel de ville

1 2 3 4

Photographies prises, hier après-midi, lors de la grève sur le tas d'une centaine de femmes, dirigées par M. Candide Rochefort, député de Sainte-Marie, dans la salle du conseil municipal. (1) Le maire Adhémar Raynault tente de calmer les récalcitrantes et leur promet qu'il va faire l'impossible pour leur donner satisfaction. (2) Mlle Pauline Tremblay lance : "Je ne retourne pas chez nous sans avoir l'assurance que nous allons avoir du secours!" (3) Une pauvre mère s'affaisse, pendant que le maire discute avec l'échevin Emile Dubreuil. Ses compagnes se portent à son secours. (4) Un groupe de femmes qui ont envahi la salle du conseil et se sont installées dans les fauteuils des échevins. (Photo la "Patrie").

【図 14】1930 年代の経済危機の間に、モンレアルでは、共産党の扇動で女性連帯が登場する。1937 年、地方自治体の当局者たちは、「直接的援助」の権利を持つ人々の数を著しく減らすことを決定する。このとき女性連帯は、異議を唱えるために、モンレアル市議会事務局を襲撃する。このアクションが、『祖国』の一面大見出しとなる。

看護婦たちもまた、自身の労働環境の改善を試みて集結する。ストライキする看護婦？　まさかあり得ないことだ。１９３６年、ヴィルヌーブ（Villeneuve）枢機卿は、このように明言する。

「道徳的かつ霊的義務に勝るものなどなにもない。したがって、看護婦には、率直に申せば、目先の物質的利益を優先させる権利などないのである。」

教会は、女性たちが集まることに対して厳格に統制し続けている。しかし、レア・ロバックはこのように言っている。

「我々は、お祈りで労働組合を作ることなどできない！」

女性の権利リーグと、ケベック州女性選挙のためのカナディアン同盟の会員たちも、女性労働者の状況に関心を持っている。彼女たちは、法律を暴き、最低賃金評議会における女性の不在を告発し、女性の労働の実態に関する全国調査を要求する。一方で、議員たちは経済危機の責任は労働の場における女性たちにあると思っている。何という皮肉だろうか！　実際には、ごく普通の女性や主婦のおかげで、この危機の最中、人々が生き残ることができているのに！

フェミニストたちの怒りの矛先は、多くの場合年に１５０ドル、時には80ドルしか稼ぎがない女性教員の搾取にも向かっている。それは週に2ドルから5ドルに相当しており、女性労働者よりも少ないのだ！　ラジオでの講演会で、テレーズ・キャスグランはこう叫んでいる。

「苦労して働いている女性たちは、こんな〝さまつなエサ〟のために働いているのではありません！」

確かに、これらの意見表明は、労働における女性たちの日常の現実を変えさせるにはほとんど効果はない。だからこそ、フェミニストたちから見て、選挙権の獲得はよりいっそう重要なものとなっているのだ。それはまた、シャルルボワ地域の女性教員、ロール・ゴードロー（Laure Gaudreault）の意見でもある。彼女はこのように主張している。

「政府の男性諸君は、地方自治体の予算を節約して（ménager）、投票者たちが気を悪くしないように気を使って（ménager）いるのです。女性教員に関しては、参政権がないのでどうでもいいというわけです！」

ロール・ゴードローは１９３７年に、労働環境が最も過酷な農村学校で教えている、地方の女性教員の労働組合を作ることに成功する。

何年もの間、難色を示していたものの、政府は１９３８年に貧困母親法を採択する。極めて遅れをとった法律であり、しかも著しく限定的ではあるが！　同法は、母親に提供される援助を、道徳的かつ宗教的配慮に委ねている。何千人もの母親たちがそこから排除されており、とりわけ当時、人々が未婚の母《フィーユ・メール》と呼んでいる女性たちが取り残されている。彼女たちは、孤児院に子どもを預けざるを得ない――多くの貧しい家族もまた、あきらめてこの解決策をとらなければならないのと全く同じである。経済危機から10年が経ち、孤児院は満員だ！

選挙権を推進するためのアクション

こうした非常に絶望的な危機的ムードにもかかわらず、フェミニスト団体らは、女性選挙の推進をありとあらゆる方法で試みている。1929年、イドラ・サン＝ジャンは、『ザ・モントリオール・ヘラルド紙』に二言語での時評欄を掲載する。彼女は、女性が選挙権を獲得した州では、女性たちの状況が改善されていることを示す。この連載により、大部分が彼女の意見に好意的な驚くほどの数の手紙が彼女のもとに届く。

1930年、連邦議会選挙に2人の女性が出馬する。モン・ロワイヤル地区の自由党からグレース・リッチー＝イングランド博士と、ドリオン・サン・ドゥニ地区の無所属のイドラ・サン＝ジャンだ。彼女たちは、当選はしないが、自分たちをめぐって批判が起こっても立派に勤めを果す。イドラ・サン＝ジャンは、3000票を獲得！ この立候補者たちは、とりわけ女性の選挙に有利となるような自らの議論を公にするために、選挙を利用しているのだ。

1931年、サン・ジャン＝バティスト会は、6月24日の毎年恒例のパレードを、ケベックの歴史上の女性たちにささげる。行列のなかの山車は、19世紀初頭に選挙権を持っていた女性たちの記憶をよみがえらせている。イドラ・サン＝ジャンはただちに、ケベック州女性選挙のためのカナディアン同盟として、そのスポンサーになることを提案する。リーダーたちは、パレードが論争を引き起こしてはならないという口実で断る。アンチ・フェミニズムとナショナリストの知識人たちの距離は、決して遠くはないからだ。

1933年から、イドラ・サン＝ジャンは、自らフェミニスト闘争の目的を主張する『女性の領域（*La Sphère féminine*）』という年次刊行雑誌を発刊する。フェミニストたちは、ラジオという新たなメディアを用いる。それも、1933年から1938年まで、週1回の番組「フェミーナ（*Fémina*）」は、テレーズ・キャスグランとフロランス・フェルネ＝マルテル（Florence Fernet-Martel）が進行を務めて、リスナーに投票の意義を説明したり、彼女たちの経験するあらゆる不公正を伝えている。この番組にもたくさんの便りが届く。フェミニストたちは、何人かの進歩的な精神の人物に支えられているのだ。『労働世界（*Le Monde ouvrier*）』では、毎週、ジュリアン・サン＝ミシェル（Julien Saint-Michel）という人物が記事を一面に掲載し、かなり頻繁にフェミニストたちの要求を支持している。ジュリアン・サン＝ミシェルとは誰のことだろうか？　これは、ジャーナリスト、エヴァ・シルセ＝コテのペンネームだ。男性のペンネームならば、彼女はとても大胆な思想を主張できるのである。

フェミニストたちは何度も講演会を行い、『人民誌（*La Revue populaire*）』と『近代誌（*La Revue moderne*）』といった雑誌に記事を掲載する。スローガンを書いて、サンドイッチウーマン[*2]になって道端を歩き回る。1935年の在位50年の祝典の際には、イギリス国王ジョージ5世に、選挙権を求める1万人の署名の請願書を提出する。1937年、女性の権利リーグの活動家たちは、商業博覧会の会期中投書箱を設置する。来場者たちは、女性選挙に関する考えを表明するために投票用紙を入れるように促される。この急ごしらえの調査の結果が出ると、8149人の人々が女

【図 15】1930 年代の間、何人かの活動家たちが、「サンドウィッチウーマン」に扮して、女性の選挙権のためのプロパガンダのポスターをつけて、路上を歩く。英語のポスターでは、「正義」と「平等」が問題となっているのに、こうした語は、フランス語のポスターには見られない。

性の参政に好意的であり、249人しか反対していないということが分かる。明らかに、地方でも考え方は変わってきているのだ。

　1930年代のサグネー地方のある女性は、このようなことをはっきりと言っている。

「私は夫の考え、夫の政治信条を尊重します。でも、だからと言って自分のそれを持ってはいけないというわけでは決してありません。」

　1937年、連邦政府は、憲法問題に関する王立調査委員会を設置する。いくつものフェミニスト団体が、自分たちの考えを表明しに行く。なかには女性の権利リーグもいる。そのスポークスパーソンはエリザベス・モンク（Elizabeth Monk）といい、マギル大学の法学修了生だが、弁護士会に入る権利を持たない。彼女は、委員たちから称賛される報告書を発表する。ケベックの女性たちの痛ましく差別的な状況を明らかにしており、根拠に裏付けされた図表と統計のある、素晴らしい労作だ。以下にその例を挙げてみると、女性労働者と女性教員の低賃金、女性労働者の大多数を排除している失業保険、乳幼児死亡率の憂慮すべき数値、さらに法手続きからの女性の除外である。

農業婦人サークルの運動は、経済的危機により１９３１年以降その活発さを失ってしまっていたが、１９３５年から農業省の家計に関する専門家によって再び奨励される。糸紡ぎ車と織り機の配給。講座の開設。女性たちは、手仕事をすることで、生活水準を向上させられるのだということをみるみるうちに理解する。１９３５年には、会員が1万１８００名、サークル数は２７３団体に達する。農業婦人に向けた新しい雑誌、『ペイザーナ（*Paysana*）』が刊行される。もちろん、編集長フランソワーズ・ゴーデット＝スメ（Françoise Gaudet-Smet）は、選挙権を要求するように会員を促すことはない。

「広い心を持つ女性は、自分の子どもを育てること、霊的なミューズであり、エネルギーの創造者であるという役割を果たすことで、国により良く仕えるものなのです。」

彼女は、会員たちは「職」を営んでいるのだという確信をもって、地方の女性たちのためにより良い労働環境を要求する。実際に彼女の読者たちにとって魅力的なのは、とくに雑誌で提案されたり、州のあちこちで開催されている手工芸展で提案されている刺繍、織物、編み物の見本なのだ。サークルの数は急速に増え始め、1940年の初頭、4万人以上の「農業婦人」を抱えて718団体になる。それは、フェミニスト団体よりも、はるかに多い数になっている。事実、女性の権利リーグは50人程度、同盟は活動家が200人程度にしか達していない。アンチ・フェミニズムは、活動家たちの人数を大幅に減らすことに成功したのである。**こんなにも少ない数だが、どのようにしてフェミニストたちは選挙権の要求を前進させることに成功するのだろうか。**

12. 勝利のストラテジー

ケベックへの無意味な巡礼を行って約10年、フェミニストたちはもう十分茶番劇をやり続けたと思い始める。テレーズ・キャスグランは、選挙権を獲得するための戦略を変えなければならないと思っている。ところで彼女は、1928年からある政治クラブ、**リベラル女性クラブ**（Club des femmes libérales）の副会長をしている。そこで、1938年5月の自由党大会にリベラル女性の会員たち約40名程度を代表者として招待させるよう、ケベックにおける野党の自由党党首、アデラール・ゴドブー（Adélard Godbout）を説得する。そのかわりに彼女は、この女性たちが次の選挙で党のために働くことを約束するのだ。大会の際、参加者たちは、党の綱領に女性の参政を追加させることに成功した。800人の議員たちが満場一致で、提案に賛成して投票した。風向きは変わってきたのだろうか。

しかしながら、1914年の場合がそうであったように、国際情勢は再び状況が変わり始めていた。1933年以来、ドイツではヒトラーとナチ党が、隣国に対する侵略政策をとっていたのだ。ヨーロッパは不穏な空気に包まれている。また戦争になるのだろうか。1914年から1918年の「世界大戦」の後、こんなにも早くに？　あれで最後にしなければならなかったのに。実際、ヒトラーが1939年9月にポーランドを侵略するとすぐに、カナダも含む何か国かがドイツに宣戦布告する。

ケベック州では、この知らせは様々な反応を引き起こしている。ある種の興奮が生じているのは、戦争は雇用を創出し、「恐慌」から人々を脱させるからだ。しかし同時に、連邦政府が再び徴兵を課すのではないかという恐怖もある。モーリス・デュプレシ（Maurice Duplessis）は、選挙を開始するのにまさにこのときを選ぶ。徴兵制への恐怖で、有権者たちが彼を権力の座に立ち返らせるのではないかと期待しているのだ。しかし、連邦政府の支持がある自由党が勝者を出す。新州首相アデラール・ゴドブーは、女性たちに選挙権を認める党の政策公約を維持するのだろうか。彼は就任演説でそれを公言するが、宗教当局者からの激しい反対を呼ぶ。

ケベックの教会の長、ヴィアンヌーヴ枢機卿は、正式な通知を全教区に公表させる。


我々は女性の政治参加に以下の理由で同意しない。

統一性と家族の序列に逆行するため。

その実行は、女性を選挙主義のあらゆる感情とあらゆる危険に曝すことになるため。

州の女性たちの大多数が実際には望んでいないと見受けられるため。

女性の参政権を推奨するために進められている社会、経済、衛生などの改良は、政治の外にいる女性組織の影響力もあって獲得されているものであるため。

こうした正式な意見表明は、ゴドブー州首相にとって非常に厄介だ。彼は策士となり、自分は約束を守る人間であり、女性の参政権を約束したため、この法律を可決させるつもりだと枢機卿に返答する。しかし、枢機卿に背くことも望んではいないので、辞職し、州首相をサン・ティアサント出身の熱血漢テレスフォール＝ダミアン・ブシャール（Télesphore-Damien Bouchard）に代わってもらうことを提案するのである。この政治家は、教会の敵であり反教権者であり、いずれ劣らずあらゆる考えが非常にラディカルであるために、教会の嫌われ者なのだ。

反教権者の首相と、女性の選挙の間での選択を迫られ、枢機卿は女性参政権を通過させるほうをよりリスクが少ないと判断したようだ。法律は１９４０年4月25日に承認される。女性たちは、ようやくケベックで選挙権を獲得するのである！

女性の権利リーグの会員たちは、この勝利を祝うためにすぐさま集まる。集会でテレーズ・キャスグランは、このように述べる。

「私たちの真の仕事は、始まったばかりにすぎません。投票は、１つの方法であり、目的ではないのです。」

女性たちがもはや後戻りすることがないのは、実に明白だ。フェミニストが勝利したのは、彼女たちがあきらめなかったからである。しかし、ほとんど誰もが彼女たちに反対していた。歴史書は、自由党が女性たちの選挙権を認めたと述べている。歴史書は間違いだ。女性たちは、選挙権を獲得した。なぜなら、彼女たちが40年以上もの間、粘り強くそれを要求したからである。**ついに市**

民となったフェミニストたちは、いったい何をしていくのだろうか。

原注

1 前線に行く年齢の若い人々に義務づけられた、軍隊への兵籍登録のこと。
2 あらゆる人間をカトリックの信仰に改宗させるという、カトリック教会の目的を示す表現。
3 使徒的活動の任を負う者（apôtre）の能力が要求されるミッション。この語は、当時のカトリック界で頻繁に用いられている。
4 別の言い方をすれば、各国の司教たちのこと。
5 とくに、服装における慎みのこと。半袖禁止、短いスカート禁止、ズボン禁止、腕まくり禁止、襟あき禁止、化粧禁止！
6 同じ学校に通っていた卒業生たちを集め、様々な活動を組織する団体。

訳注

＊1 1932年にフェアマウント通りにこの施設が立てられ、1940年から1975年までラ・ゴシュティエール通りに移って活動が続けられた。
＊2 人の胴と背中にサンドイッチのように宣伝用の看板を取り付けた宣伝手法のことを「サンドイッチマン」という。

インターリュード――1940年代頃の17歳の少女たち

今は1940年代。彼女たちの名は、ジャニーヌ、ドゥニーズ、ジゼル、クローデット、モニク、マドゥレーヌ、リズ、ピエレット、ルイーズ。17歳。ほとんどがフェミニストのことも、女性の権利のことも聞いたことがない。今では彼女たちはもっと長い期間勉強できる。たとえ家族のなかでは、男の子の勉強のためにお金を使うほうがよくても。両親は、彼女たちにこのように言うものだ。

「おしめを替えるのに、卒業証書なんか要らんだろう」

思い出してほしい。教育は、初等教育ですらまだ無償ではないのだ。実のところを言えば、義務教育ですらない。義務になるのはたった1943年だ。しかしながら、公立学校では、8000人以上の女の子が9年生（中学3年生相当）に、1000人ちょっとが11年生（中学5年生）に進んでいる。信じられるだろうか？　女の子たちは、男の子たちほど中退しないのだ。

私立の教育機関では、修道女たちが40か所近くの師範学校、ほぼ同じ数の家政学校、人文科学講座を提供する60か所ほどの寄宿制学校を設立した。これらの私立のプログラムには、9000人の若い女性たちがいる。そこに、大部分が修道女たちによって営まれている、20か所以上の看護学校、10か所の古典コレージュは含まれていない。ごくわずかの若い女性たちだけが、大学に通っている。たいていは専門職プログラムだ。栄養、リハビリテーション、医療技術、翻訳、司書学、社会事業、家庭教育などである。

20年もの間、フェミニストたちは、女子教育の発展を手掛けるのを修道女たちに委ねていた。彼女たちは、可能な限り女子に教育を行った。しかしながら、少数に限られている。無料ではないからだ。政府は、寄宿制学校、師範学校、修道女たちのコレージュに助成金を出すことを拒んでいる。家政学校にも助成金を出さない。教育を受けた女性の増加が、彼女たちの状況を変えることに貢献しているのは確かだ。だが家庭では、彼女たちが家事の責任を担っている。今なお、兄弟たちの召使のままなのだ。

若い女性たちのなかでは、ブルジョワジーですら働くことはかっこいいことになりつつある。当然、伝統的な女性の職業も見られる。教師、看護師、秘書、もちろん販売員に、労働者も。しかし、伝統にしたがえば女性たちは結婚すると自動的に解雇され、これらの職業すべてで給料はあきれるほど少なく、男性たちよりも低いままなのだ。

ますます多くの若い女性が、カトリック学生会（Jeunesse étudiante catholique : JEC）のようなカトリック団体を中心に集まった団体の会員となっている。教会は結婚準備講座さえ提供している。なぜなら、新たな戦争の知らせは、徴兵を避けるための結婚に若者を駆り立てて、結婚ラッシュを引き起こしたからである。景気が回復するにつれて、カップルたちはより簡単に結婚ができるようになる。たとえ、住宅が非常に不足していても。それというのも、かつてない住宅危機の最中だからだ。

　女性たちは投票できるようになっても、ケベックではそれを実行する機会がまだなかった。しかしながら、彼女たちの市民権は、実際のところ何も変わっていない。フェミニストが40年間要求してきたにもかかわらず、若い女性は、劣等的な法的状況にいる自分たちの祖母ほど、そのことについて十分に知らないのだ。それでも、戦争さえ終われば……人生は素晴らしいはず！　という楽観論も出てき始めている。

第3部

市民となった女性たちの参画への試み　1940-1969

市民となった女性たちの参画への試み

1945：主婦を対象とする家族手当のための闘い

1946：既婚女性の市民権を改正するための闘いの再開

1948：家政教育と女子高等教育をめぐる議論

1950：フロランス・フェルネ=マルテルによる大学女性会の設立

1961：テレーズ・キャスグランによる共同でのヴォワ・デ・ファムの設立

1965：ケベック女性の選挙権獲得 25 周年のシンポジウム

1966：ケベック女性連盟の設立

1966：AFÉAS の設立

1967：カナダにおける女性の状況に関する王立調査委員会（バード委員会）

13. 第二次世界大戦の最中

戦争が進むにつれて、フェミニストたちの関心は変わり始める。戦争は経済状況を改善し、近代的な暮らしに向けて拍車がかかる。とくに、1940年には、戦争遂行努力に協力しなければならなくなる。労働の場における女性たちの数は、止まることなく増え始める。軍事産業、武器調達、大規模に女性労働者たちは必要とされている。その数は、1941年から1942年の間で、5倍に膨れ上がる。この状況は労働界の組合化に味方する。戦争により給料は「凍結」されたため、労働環境は悲惨で、多くのストライキが行われる。

政府は、戦時需要に立ち向かうためにあらゆる女性たちの協力を必要としている。広告のキャンペーンは、「主婦よ！　あなたは戦火にいるのだ！」というメッセージを打ち出す。

まず、国内の前線で女性たちが必要とされているのは、有用な物品——洋服、金属、紙、肉の骨、加熱用油——の回収のためだ。「フライパンから導火線まで」、油と骨を集めるために主婦たちに呼びかけているポスターのアピール文句である。これらの物が、爆弾の製造に不可欠なニトログリセリンを製造するのに役立つと知って女性たちは驚きだ！

それから女性たちが必要とされているのは、店で消費物価を監視するために、また配給券の管理を担当する委員会のためだ。事実、ほとんどの物が配給になっていて、各家庭には、ほんのわずか

【図 16】「フライパンから導火線まで」
第二次世界大戦中、政府は戦時需要に応じるためにすべてに女性の協力を絶対的に必要とする。戦争遂行努力に参加するよう女性たちに説くための広告が女性誌に掲載される。

な量のバター、砂糖、卵、肉、コーヒー、お茶などしか許されていない。

女性たちが必要とされているのは、果物と野菜を育てるためだ。どんな産業でも人手が不足しないよう、職安でも必要とされている。

女性たちが必要とされているのは、赤十字で、兵士や捕虜兵に送る小包の用意のため、また救急具や暖かい服を作るためだ。全国サン・ジャン＝バティスト連盟だけで、ボランティアの女性たちは、１９３９年から１９４５年の間に編み物を２万３０００個以上生産した。農業婦人サークルの会員たちも同じようにそれらを作った。

女性たちが必要とされているのは、あらゆる敵の攻撃を封じるための内部防衛だ。というのも、人々はドイツの潜水艦がいるのをサン・ローラン湾で見かけたからである。あらゆる領域で忙しく働く、このおびただしい数のボランティア女性たちを組織するためには、委員会や責任者が必要だ。これらの委員会をコーディネートするための人々を見つける際には、たいていの場合、女性団体やフェミニスト団体に話がくる。彼女たちは、公的生活の経験を持っているほとんど唯一の人たちだからだ。このようにして、重要な公的責任を女性たちが引き受けるのを目の当たりにするのに人々も慣れていく。

また、女性たちは、徴兵危機をめぐる議論で結集する。人々は、1917年の世界大戦の際に起こったことを再び体験しているのだ。実際に、カナダの首相マッケンジー・キング（Mackenzie King）は、徴兵制を課さないと約束したものの、1942年にはカナダ国民にある種の国民投票「プレビシット」によってその約束を破棄する是非を問う。これが新たな徴兵の危機である。若き主婦のシモーヌ・モネ=シャルトラン（Simonne Monet-Chartrand）は、妊娠数カ月であっても徴兵に反対し、ある集会で発言して物議をかもす。テレーズ・キャスグランに関しては、オタワの決定に対して抗議をして、政治に身を投じ、1942年の部分選挙に出馬する――なんと2位で当選。

1940年に市の重要な改革がモンレアルで行われる。市議会議員が3階級制になり、とくにC階級は、メンバーが任命されるのであって選挙で選ばれるのではない。この議員たちは、団体や公共団体を代表する。このときすべてのフェミニスト団体が、女性たちが市議会に任命され、各団体の代表となるために圧力をかける。リュシー・ブルノー（Lucie Bruneau）とエリザベス・モンクという2人のフェミニスト活動家が、C階級に任命される。

戦争末期、政府は経済が通常の流れに戻ったらすべきことを予測しはじめて、この難局のために女性団体の協力を得ようとする。1944年6月、FNSJBは、あらゆる女性団体、フェミニスト団体の大集会を企画するイニシアティヴをとる。参加団体は34団体。メンバーとなった団体には、もちろんFNSJB、女性の権利リーグ、戦時中に設立された女性委員会、女性労働組合、農業婦人サークル、そしてカトリック・アクション運動さえいる。FNSJB会長、エヴァ・チボドー（Eva Thibodeau）は次のように主張する。

「統治すること、それは備えることです！」

地方社会事業の担当者フランソワーズ・ゴデット=スメは、この大きな集会で重要な役割を担う。なぜなら、彼女は何としても人々に田舎の女性たちへの関心を持ってもらいたいからだ。会合の後、代表者たちはゴドブー州首相に要望書を送る。それは、女性のための無料の職業教育、男性との賃金平等、既婚女性のための働き口を確保しておく可能性、出産休暇、女性労働者たちの健康保護、地方の電気化、巡回クリニックである。しかしながら、これらの女性たちは、軍需工場の閉鎖によって解雇される女性労働者を吸収するためには、家事業務を理想的解決策だと考えている。残念なことにこれらの要求には応答がないまま、2か月後、ケベック州は政権が代わってモーリス・デュプレシが選出される。そして、女性たちの要求は棚上げされるのだ……！　**女性たちは、政治に関心を持つのだろうか？**

14. 女性のための政治的対立

1944年8月の州議会選挙で、ケベック人女性ははじめて投票する。当時世論調査はなかったので、彼女たちがどの党を支持したのかはわからない。しかしながら、思い出さねばならないのは、女性選挙権を可決させたのは自由党であり、そして1944年の選挙で自由党員たちが、モーリス・デュプレシのユニオン・ナシオナル党よりも多くの票を獲得したということである。選挙区区分と第三党である民衆ブロックの存在が、ユニオン・ナシオナル党を与党の座につかせたのだ。女性の参政に対する反対者たちが以前噂していたこととは逆に、女性たちの投票はいかなる混乱もきたさなかった。

そこで、政治家とジャーナリストは、女性の参政への反対をやめる。それでは、司教はどうだろうか。彼らはまだ納得していない。1930年代半ば、カトリック・アクション運動が非常に盛り上がっていた。カトリック団体には、ほとんどすべての社会集団が集結している。カトリック労働組合が設立されたのである。この全てのうち、いくつかの団体だけが司教たちの支配を免れた。そのなかには、農務省管轄の農業婦人サークルがある。

1945年12月、司教らは農業婦人サークルに、この組織を離れ、**農業婦人カトリック・ユニオン**（Union catholique des fermières）に加盟するよう呼びかける綱領を出す。同組織は、農業従事者のカトリック・ユニオンの女性部たらんとしている。他の理由としては、宗教当局者の口実だが、政府は女性たちの意見と投票をコントロールする恐れがあるというものだ。

ある神父が説明するには、「女性たちが選挙権をもらってからも、女性たちが国の管轄のサークルに組織化されているという事実には、窮地に陥った政府や良心を欠いた政治家たちが、彼女たちの投票に不正な影響を及ぼすために状況を利用する可能性があるのだ」ということである。

この綱領を受けとった女性たちは驚く。農業婦人サークルのメンバーたちは、このとき、自分たちの意に反して望んでもいなかった政治闘争の中心にいるのだ。いくつかのサークルは綱領にしたがう。それでもなお驚くべきことは、3万人近くの女性が経済活動はこれらのことと無関係であるということを支持して、司教たちに従わないという危険を冒したことである！　実際に、彼女たちは、訪問エンジニアの職業指導、あるいは農務省の財政的支援にこだわっていた。この運動への参加で、彼女たちの批判的意志と政治意識が発展したのは明らかである。

この間、フェミニストたちは、ある特別な闘争で集結している。家族手当闘争だ。実際に、カナダ政府は、この社会的保護の計画を始めていた。そして、母親の育児を援助するために毎月小切手を各家庭の母親に送付している。ところがケベック州は、この小切手を州民法のせいで父親に送らなければならない――つまり、家族のなかに2人の「主」がいるばずがないのだ。多くのフェミニストがこの決定に反対し、「父親宛て小切手反対」運動を繰り広げる。テレーズ・キャスグランとフロランス・フェルネ＝マルテルは、何人もの女性ジャーナリストの支援をとりつけてこの保護に関する運動の先頭にいる。テレーズ・キャスグランは、政界の人々全てを知っているので、法務大臣ルイ・サン＝ローラン（Louis Saint-Laurent）に会うが、彼を説得することはできない。

「マダム、そのように受け取られても、だからと言ってどうしようもないことなんですよ。せいぜい、あなたが最善だと信じていることのためにどうぞ運動をおやりください。」

テレーズ・キャスグランは憤慨する。

「わかりました。あなた方は、この国の他の女性たちにはさっさと差し出しても、ケベックにいる私たちは［同じものを得るのに］闘わなければならないのですね！」

テレーズ・キャスグランは、この新たな不公正を声高に告発する。彼女は、家族手当法が連邦政府によるものであることを踏まえると、同法はケベック州民法のもとに置かれるべきではないと言って呼びかける。オタワにファックスが送られる。ラジオでも話題になる。予想していた通り、ケベックの諸政党、法当局者と宗教当局者は聞く耳持たずである。母親宛の小切手は、妻の経済的依存を解消する一方で、フランス系カナダ人の家庭を崩壊させるかもしれないと考えているのだ。

最終的に、フェミニストたちは法的論拠を見つけ出す。民法のある条項では、既婚女性は「家庭の日常生活の経営に関する暗黙の使命」があると明示されているのだ。したがって、この条項のもとで、母親たちは家族手当の小切手を受け取ることができると考える。フェミニストは議論に勝ったのだ。ケベコワーズたち[*1]は、数週間後、ついに最初の小切手を受け取る。なぜなら、小切手はすでに父親の名前で印刷されてしまっていて、作業を一からやり直さなければならなかったからである。数千人もの女性にとって、この小切手は、自分の名前で受け取るはじめてのまとまったお金だった。まさにフェミニストたちのおかげだ。

民衆ブロックは、州自治、父権、多くの家族の利益の名のもとにこれらの小切手を「ボイコットする」よう提案する。とくに、新しい農業婦人カトリック・ユニオンの会員は、小切手を返すように言われる。この抗議運動は、非常に限定的にしか成功しなかったのではないかと思われる。テレーズ・キャスグランは、家族手当の出来事のメッセージをしっかりと理解していた。ケベックの女性たちは民法のなすがままになっているのだ。そこで、1945年、彼女はモーリス・デュプレシ州首相のもとへ行き、既婚女性の法的状況に関してフェミニズムの立場による要求を再開する。19世紀末にマリー・ジェラン=ラジョワが投げかけ、1929年のドリオン委員会の際に引き続き行われた議論を再び取り上げねばならない。その返答として、政府は調査員会であるメトー（Méthot）委員会を組織する。

ただちに、フェミニスト団体は行動に着手する。残念なことに、初期の2人の活動家たちは、この呼びかけのときにはいない。マリー・ジェラン=ラジョワとイドラ・サン=ジャンは、1945年に亡くなっていた。共同委員会に、主要なフェミニスト団体――女性の権利リーグ、FNSJB、家族と社会の発展のための協会、モントリオール地区女性評議会、市民リーグ――の代表者たちが集まる。この共同委員会では、重要な報告書を作成する。それは、エリザベス・モンクと、この問題に共感している弁護士ジャック・ペロー（Jacques Perreault）によるものである。この報告書はケベック市に提出され、『ル・ドゥヴォワール』に掲載される。［報告書の］冊子は数千部印刷される。本文では、女性たちの経済的・社会的状況が変わったこと、そして民法がこの新たな現実に合わせることは当然であるということを支持している。

弁護士会では、1941年からようやく女性が法律を扱うことが認められており、1946年に何人かの女性弁護士が仲間内で集まり始める。彼女たちは、この問題を早急に進めようとしている。1947年、ケベック市では、マリー・ジェラン＝ラジョワの妹、タイス・ラコスト＝フレモン（Thaïs Lacoste-Frémont）が率いる連盟の部会が、女性の市民権に関して大盛況の講座と講演会を開催する。まさにこの問題のために、マリー・ジェラン＝ラジョワは19世紀末にフェミニストになったことが思い出される。だからこそ我々は、現在もずっと今日的なものである、マリー・ジェラン＝ラジョワの論文を研究するのである。農業婦人サークルや、1947年に設立した真新しい**ケベック都市部女性起業者協会**（Association des femmes de carrière du Québec métropolitain）の多くの会員が、この活動に参加している。モンレアルでは、テレーズ・キャスグランが、既婚女性の市民権問題を検討する女性委員会を設立した、カトリック・アクション運動に合流しようとイニシアティヴをとっている。

反対者は多い。シェルブルックの公証人アルベール・ルブラン（Albert Leblanc）は、女性たちの要求は「法的不合理」だと考えている。彼は、このように声高に述べている。

「民法は、人間の知性の比類なき記念碑であり、ほぼ完璧に作られている！」

フェミニストたちは、再び壁を叩く。メトー委員は委員会の設置を要求し、この問題は新たな調査に持ち越される。1950年代の間ずっと議論は堂々巡り。1956年、ついに、離婚の根拠となる姦通罪の咎についての二重規範《ダブルスタンダード》に関連する、民法の有名な条項の廃止が決定される。それは、女性たちの状況を総体的に変えることを遅らせるための戦略でしかないように思われる。この修正によって、民法のなかでもより時代遅れだと思われるものを削除し、また批判を封じ込めるつもりだったのだ。**新たな問題は、フェミニストたちを動かすことができるだろうか。**

15．1950年代にフェミニストはいるのか？

1950年代から、いく人もの女性が女性たちの利益を懸念し続けているが、15年ほどの間、フェミニズムの名のもとでそれを行うことは途絶える。多くの女性たちがフェミニストであり、とりわけジャーナリストは「女性たちは自ら不平等な地位に我が身を置いている」と、声高に言っている。

彼女たちの意見によれば、今や女性のために門戸は開かれており、女性は犠牲者かつ被搾取者の精神から自らを解放しなければならないのである。大多数の女性が、女性団体やフェミニスト団体よりも、男女混合の、政治的で労働組合的、あるいは社会的な団体で、男性たちと一緒に活動するほうがいいと考えている。1948年に、アーティストたちのグループは、『全面拒否』（*Refus global*）[*2]と題された革命的なマニフェストに署名しており、この署名者の半分はアートの世界に「自らの足場を持った」女性たちである。

全国サン・ジャン＝バティスト連盟は、新たな会員を募ることに失敗したので、もはやいかなるイニシアティヴもとっていない。イドラ・サン＝ジャンのケベック州女性選挙のためのカナディアン同盟は、1945年にその代表の死により途絶える。女性の権利リーグに関しては、会長であるテレーズ・キャスグランが政治に専念してから実質的にはその活動をやめている。テレーズ・

キャスグランは、1942年から1963年の間、左派の政党（CCF）から連邦議会選挙と州議会選挙に9回立候補するが、一度も当選することはない！　モントリオール地区女性評議会だけが、1950年以降も活発なままだ。とはいえ、フランコフォン・コミュニティとの接点はほとんどない。なお、この団体は2008年現在も健在だ！

実際には、団体のなかで活発に活動する女性たちの数はかつてないほど増えている。当然、こうした団体の目的は、時代の精神に呼応して、女性の状況に直接的には関わらない男女混合団体や女性団体だ。女性たちの政治・社会生活への熱心な参加についての概要をつかむには、1950年代の団体の一覧の検証が興味深い。

年齢の若い少女たちは、カトリック・ガールスカウト連盟、カトリック系諸団体、JEC（カトリック学生会）、JOC（カトリック労働青年会）、JAC（カトリック農業青年会）や、JIC（会社で働く男女が集まっている、カトリック自主青年会）などに集う。大人の女性たちは、いくつもの団体のなかに見られる。例えば、戦後に拡大した親学校（École des parents 1939）、カトリック労働者リーグ（Ligue ouvrière catholique 1939）、結婚準備援助会（Service de préparation au mariage 1944）、ケベック都市部キャリア・ウーマン協会（Association des femmes de carrière du Québec métropolitain 1947）、カナダ消費者協会（Association canadienne des consommateurs 1947）、ケベック州リベラル女性連盟（Fédération des femmes libérales de la province de Québec 1948、連邦レベル）、リベラル女性連盟（Fédération des femmes libérales 1950、州レベル）、女性ジャーナリストサークル（Cercle des femmes journalistes 1951）、家計サークル（cercles d'économie domestique 1952）、ノートル＝ダムの家（foyers de Notre-Dame 1954）、セレナ（SerenaService de régulation des naissances〔産児調節局〕1955）、女性社長協会（Association des femmes chefs d'entreprise 1956）、地方女性カトリック・ユニオン（Union catholique des femmes rurales〔農業婦人カトリック・ユニオンの新しい名称、1958〕である。教会の指揮下にない団体はごくわずかだ。

20世紀前半に台頭した女性団体のなかでは、農業婦人サークルだけが活動している（前章で見たように、これは１９４５年に司教たちによる紛れもない攻撃に抵抗した）。１９２９年に登場したカトリック女性リーグには、もう年配の女性たちしか集まっていない。神父たちは、女性の慎みの闘争に負けたのだ！ 若い女性たちは、ズボン、ショートパンツ、袖なしのブラウス、サン・ドレスを着たがっている！ ついには、同窓会のほとんどが、１９３４年以来連盟に集まることはなく、トランプ・パーティーや、再会の催し物を組織する社交サークルになってしまっている。

２つの新たなフェミニスト団体

実際のところを言えば、本当にフェミニズムの目的を引き継いでいるのは2団体だけだ。**大学女性協会**（Association des femmes universitaires）は、フロランス・フェルネ＝マルテルによって１９４９年に設立され、女子高等教育の推進をめざしている。彼女は、説明会を開き奨学金を出す。**ケベック州女性リーグ**（Ligue des femmes du Québec）は、労働組合の何人かの女性たちによって１９５７年に設立され、女性労働者の労働環境に関心を持ち、女性の市民権に関する報告書を出す。このリーグは、地方選挙ですべての女性のための選挙権を要求する。しかしながら、これら2つの団体は数十名しか会員がおらず、全く知られていない。

これらの団体にいる女性たちは大部分が主婦だが、何人かは職業人でもある。例えば、ジャーナリスト、ソーシャル・ワーカー、弁護士、心理士だ。1952年のテレビの登場が、人々の生活をがらりと変えたことは言っておかねばならない。ラジオ以上に、テレビのおかげで、あらゆる領域で新しい思想の道筋がつくられる。非常に新鮮なのは、女性たちがそこで発言し、その何もかもが若い女性たちにとって新たなモデルとなることだ。1954年から1960年までの人気番組「あなたとわたし」(*Toi et moi*)のジャネット・ベルトラン(Janette Bertrand)のおかげで、女性たちは、現代のカップルの問題に関心を持つようになる。彼女は、『ル・プチ・ジュルナル(*Le Petit Journal*)』に民衆層の女性たちに通じるような心のこもったお便りも執筆している。

家政学校や古典コレージュ

確かなことは、人々が女性「というもの」について議論しているということである。1947年から1953年にかけての、実際の社会的議論では、伝統的な女子教育、つまり「幸福学校(école de bonheur)」というあだ名がつけられている家政学校で提供されている教育の支持者たちと、女子高等教育の支持者たちが対立し合っている。講演会、新聞や雑誌の記事で、自身の考えを表明している女性たちはたくさんいる。心理学博士号を取った最初のケベコワーズ、モニク・ベシャール（Monique Béchard）は、女子のための古典講座で1位になる。彼女は、勉学を続ける女性たちにつけられているあだ名、「ブルー・ストッキング」に関して、世の中に広まっている考えがばかげていること、性別によってディシプリンを分ける愚かさ、女子から本物の知的教育を奪うことの不公正を告発する。彼女は、独身女性の運命に誰も関心を持たないこと、あらゆる女性を母であることに運命づけることに対しても抗議する。

１９５０年代末に、高等教育を続けて、学士号を取得している女子がますます増えてきているので、大学当局者は、男子とは異なる女子用学士課程を課そうとする。このとき、修道女たち自身が、女子コレージュには一切何もないのにもかかわらず、男子コレージュは１９２２年から補助を受けていると抗議する。彼女たちは、女子学生たちがすべての職業に就くことができることも望んでいる。ある修道女は、１９５８年にこのように打ち明ける。

「私たちは、女性たちが働くべきか否かを問う必要はありません。女性たちの仕事、それは実際になされていることなのです。それは、権利でさえあるのです。」

彼女は次のように言い添えている。

「女性が職業を営むことを妨げたり、最小限の勉強で、最低限の賃金で、最低限の影響しか及ぼさない職業しか女性には許されていないという不公正があります。」

女性労働者

働くこと、それは終戦以来の重大問題だ。あるソーシャル・ワーカー、ギャブリエル・キャリエール（Gabrielle Carrière）は、１９４２年に『生活の糧の稼ぎ方（*Comment gagner sa vie*）』を出版する。それはベストセラーになり、その年に学校や寮を卒業する人たちに配布された。彼女のメッセージははっきりしている。女性たちはほぼあらゆる職業に志願することができる、というものである。父親が、娘は結婚するからと言って働くことに反対するのは間違っている。働くことは権利であり、非常に多くの独身女性の生計の手段を保障するのだ。

「もし若い女性たちに働くことを望まないのならば、公平であるためには、給料をもらっている独身男性には結婚を強制するべきでしょう！」

たとえ考えが変わっても、世間の人々は、女性の労働、とくに小さな子どもの母親たちの労働には賛成しない。しかしながら、何千人もの既婚女性と母親たちが、工業や農業の世界で働いている。誰もそのことを気にかけてなどいなさそうだが！　多くの女性たちが、働き口を確保しておくために、自分が結婚していることを雇用主に言わずにいる。

教会は、労働組合の設立に長い間反対していたが、ようやく認める。教会が、カトリック労働組合を作ることに成功すると、１９２１年からそれらは総同盟 CTCC というカナダ・カトリック労働者連合（Confédération des travailleurs catholiques du Canada）に併合される。設立以来、総同盟の基本方針は非常にはっきりしている。女性は家にいるべき、というものである。19世紀末に誕生してから、労働組合はいつも女性の労働、とくに既婚女性の労働には反対している。それにもかかわらず、働く女性はますます増えているので、1946年、女性のみに関わる組合生活の側面に注力する女性委員会がCTCCに設置される。その代表者、ジャンヌ・デュヴァル（Jeanne Duval）は、総同盟の副会長になる。別の組合組織であるカナダ労働会議（Congrès du travail du Canada）では、ユゲット・プラモンドン（Huguette Plamondon）が総同盟の副会長につく。しかしながら、この2つの総同盟において、完全に男性たちに支配されている組合生活に女性が参加することは非常に厳しい。

教師に関しては、1937年にロール・ゴードローによって設立された地方女性教員組合にならって、1940年代初頭から組合化されている。1946年、すべての教員組合がカトリック教員組合（Corporation des instituteurs catholiques : CTC）に統合された際、地方の女性教師たちは70％以上の会員組織率であったのに、この新組織では代表者数の割り当てが不利な状況に置かれていた。彼女たちの目的は、男性教師の目的によって影が薄くなってしまったのである。彼女たちは、自分たちの雑誌『ラ・プチット・フイユ（*La Petite Feuille*〔小さな葉〕）』すら失ってしまう。まだまだ人々は、経験があって能力があっても、女性教師が若い男性教師よりも稼ぐことは許されないと考えているのだ。既婚の男性教師は昇給。女性教師は解雇。実際、ロール・ゴードローがCIC の副会長に選出されても、女性教師たちには一切利益はなし。なるほど、この組合組織では、「同一労働、同一賃金！」の原則は遵守されていないということなのだ！

歴史に残るストライキが多くのセクターで勃発し、何人かの女性組合員たちは中心的な役割を果たしている。例えば、レア・ロバックとマドレーヌ・パラン（Madeleine Parent）である。残念ながら、ここでは組合生活と労働闘争への女性たちの参加について時間をかけることはできない。それには長々と詳説しなければならないだろう。しかしながら、これ以降、女性たちに提案される労働組合の形式は、マリー・ジェラン=ラジョワが全国サン・ジャン=バティスト連盟において、女性労働者のために想像していた女性労働組合とは全く異なっているということは述べておかねばならない。今や人々は、労働環境、給料に重きを置いているのだ。世紀の初頭のように相互扶助と自己研鑽に集中するのに代わって、ストライキを最終手段とすることを受け入れている。

しかしながら、1950年代にはたとえ労働の場における女性の数が一様に増えても、支配的言説は主婦ばかりを評価し続けている。そのうえ、この伝統的な言説は雑誌や広告のページいっぱいに、「家庭の女王」を賛美するメディア全体によって繰り返されているのだ。当時の若い女性たちみんなの夢は、結婚し、家族を育て、郊外に素敵な家を持つこと。女性の給料がおそろしく低く、仕事は少しも評価されないままなので、人々は若い女性たちのことを何よりも結婚と家庭生活を望んでいるものと思っている。

そのため、家族に関する団体は1950年代の間かなり重要だ。また、だからこそ女性たちは、避妊のことが気にかかっている。彼女たちは、自分たちの母親のようにもう12人の子どもを持つことはごめんだ。1950年代半ばから、妊娠率は規則的に低下し始める。女性たちは、1959年のモーリス・デュプレシの死を待たずに、自分たちの強い願いを変えたのだ。

活動する女性たちのうんざり感

1931年と同じように、1961年にモンレアルのサン・ジャン＝バティスト会は、「ネイションの母」というどちらかと言えば伝統的な考え方にしたがって、「フランス系カナダ人女性へのオマージュ」を、6月24日のサン＝ジャン・パレードのテーマに決めた。『ル・ドゥヴォワール』は、この機会に号外手帖を刊行し、そこで数十名の女性著名人、とくに女性ジャーナリストたちが、新しい世代の活動的な女性たちの思想を表明する。

ルネ・ジョフロワ（Renée Geoffroy）は、「女たちは仕事を辞めるか、闘いを受け入れるかだ」と鼓舞する。

アデル・ローゾン（Adèle Lauzon）は、「女性であるということは、職業でもなければ社会的地位でもありません」と主張する。

ソランジュ・シャピュー＝ロラン（Solange Chaput-Rolland）は、「女を仕事から隔離することを断固拒否すべきである」と表明する。

アンドレアンヌ・ラフォン（Andréanne Lafond）は、「今日の若い女性たちは、自由と平等が存在しないことを実感しています」と遠回しに言う。

ジュディット・ジャスマン（Judith Jasmin）は、「非常に聡明で、全然ロマンチストではない、今日の若い女性たちの役目とは、地獄のサイクルを断ち切ることである」と予言する。

テレーズ・キャスグランは問いかける。「女性は、ネイションの民としての生活を打ち立てることに、その役割を十全に果たすために、どれほどの時を待つのでしょうか。司令部の地位の回復を要求して、そしてその地位につくために、どれほどの時を待たねばならないのでしょうか。」

ジャンヌ・ソヴェ（Jeanne Sauvé）は、「フランス系カナダ人の女性たちは家庭にいるのが幸せだと世間では言っているけど、本当のところはどうなのでしょうか」と疑問を呈する。

ある種のうんざり感が、これらの文章から発せられている。名前のない不満感。同時に、あるジャーナリスト、ジェルメーヌ・ベルニエ（Germaine Bernier）はこのように明言している。

「人間的向上の風は、かつてのサフラジェットたちの錦の旗を引き裂いた。要求するフェミニズムは、取って代えられるべきである。」

したがって、人々は女性たちに向けたある種の矛盾したメッセージを前にしているのだ。要求の時代は終わった。しかし満足からは程遠い状況。**フェミニズムは消えゆこうとしているのだろうか。**

16．女性たちと「彼女たちの」静かな革命

１９６０年代、ケベックは近代へと突入する。カナダ青年アクション（Action de la jeunesse canadienne）、フランス語世俗化運動（Mouvement laïque de langue française）、民族独立支持連合（Rassemblement pour l'indépendance nationale : RIN）、その他、この頃登場する多くのあらゆる政治的、文化的、社会的団体のなかで女性たちの姿が見られる。こうした女性活動家たちは、女性の現実を決して前面に出さない。１９６６年、CTCC の女性委員会は活動をやめる。公式声明はこのように述べている。「完全に徹底して女性にのみ関わる委員会は、労働組合運動から女性組合員が「離れて」いると、一生懸命彼女を説得することしかしない。」

しかし、女性たちは、１９４０年以来自分たちが本当に市民であることを忘れていなかった。彼女たちは、そのことを示そうとしている。人々は認めるべきなのだ。あらゆる政治的かつ文化的な一連の出来事がケベックを舞台に展開している最中、女性たちもまた、静かな革命を経験しているということを。以下は、女性たちの静かな革命の片鱗である。

既婚女性の権利

既婚女性の法的状態の問題は喫緊の課題であり、19世紀末から、ケベックのフェミニストたちの

懸案事項である。フロランス・フェルネ＝マルテルは、リベラル女性連盟のメンバーだが、女性の選挙権のために1938年にテレーズ・キャスグランが用いた戦略を再び取り上げる。1959年、彼女は自由党員たちを、民法改正を政策案に盛り込むように説得する。1960年、自由党が与党になると、法律の改正が期待できそうだ。さてどうだろうか。この件は進展しないのである。新法の作成を担当する委員会が、なかなか提案を出さないのだ。

「女性たちがお節介しましょうか？」と、ある女性弁護士は抗議する。

政治教育

リベラル女性連盟では、幹部たちが2万人以上いる会員たちの政治教育を行いたいと思っていた。このときまで女性党員たちは、とりわけ資金調達活動（宴会など）と渉外に関わっていた。マリアナ・ジョドワン（Mariana Jodoin）は最も活動的な会長の1人で、そのうえ1953年にはオタワの上院議員に任命される。彼女は連盟で、政治教育の学校設立を決める。彼女は、信望のあるゲストとシンポジウムを企画したり、党の政策を会員に知らせるための勉強会を開いたりしている。彼女のあとに会長を引き継ぐ女性たちは、講演会を計画し、政治委員会を設置し、会員たちが議会手続きに慣れるように研修会を開いている。彼女たちは、1921年から1927年まで、女性たちの政治教育のためにマリー・ジェラン＝ラジョワが行っていた活動をこのように復活させているのだ。今では、様々な選挙区で、自由党委員たちは女性たちの意見を無視できなくなっている。

女性たちの声

女性たちは、女性も政治に関心を持つのだということを示す。1960年、彼女たちは核の脅威を危惧している。冷戦のただなかにあり、国際政治は最悪の事態を恐れている。1961年にベルリンの壁の建設、1962年にはキューバ危機。平和主義団体、**ヴォイス・オブ・ウィメン**（Voice of Women）が、1960年11月にトロントで結成され、核兵器反対の女性たちが集まる。カナダのあちこちに支部ができる。テレーズ・キャスグランは、1961年に入ってすぐに、ケベック支部、**ヴォワ・デ・ファム**（Voix des femmes）を立ち上げる。彼女はすぐさまカナダ代表になり、カナダが核保有国にならないよう圧力をかける。テレーズ・キャスグランの周りには、マリアナ・ジョドワン、ジスレーヌ・ローランドー（Ghislaine Laurendeau）、シモーヌ・モネ＝シャルトラン（Simonne Monet-Chartrand）、レア・ロバック、ソランジュ・シャピュー＝ロランといった女性たちの姿が見られる。500人以上の女性たちが、ヴォワ・デ・ファムの会員になる。この平和主義団体には多くの活動がある。全国会議、平和のためのカナダ調査研究所を支援する資金調達キャンペーン、ジュネーブとウィーンでの国際会議への参加、ワシントンでの示威行動、「平和列車」に乗って行くオタワへの派遣[*3]、サン＝ドナでの国際会議の企画（ジャーナリスト、ジュディット・ジャスマンが素晴らしい講演をする）、そして、論争の的となった、鉄のカーテンの反対側モスクワでの国際会議への参加さえある。ヴォワ・デ・ファムの活動家たちは、1962年と1963年の連邦議会選挙運動を注意深く見守り、立候補者に核の脅威に関する意見について質問する。

ケベック州の女性たちは平和のために集まり、地球上の女性たちとの連帯を目の当たりにする。若い女性リュシル・デュラン（Lucile Durand）は、雑誌『シテ・リーブル』に革命的な提案をしている。「まともな人間が自分の考えの筋を通すならば、完全な軍備縮小を獲得するまで子どもを産むことをやめる」という子づくり拒否である。ヴォワ・デ・ファムとともに、ケベコワーズたちは、女性として国際政治への強い不安を自らはっきりと示しているのだ。

新たな女性誌

1960年、新しい女性誌、『シャトレーヌ（*Châtelaine*）』が登場する。それは、女性たちに向けた、全く新たな声として現れる。編集長のフェルナンド・サン＝マルタン（Fernande Saint-Martin）は、断固「フェミニスト的」調子で語る。その論説1つひとつが、覚醒への、さらには行動への誘いとなっている。1962年、彼女は女性たちに、自分たちの要求を声に出すために結集するよう働きかける。

「女たちよ、結集せよ！」

『シャトレーヌ』の読者たちは、ファッション写真、料理レシピ、化粧のアドバイスの間に入れられている前衛的なメッセージを発見する。そこでは、教育の無償化、避妊、民法改正、女性の職業生活について議論されている。数多くの読者がおり、創刊以来10万人以上になる。

女性議員

1961年のビッグニュース、1人の女性が補欠選挙で州議会議員に選出される。クレール・カークランド（Claire Kirkland）だ。彼女は大臣にも任命される。古い議会規則では、女性が帽子をかぶらずに議会に行くのは禁止だ。そのために、1930年代のフェミニストたちは、女性参政権に関する州議会議員たちの議論を聞くためケベックへの毎年恒例の巡礼に行くとき、いつもこれ見よがしに帽子をかぶっていた。会期中、人々はこの新大臣に帽子をかぶらせようと言い張る。クレール・カークランドは、断固反対。帽子をかぶって働くことを拒否するのだ！ ケベックの日刊紙は、この新しい議員に関する記事に次のようなタイトルをつける。「国会に裸頭の女性！」 だが彼女は、議論に勝つ。議会での彼女の存在が、ようやく既婚女性の法的地位を変更するための法律の採択を進めることになるのである。その提案は、やはり1958年からずっと自由党の政策の一部となっている！

パラン委員会の2人の女性

1960年代の初めから、ケベック政府は、教育に関する調査委員会としてパラン委員会（Commission Parent）を設置している。そこには、2人の女性が任命されている。サント・クロワ会の修道女で、女子コレージュの哲学教授シスター・ローラン＝ド＝ローム（sœur Laurent-de-Rome）と、ラヴァル大学の文学教授ジャンヌ・ラポワント（Jeanne Laointe）だ。この2人の女性たちは、新しい学校には、すべての女子が入学できるという約束を取り付ける。

アルチュール・トランブレー（Arthur Tremblay）委員は、「私の目的は、ケベックのどんな少年たちも、変わらず彼の選んだ勉学を続けられるということである。」と発言。

「私はどんな女の子たちもそうであることを望みます！」と、ジャンヌ・ラポワントは反駁。

すると、別の委員、ジェラール・フィリオン（Gérard Filion）が、「おたくは、フェミニストにでもなったんですか」と質問。

明らかに、全教育課程に女子が入ることは、委員たちからとくにフェミニスト的な提案と見なされていたのである。数多くの女性団体、とくに**大卒女性協会**（Association des femmes diplômées des universirés〔大学女性会の新名称〕）が報告書を出している。

衝撃本が主婦たちを揺るがす

1963年、アメリカの著作家、ベティ・フリーダン（Betty Friedan）による『女らしさの神話（*The Feminine Mystique*）』の出版が大スキャンダルになる。『シャトレーヌ』でもこの本のことが話題となり、テレビでも議論され、すぐさまフランス語に翻訳される。同書は、家のなかで不安を抱えている非常に多くの女性たちの不満を言葉にし、分析している。それは、たちまちベストセラーになる。女性たちは、多かれ少なかれ、自分の世界が家族や家の輪を出るべきではないということ、自分の幸福は家族の幸福のなかで実現されるべきであるということを信じ込ませるシステムの犠牲者であることに気づくのである。「私は、こんなことのために、コレージュに行ったのだろうか。」家庭のルーチンの囚われ人である、教育を受けた何人もの女性たちが自問する。

再び、既婚女性の市民権

1964年、クレール・カークランド大臣は、ついに第16法を国民議会に提出することが叶い、妻の法的従属を廃止する。フェミニストたちは、20世紀初頭からずっとこの問題を要求の中心に据えてきた。彼女たちは、1929年と1946年の2つの調査委員会を前に報告書を発表した。

リベラル女性連盟は問題を検討した。数十本もの論文が、フェミニストたちによって書かれた。つついに、立法者の降伏。**フェミニストたちがこのときを待ち望んでから60年以上になる！** これからは、妻は家族のなかで夫と対等なのだ。彼女たちは今後、契約書にサインをし、夫婦の住まいを選び、自分の夫の職業とは違う職を営み（!）、遺言の執行人、財産管理人、後見人になることができる。また、彼女たちは、市民生活のあらゆる証書のために夫のサインを求めなくてももうよいのだ。例えば、自分で賃貸契約のサインもできるし、銀行からお金を借りることもできるのである。

奇妙なことに、歓喜に沸くどころか、第16法に対しては多くの批判、とくに公証人と法実務家からの批判が起こる。ある人たちは、大した価値はないと思っている。反対に、別の人たちは、家族における男性の権威への切り込みに反対して抗議している。そして実務の場では、銀行や信用組合の取締役たち、公的事業の担当者たちが、意固地になって夫のサインを求めている。法律は変わっ

【図 17】マリー＝クレール・カークランドは、1961 年にケベック議会に選出された最初の女性。1962 年、彼女は大臣職の経験なしに、大臣に任命される。ついには、交通省（1964-1966）、観光・狩猟・漁業省（1970-1972）、文化事業省（1972-1973）を任される。多くの責務のなかでも、彼女は、1964 年に既婚女性の従属を廃止する第 16 法、また 1973 年に女性の地位評議会を創設する法律を主導する。1971 年に撮影されたこの写真では、彼女は観光省の大臣として男性陣に訴えかけている。彼女の右側には、モンレアル市長ジャン・ドラポーがいる。

ても、やはりメンタリティを変えるにはまだまだ長い道のりがある！

モントリオール万国博覧会

モンレアル市は、１９６５年からすでに１９６７年のかの有名な国際博覧会「人間の大地（*Terre des homme*）[*4]」の準備に取りかかっている。女性ジャーナリストたちは、この重要なイベントに関する説明会に呼ばれた。喜びを表に出すことなく、女性参加者たちは、「人間の大地」において相変わらず女性たちを伝統的な役割に割り当て続けている男性的な性質の主題に対して抗議する。ある女性ジャーナリストはこのように述べている。

「今日我々の現代世界の重要な現象である、女性の進化を強調することを忘れてしまったように見受けられる」

彼女たちは、博覧会主催者たちが女性の大きな潜在的力を意のままに利用して軽んじており、女性に副次的役割を期待していることを批判する。なぜ女性たちは「ホステス」でしかないのか。徐々に自分たちの言うべきことが、本当には聞き届けられていないことに気がつく女性たちが増えてゆく。ついには、「わたしたちは本当に平等なのだろうか」と自問する女性たちが多くなってゆく。彼女たちは、20世紀初頭と全く同じように、女性として組織化することがやはり必要であることも理解するのである。**フェミニズムは、再び登場するための機が熟したのだろうか。**

17. ケベック女性連盟とAFÉNASの設立

組織的に活動するフェミニズムが、再び話題に上るきっかけになるイベントのはじまりには、またもテレーズ・キャスグランの姿がある。1965年という年は、ケベコワーズたちにとって、選挙権獲得の記念すべき25周年だ。テレーズ・キャスグランは、シンポジウムでこの記念日を祝うべきだと決意する。シンポジウムでは、あらゆる女性たち、今日の女性たちも、これまでの女性たちも、都市の女性たちも、地方の女性たちも、一堂に会すのである。したがって、すべての女性団体のメンバーたちが招かれる。

『ケベックの女性　昔と今（*La femme du Québec. Hier et aujourd'hui*）』と題された、2日間のシンポジウムのプログラムが決定される。ケベコワーズとしては初の州議会議員、クレール・カークランドが基調講演を行う。ケベコワーズ初の上院議員、マリアナ・ジョドワンは名誉会長だ。作家フランソワーズ・ロランジェ（Françoise Loranger）には、呼びかけ文の執筆を依頼した。そのテクストには、『起きなさい！　眠れる森の美女よ、起きなさい！（*« Réveille-toi, belle au bois dormant! Réveille-toi! »*）』というタイトルがつけられる。

このテクストは、女性たちの自由と連帯、不公正と屈辱を告発する権利を訴えている。500人の参加者たちが、法的、経済的、社会的問題を検証する。シンポジウムは、ラジオ番組「女たちの場（*Place aux femmes*）」で大きな話題を呼んでいる、ジャーナリストのリズ・パイエット（Lise Payette）の司会による全体会で閉幕する。満場一致で、参加者たちは、新しいフェミニスト組織を設立するための要求を支持する。参加したジャーナリストたちは、このイベントについてかつてないほど入念な取材を行なう。シンポジウムの翌日、それは日刊紙の一面を飾った。そんなことは今までなかったことだ。普段は、女性に関するニュースは「女性ページ」に追いやられているのである。

「非難の時代過ぎ去る。構造は変わる」は、『ル・ドゥヴォワール』のタイトル。
「ケベコワーズの新たなイメージが作られる」は、『ラ・プレス』のタイトル。
「新たなパンチ力！」と叫んでいるのはルノード・ラポワント（Renaude Lapointe）で、2日後の『ラ・プレス』の社説。

女性たちは、離婚、託児所、出産休暇、賃金の平等、あらゆる職業へのアクセス、教育の無償化、女子の高等教育、女性労働者の労働環境、避妊、夫婦財産制について議論する。信じる道を突き進むテレーズ・キャスグランは、次の年に年中自宅であらゆる領域の女性たちの会合を行う。ケベックの女性団体あるいはフェミニスト団体を可能な限り集めようという連盟の、枠組みと機能を定める文書作成のためである。

その文書は翌年公表される。再びジャーナリストの女性たちが待ち構えており、記事が毎週掲載される。１９６６年、**ケベック女性連盟**（Fédération des femmes du Québec : FFQ）の誕生だ。女性団体の

【図18】1966年、ケベック女性連盟の初代理事会が任命される。初代代表はレジャーヌ・ラベルジュ=コラ（2列目左）。

大部分が、宗教、言語、目的が何であれ、そこに加盟する。FFQは、宗教当局者や政治当局者とは一切つながりを持たない。それは、19世紀末の全国カナダ女性評議会と全く同じように、絶対に非党派的であろうとしている。全ての女性たちを代表しようというのだ。

「〝学位のある女性たち〟と、〝子どものいる女性たち〟の関心は対立しませんか？」ジャーナリストが質問する。

「いいえ。ある1つの階級に関心があるときには、それはつまりそこでの問題が、人々にとって重要な点があるからなのです」、初代代表のレジャーヌ・コラ（Réjane Colas）は応える。

　また、連盟は、地域の会に集まっている個人会員を1つに再編する。この方法でFFQは、ケベック、モンレアル、シェルブルック、セトフォード・マインズ、シクチミにできる。しかも、FFQのリーダーシップはしばしば個人会員から生じてくることになるのだ。

ここで詳しく述べておかねばならないのが、3つの重要な団体が、FFQの外側に留まる決定をしたことである。たとえ、そのメンバーが1966年のシンポジウムの討議と、1966年の設立総会に参加していたとしても。事実、地方女性カトリック・ユニオン（1945年）と家政サークル（1952年）は、**AFÉAS**の略称でよく知られている**教育と社会的活動の女性協会**（Association féminine d'éducation et d'action sociale）という名を掲げる新たな団体に合併したばかりだ。代表者たちは、ケベック女性連盟への加盟を願い出る前に、自分たちの新しい団体の基盤を強固にするほうを選ぶのだ。協議を監督している神父たちは、同協会が「カトリック」倫理を持つことにこだわっているが、女性たちは教会との自由な結びつきを強く望んでいる。

「[団体の] 主要な色は、女性たちの色です、組織のメンバーたちの色なのです」というのが、アジルダ・マルシャン（Azilda Marchand）の主張である。

AFÉASには、創設時から3万5000人のメンバーがおり、主には主婦である。協議の当初は、農業婦人サークルにも呼びかけていた。確かにこれら3つの団体は、似たような目的を持っていた。早くも、農業婦人サークルは、この合併から距離をとるほうを選んだ。なぜならそのやり方は、団体の名前を手放し、50周年を祝うことを断念させるものだったからである。彼女たちは、ケベック女性連盟への加盟も求めていない。自分たちの独立と自治機能にこだわり、宗教的中立性には懐疑的である。

設立されるやいなや、2つの新たな集まり、FFQとAFÉASは事業に着手する。政治教育や、社会的活動の講座、勉強会が企画される。当時、ほんのわずかなメンバーしか、あるいは代表者たちでさえ、ごく一部しか自分たちのことをフェミニストだと思っていない。しかし、彼女たちのめざすものは、次世代のフェミニストたちの目的と地続きだ。すなわち、女性たちが社会のなかで積極的な役割を果たせるようにすることが主題なのだ。AFÉASでは、メンバーたちは、とくに教育、社会事業、保健事業のシステムの変革を理解することに積極的である。遠隔地に住む女性たちが、静かな革命の様々な段階で、非常に正確に情報を得るようになってきているのだ。しかも、彼女たちの夫たち以上にもっと。

2つの新たな団体は、報告書を発表し、記者会見を行い、補助金を申請するという技術をすぐさま認める。これは本当に革新的なことだ！ このときまで、フェミニスト活動家たちはほとんど常にボランティアで働いていた。これからは、一部の何人かには報酬が支払われるのだ。代表者の引き継ぎがなされ、委員会は多岐にわたり、責任は共有される。仕事には事欠かない。しかし、文書にもイベントを報告する機関誌にも、フェミニズムというラベルが使われることはほとんどない。

そのうえ、これらの新しいパイオニアたちは、しばしばテレビのジャーナリストたちからの支持を受けている。このジャーナリストたちは、話題になっている問題を討論する機会を増やす。1966年から、ラジオ・カナダで、毎日放送される番組『今日の女性たち（*Femmes d'aujourd'hui*）』が、ミシェル・ラスニエ（Michelle Lasnier）の監督で制作される。こうして、新しい考えがきちんと議論される。

しかしながら、他のジャーナリストたちは、フェミニズム運動に対して非常に批判的だ。「女性団体は、個々の女性たちの問題を他の女性たちが解決してくれるという幻想を作り出している」と、ソランジュ・シャルヴァン（Solange Chalvin）は主張する。「フェミニズムと女性の運動は、女性の解放にとって害である」と、1966年にある男性労働組合員は断言する。

女性活動家たちが、自分のことをフェミニストだと言わないようにしても無駄で、彼女たちに対するアンチ・フェミニストの表明は間もなく登場する。**あえて自分たちをフェミニストだと呼ぼうとはしない、この新たな女性活動家たちの最重要課題は、いったい何なのだろうか？**

18. バード委員会

FFQとAFÉASの設立は、カナダのその他の地域における類似の運動と同時代だ。カナダの全国組織、ヴォワ・デ・ファム／ヴォイス・オブ・ウィメンによって集まった女性たちが、しばしば共同行動で会っているように、ケベコワーズも同様に、女性たちの関心事となっている優先的な問題である避妊問題のために、オタワで、つまり下院でカナダの姉妹たちと再会する。実際にカナダの刑法は、「ピル」登場後の1960年代末でさえ相変わらず避妊を禁止しているからだ。また、中絶も禁止されている。避妊方法を広めたい人々は、自分たちの目的を隠しながら行わなければならない。だから、むしろ家族計画や不妊クリニックのほうが話題にされているのである。しかしながら、モンレアルで「プランニング・クリニック」と呼ばれた避妊クリニックが、完全に非合法のまま開業する。いくつものグループが、この古臭い法律を改正するように政府に対して圧力をかけ、カナダ中の女性たちが、この問題をめぐって出会う。

1966年のケベック女性連盟の設立は、カナダの女性活動家たちに刺激剤として影響を及ぼす。というのも、彼女たちのほうでは、**カナダ・女性の平等をめざす委員会**（Comity for the Equality of Women in Canada）に結集したばかりなのだ。そこでこれらの2つの団体は、連邦政府に対して女性の状況に関する調査委員会の創設を要求するために、力を合わせることを決定する。1960年代以降、そのような調査がいくつもの国で推し進められていた。なぜカナダも問題を深く掘り下げる検証を行わないのだろうか。

一度だけ、女性たちのロビー活動が功を奏す。1967年の終わり、連邦政府はカナダにおける女性の状況に関する政府の調査委員会を設置するのだ。委員には、ケベック人男性で人口統計学者のジャック・アンリパン（Jacques Henripin）と、ケベック人女性で大学教員、パラン委員会でも役職についていたことがある、ジャンヌ・ラポワントがいる。フローレンス・バード（Florence Bird）という委員長の名前でよく知られているが、このバード委員会は、すべての女性グループにとって、メンバーたちに相談をして、しっかりと資料に裏付けられた報告書を準備させる機会となる。公聴会はカナダの主要都市で開催されて、数百人もの女性たちが押しかける。委員会自体、いくつもの問題に関する検討を要求した。この委員会の事務局のモニック・ベジャンは、FFQの設立者の1人である。

まさにこのときに本当に大規模な覚醒が起こる。とりわけ、先住民の女性たちが声をあげるのだ。彼女たちは、19世紀から施行されているインディアン法[*5]が、どの点において彼女たちが祖先から受け継いでいる権利を奪っているのかを暴く。もし彼女たちが白人男性と結婚すれば、インディアンの地位を失うのである。カナワケでは、モハーク族の女性マリー・トゥー＝アックス・アーリー（Mary Two-Axe Early）が、カナダで最初の先住民女性の団体、先住民女性のための平等な権利をめざす会（Equal Rights for Native Women）を設立する。

女性誌はいくつものアンケートを実施する。ケベコワーズたちは、他のカナダ人女性に比べて要求が多く、彼女たちの考えがものによってはより急進的であるというのは驚きの事実であった。FFQとAFÉASは教育分野における要求を統一する。女子学生向けのあらゆる授業カリキュラムにおける平等、主婦向けの特別プログラム、職業訓練講座である。FFQはとくに職業活動による女性たちの自立を目指しているが、AFÉASでは「女性が家にいながらにして人類にもたらしている貢献を過小評価して、何が何でも家庭から出るように働きかける必要はない」と考えている。

モンレアルの教員同盟も、女子学生たちを受け身で伝統的な役割にさせる、学校の教科書におけるステレオタイプ化された女性モデルを告発する報告書を発表する。そのような事実が認められたことが公表されるのは初めてのことだ。

FFQは、バード委員会に参加し、重要な調査を組織する。「ケベコワーズの市民生活への参加」である。この調査には、あらゆる階層と宗教の女性9000人近くが関わり、ラウンドテーブルに参加した35名の意見を集約した。それは、公的生活に関する女性たちの意見を組織的に研究することにおいて、実に初めてのものだ。FFQの会長リタ・カデュー（Rita Cadieux）は、女性たちはこれからは政治に関心を持つべきだと考えている。彼女はこのように明言する。

「私たちは、女性が慈善事業団体に仕えて、男性は政府に仕えなければならないとは考えていません。」

バード委員会によって集められた女性たちは、新世代の活動家である。彼女たちは、社会学者、経済学者、ソーシャル・ワーカー、弁護士、心理士だ。彼女たちは、テレーズ・キャスグランが1940年5月に言っていた「本当の仕事」を始めたのである。その年齢は35歳から50歳の間だ。最も若い女性たちは、自分に関することだとはほとんど感じていない。彼女たちのなかの一部の人たちが、自分のポストを得ることに成功したのである。

「私は、男たちのようにジャーナリストになれているけど、なんで他の人たちが同じようにはいかないのか分かりません」と、リジアーヌ・ガニョン（Lysiane Gagnon）は、はっきり言っている。「私はまず、男性と女性の関係の変化のためには、社会全体の変化を求めます」と、当時社会学の学生だったルイーズ・ハレル（Louise Harel）は、含みを持たせて言っている。

実際に、大勢の若い女性たちが、普通職業準備校、CEGEP、大学を修了した。高等学校修了までの学費無償、奨学金の貸与・給付制度が、彼女たちに門戸を開いたのである。ケベックは、教育における鮮やかな改革に乗り出した。無償、男女共学、カリキュラムの拡充。大勢の若い女性たちが、教育、保健、公的機関で普及しつつある分野の職に難なく就職している。1960年代の初頭から台頭している、新しい社会的政治的な抗議運動に参加している。彼女たちは、いまだに修道女が運営する師範学校と女子コレージュに喫煙室を要求する。モントリオール万国博覧会は彼女たちの世界を開いたのだ！　彼女たちは、アメリカ、フランス、ドイツ、チェコスロバキアなど、あちこちで急激に広まっている政治的抗議の波乱の後を熱心に追っている。大勢の若い女性たちが、性的自由という新たな風潮のなかで、恋愛関係を表現している。「ピル」のおかげで「性的革命」

と名づけたことが体現できるのだ。多くの若い女性たちが、その男性の仲間たちと同じように、たまらないほど自由を感じている。旅行する自由、ミサに行かない自由、「マリファナ」を吸う自由、音楽を聴く自由、ミニスカートをはく自由！　自由！　自由！　自由！　**この若い女性たちは、新しい要求をもたらすのだろうか。**

訳注

＊1　ケベコワーズ（Québécoise）とはフランス系カナダ人女性のこと。「静かな革命」のなかで、ケベックの独自性の探究とケベック文化の再評価が行われた。その際に、これまで「フランス系カナダ人」という呼称から、ケベック人を表すケベコワ（ケベック人男性）／ケベコワーズ（ケベック人女性）という呼称が用いられるようになった。同様に、ケベックで話されている独特のフランス語も「ケベコワ（Québécois）」と呼ばれるようになった。

＊2　『全面拒否』とは、ケベックの前衛芸術家たちの共同宣言のこと。

＊3　ヴォワ・デ・ファムは、カナダの核兵器の非保持を要求する報告書を連邦政府の大臣に提出するために、「平和列車」と名付けられた特別列車で、モンレアルからオタワへ派遣団を送った。

＊4　「人間の大地」あるいは「男性たちの大地」。

＊5　1876年に連邦政府により可決された、先住民族の人々に対するあらゆる政策を統括する法律で、同化政策を決定づけるもの。先住民族の人々を登録インディアンと非登録インディアンに区別し、登録インディアンは保留地（リザーブ）で伝統的な暮らしを営む諸権利が与えられるが政治的決定権や社会

的諸権利は剥奪され、非登録インディアンは「自由化」の名の下にカナダ人と見なした。

第4部

沸き立つフェミニズム　1969-1980

沸き立つフェミニズム

1969：ケベック女性解放戦線の設立
1971：『ケベコワーズ・ドゥブット!』創刊
1972：女性センター設立
1972：カナダ国立映画制作局で『女性として』プロジェクト開始
1973：女性の地位評議会の創設
1974：避妊と自由かつ無料の中絶のための闘いの会の設立
1975：国際婦人年
1976：ルッキー・ベルシアニック『ユーゲリオンヌ』の出版
1976：フランシーヌ・ラリヴェ『婚礼の部屋』の展示
1976：AFÉAS による『協力女性に関する報告書』の刊行
1976：『テットゥ・ドゥ・ピオッシュ』の刊行
1977：『闘いと女性たちの笑い』の出版
1978：『ケベコワーズのための平等と自立』政策概要の公表
1978：ケベック女性たちの再団結の設立
1978：TNM におけるドゥニーズ・ブシェの戯曲『妖精たちの渇き』の上演
1978：アンヌ=クレール・ポワリエの映画『力の限り叫んで死ぬ』の公開と、レイプに関する市民裁判の開始
1979：『ラ・ガゼット』の創刊
1980：ケベックの主権に関する州民投票

19. 新たなフェミニズムの出現

1970年代の若い女性たちは、ケベック女性連盟の設立に関心をもって結集するのだろうか。バード委員会の公聴会には？　いや、全然だ。こうしたこと全ては彼女たちの母親や叔母さんたちには合っている。だが彼女たちには、別の闘うべき問題があるのだ。彼女たちの関心は、新しい国家的、社会的、組合的な分析にある。

「フェミニズム？　サフラジェットたちの歴史のことでも言いたいんですか？　ああ、違うんですね、それは全部終わってますよ。誰も話題にしません。フランコフォンの女性の間で大事なのは、国家的問題、社会問題ですよ。女性たちは、平等の上に立っているんです。フェミニズム？　いったいなぜフェミニズムなんです？」1968年、リジアーヌ・ガニョンはこのように主張しているが、きっと他の人たちも彼女と同じ考えだろう。

若い女性たちは、ピエール・ブルゴー（Pierre Bourgault）の民族独立支持連合の集会に出席する。彼女たちは、「詩の夕べ（*Nuit de la poésie*）[*1]」で詩の朗読を聴く。大学やCEGEPの占拠に参加する。労働組合に賛同し、ケベック解放戦線（Front de libération du Québec : FLQ）の爆破によって過熱した雰囲気のなかで、政治のデモに参加する。[1]

彼女たちはシャンソン酒場にひしめき、1968年のオスティショー[2]を観劇している。かなりのナショナリストである彼女たちは、言語に関する法律に反対するデモ[*2]にケベックへ行ったり、1969年のサン・ジャン＝バティスト・パレードで、特別観覧席にカナダ首相ピエール・エリオット＝トルドー（Pierre Elliott-Trudeau）が座ることに反対するデモに行ったりしている。1969年の大規模なデモ「マギル・フランセ」[3]への参加。労働組合の役職につく試み。民衆地区の市民委員会、社会権擁護団体、「左翼団体」と呼ばれ始めているところで見る彼女たちの姿。カリフォルニアへの旅行。彼女たちは地球全体の「解放団体」と1つになって、学生抗議運動と1つになって、感激している。彼女たちの何人もが、田舎の「コミューン」で生活をしている。何人かは、アメリカの**ウーマン・リブ**の台頭を興味津々に注視している。しかも、ある女性たちは、モンレアルにウーマン・リブを作るために、マギル大学の学生グループに接近する。

　1969年秋、モンレアルでは緊張が非常に高まり、労働組合のデモ、ネイション問題のデモ、政治のデモが、あまりに多く暴力的なので、ジャン・ドラポー（Jean Drapeau）市長は、公的示威活動を禁止する新たな法律を可決させる。サンタクロースのパレードも禁止だ！　ところが、警察は、毎回のデモで、ほとんどの場合男性のデモ参加者を逮捕して、決して女性のデモ参加者を逮捕しない。そこで、労働組合の女性と女子学生の団体は、「デモ反対法」に反対するデモを組織することを決定する。こうすれば、警察官たちは、女性たちの政治的活動をしっかりと考慮せざるを得なくなるのだ！　1969年11月29日、彼女たちは、たった48時間でナショナル・モニュメントに250名以上の女性たちを動員させることに成功する。まさにこの同じ場所で、1907年にフェミニストたちはサン・ジャン＝バティスト連盟を始めた。なんと不思議な偶然！　しかし、今回、これは全く違うアクションである。それは政治的抗議の行為なのだ。彼女たちは全員、路上に出るや否や、問答無用で逮捕されて囚人護送車に積み込まれる。彼女たちの何人かは、20世紀初頭のロンドンのサフラジェットのように鎖につながれる。警官たちは、彼女たちを運ぶために鎖を切らなければならない。彼女たちは、牢屋に連れて行かれ、乱暴に放り込まれて写真をとられ、保釈金と引きかえに保釈される。

「ケベック共同戦線、路上へ」、翌日の見出しだ。

この出来事から15日して、これらの若い女性グループは集まって議論する。彼女たちは、自分たちの行動の強力さを身をもって知った。なぜ、女性の解放のために行動せずにいられるだろうか？

確かに、彼女たちは多くの組織のなかで社会を変えるために活動している。しかし、世間の人々は、彼女たちが何を言おうとしているのかほとんど耳を傾けない。彼女たちのいく人もが激怒している。

「女性たちの抑圧が存在しているとただ言うだけで、みんな言った人を笑うんだよね。」

「それか、おまえは劣等感のコンプレックスがあるんだよとか、あんたはレズビアンだなとか、ひどいセックスされたんだとか言ってる。」

「私は、大学でも学生運動でもすんごく葛藤した。気がついちゃったんだけど、進歩主義の学生組織のなかでだって、男と女は平等の上に成り立ってない。タイピストとか秘書とか、大体いつも下っ端の仕事をやってた女に対して、実際のところ差別があった。彼女たちのことは、なかなか聞いてもらえなかった。」

「サン＝アンリ地区の労働者会では、会の資金集めるのに、女の子たちをゴーゴー・ガールズみたく踊らせるなんて提案があったんだよ！」

これで決まりだ、彼女たちは、女性のためだけの自治グループを作ることにする。騒ぎを起こさないと！　彼女たちが、**ケベック女性解放戦線**（Front de libération des femmes du Québec : FLFQ）である。その発想は、直接アメリカのウーマン・リブから来ている。彼女たちは、独立論者で、第三世界主義者で、反資本主義者だ。彼女たちは、労働者階級の女性たちを擁護しようとしている。「フェミニズムを知らしめたい！」と思っている。スローガンは、「女性の解放なくしてケベックの解放なし。ケベックの解放なくして女性の解放なし」。

彼女たちは、左翼団体で言われているように、女性の問題に関心も持つ前にまずはケベックを独立させるべきだとか、「資本主義を転覆させる」べきなどと考えることを拒否する。彼女たちは、もう女性たちの地位についてではなく、女性たちの抑圧について話しているのだ。この微妙な違いは、非常に重要である。彼女たちのアプローチは、革命的で**徹底的**《ラディカル》だ。この抑圧の**根源**（racine）、家父長制社会との対峙を望んでいるからである。フェミニズムは、反家父長制、反資本主義だ。社会を改良したいのではない。社会を変えたいのであり、「個人的なことは政治的なこと」だと主張する。私的生活における諸関係は、公的生活における女性たちの劣等性と類似している。なぜ女性が家事の全責任を担っているのか。なぜこの労働は無償なのか。なぜ女性には家庭の責任があるのか。

ケベック女性解放戦線は２年と少し続いて、すぐに１９７２年の**女性センター**（Centre des femmes）に引き継がれる。このセンター自体、１９７５年以降いくつもの新しいグループを生み出す。このように10年以上の間、ラディカルと言われているフェミニズム――自分たちの呼び方では――「女たちの自治グループ」（これらの女性活動家たちは、男性たちが活動に参加することを許さないので）は、ケベックという舞台を大きく変えていく。それから全く新鮮なのはこのフェミニストたちは、30歳以下ということだ。

彼女たちの働き方は、従来の女性団体のものとは似ても似つかない。議事録はなし、大会もなし、会長も法人化も総会もなし。彼女たちは、組織のふつうの仕組みを却下する。しばしば、彼女たちは匿名のままだ。「改良主義的フェミニズム」のようにするのは論外。「改良主義的フェミニズム」は、彼女たちによるFFQの女性活動家に対する呼び方だが、彼女たちが言うには、システムのなかに入ることを望んでいるのだ。反対に、彼女たちの望みはシステムを変えること！　彼女たちは「共同で」決定する。誰もが意見を言う資格があり、権威を拒否する。だから、方向性や分析を明確にするための熱心な議論が、なんと多いことか！　確かに、これらのグループは短命だが、この短い時間のなかでケベック社会全体を一変させるのに成功する。

「フェミニストたちはどうかしている！」何人もの女性たちは、そのなかにはテレーズ・キャスグランもいるが、そのように思っている。

1970年代から、ケベックのフェミニズムはいくつもの潮流に多様化する。そのため、この第4部は、10年と少しという非常に短い期間のことを語っているにもかかわらず、この物語のなかで最も長くなっている。この後の5つの章では、1970年から1975年の間にかけて同時的に起こった多くの出来事を語る。だがその前に、次のように問わねばならないだろう。**これらの新しいラディカル・フェミニストたちの過激行動《ショック・アクション》とはどのようなものなのか。**

20．ラディカル・フェミニストたちの過激行動《ショック・アクション》

ケベック女性解放戦線では、活動家たちが各々の目的を持つ「作業班（cellules）」を形成している。メンバーたちは温かな愛情のつながりによって団結している。彼女たちは会うとハグし合うのだ。それは、当時かなり斬新だった。世間の人々は、彼女たちをレズビアンだと非難するが、彼女たちはそうではない。女の子同士で出かけて、自分たちにできることを発見して喜ぶ。組織化、文書作成、方針決め、理論、これらの活動すべてが男女混合グループでは男性だけのものだった。彼女たちは空手の講座を受ける。男性労働者のブーツをはいて、路上で男性たちに喚起し、女らしさのイメージに抗議をする。化粧はしないが、**世間が言うようには、自分たちのブラジャーを燃やしはしない**。[4] たとえ大体はたんすにしまっていたとしても。彼女たちの行動は騒ぎを起こすが、その運動は１９７０年代の強烈な社会的政治的抗議の風潮と一体となっている。

女性たちを結束させる重要な問題の１つは中絶だ。いくつもの団体が圧力をかけた結果、連邦政府は、１９６９年5月14日、避妊と中絶を犯罪から外し、治療目的の中絶を許可した。１９７０年2月、マギル学生会によって１９６８年に出版された『バース・コントロール・ハンドブック（*Birth Control Handbook*）』のフランス語訳、『バース・コントロールのために（*Pour un contrôle des naissances*）』が出版される。5万部が印刷されて、瞬く間になくなる。再版しなければならない。こ

の冊子は中絶に賛成しているので、当然「いったいどこで中絶ができるのだろうか」という疑問が湧く。そこで、ケベック女性解放戦線はマギル・ウィメンズリブの活動家たちと協力して、冊子の著者たちによって作られた案内事業を行うために中絶の作業班を編成する。彼女たちは、治療目的の中絶を行える状態にない女性たち（女子学生、貧困女性、地方の女性）を助けようとする。費用は250ドルからだが、どんな女性もお金を理由にして断られることはない。彼女たちは、医者、とくにこの支援事業にお金を出していて、中絶を行っているヘンリー・モルゲンタラー（Henry Morgentalar）医師を支持する。

ケベック女性解放戦線にはX作業班というのもあって、それは過激行動《ショック・アクション》を企画する。1970年の母の日、この祝日を告発して、中絶の権利を要求するためにラフォンテーヌ公園でデモを行う。

「1日だけ女王、364日は奴隷！」

このスローガンは人々に衝撃を与える。彼女たちは、カナダ人活動家たちが企画した「中絶キャラバン」に参加するのも拒否する。

「我々は、カナダ連邦議会前でのデモの参加を拒否する。我々はその議会の権力を認めてはいない。その権力は、この議会がケベックから奪っているものだからだ。」

1970年の春、選挙運動の真っ最中。彼女たちは、「結婚＝合法売春」というプラカードを持って選挙集会に参加する。それは、「個人的なことは政治的なこと」を主張する、非常に勇気あるやり方だ。

彼女たちは、「我々は、我々を奴隷の奴隷として定義する」というテクストを発表して、これまで一度も本当の仕事として見なされてこなかった家事労働への給与を要求する。

1970年秋、ケベック解放戦線は政治的誘拐を行う。それが引き金で、連邦政府は「戦時措置」宣言を出し、何件かの不当逮捕がなされる。これが有名な十月危機である。ケベック女性解放戦線の活動の勢いは弱まるが、しかし、フェルキストたち[5]の裁判は、1971年初頭、彼女たちに実に大手柄をあげるチャンスとなる。リズ・バルセール（Lise Balcer）は、この裁判に証人として出頭させられていた。彼女は、証言を拒否することでむしろフェミニズム主張の弁論を行うのだ。なぜなら、ケベックでは女性は陪審員になる権利がないからである。裁判官は、すぐさま法廷に対する侮辱だと責める。彼女もまた、裁判にかけられることとなる。

この出来事を知らされると、X作業班のメンバーたちは眉をひそめる。彼女たちの1人は驚いて、「なんだって？　女は、ケベックでは陪審員になれないの？」と言う。

そこで彼女たちは、リズ・バルセールの裁判に行き、「行動を起こす」ことに決める。フェルキストたちの裁判に注目し続けているすべてのジャーナリストとともに、ついに彼女たちは「フェミニズムを知らしめる」ことになるのだ！　彼女たちは陪審員席に侵入して叫ぶ。

「差別だ！」

「正義なんてくそくらえ！」

彼女たちは法廷に対する侮辱で責められて、その場で、裁判もなしに1か月の禁固刑に処せられる。彼女たちのうちの2人はこう続ける。

「私たちをまだまだ侵害するんですね！」

彼女たちには、二重に判決が下される。全員直ちにタンゲイ刑務所に送られた。一度刑務所に入ると、ケベック女性解放戦線のメンバーたちは女性囚人の権利を危惧する。

これは無意味なアクションだったのだろうか。翌月の7月から、女性が陪審員になれるように法律改正される。しかしながら、それはFFQが要求してから3年が経過していた。へー！

この大きな動揺を起こしたエピソードから、新たなアクションが続いて起こる。1971年3月8日、初めてケベック女性解放戦線は国際女性デーを強く唱えるデモを組織する。この祝日は、1910年に国際社会主義フェミニスト（International socialiste féministe）によって制定されたが、ケベックでは一度も祝われたことはなかった。シンポジウムに続いて、自由かつ無料の中絶のための行進が企画される。信じられないほどの大成功！　このアクションは特別取材を受けて、新しいメンバーの参加を呼び起すのだ。

1971年5月、「レパタットコル（Lépatatcol）」作業部（大きな声で読んでみて！）[*3]は、女性を物象化する女らしさの罠を告発するために、大騒ぎしながら、お金も払わずに女性サロン（Salon de la femme）に入る。「こんなサロン文化、いらない！」

彼女たちは逮捕されることを期待するが、世間は彼女たちの怒りを放置する。これは無意味なアクションだったのだろうか。翌年から、「女性サロン」のなかに、女性の健康に関する窓口、女性の権利に関する窓口、女性支援事業に関する窓口ができた。へー！

それから、ケベック女性解放戦線のメンバーは、女性禁止のロングイユの飲み屋に抗議するために、飲み屋を占拠する。この出来事は大きくメディアで取り上げられる。これは無意味なアクションだったのだろうか。しばらくして後、飲み屋はカフェレストランにかわって、入口の近くには「女性大歓迎！」という小さな張り紙が貼られた。へー！

別の作業班は、1971年、市民託児所を設置することに決める。女性たちが運営する最初の託児所だ。並行して、別の作業班は雑誌を発行する。『ケベコワーズ・ドゥブット！（*Québécoises deboutte !*〔立ち上がれ！　ケベコワーズたち〕）』が、1971年11月に創刊される。ようやくここから、西欧世界のあちらこちらで台頭している、革命的フェミニズムの分析に関する文章が出るのだ！

ちょうどその前に、FLQと近しい2人の女性活動家が、『ケベコワーズのマニフェスト（*Le Manifeste des femmes québécoises*）』を出版する。この本は十月危機の間に出版されていて、女性問題を完全に無視した『FLQのマニフェスト（*Le Manifeste du FLQ*）』の影響を受けたものだ。このテクストはケベック女性解放戦線が出したのではない。この本はとくに労働者階級の女性問題に光を当てている。

これらすべて、多くのエネルギーを要する。刑務所に入れられた女性活動家たちは、他の人たちと合わないと感じている。彼女たちのうちの数人は、普通の女性に近づきたいと思っている。

フェミニズム・ショックは、こうした女性たちを怯えさせているからだ。自身の困難を解決することができずに、ケベック女性解放戦線は１９７１年12月に活動をやめる。このグループの２人の活動家が、１９７２年1月から女性センターを立ち上げて活動を引き継ぐ。活動は続行！

ケベック女性解放戦線のあらゆる計画のなかでも、女性センターは中絶のための案内事業計画を優先的に維持する。モルゲンタラー医師逮捕の後、彼女たちは中絶を希望する女性のためにニューヨーク行きのバス移動を企画する。彼女たちは、連邦政府から出されたローカル・イニシアティヴ・プログラムの一環で、計画のプレゼンテーションをして資金を獲得する。そのうえ１９７２年に、レイプに関する書籍『レイプ、ケベックで最も広がる暴力的犯罪（*Le viol, le crime violent le plus répandu au Québec*）』の出版に参加する。それは、１９７１年に出版された、スーザン・グリフィン（Susan Griffin）によるアメリカの著作の翻訳である。この出版は、あちこちで登場している「女たちの自治グループ」に覚醒をもたらす。

女性に対する暴力を問題視することへのタブーは消えつつある。ケベックでは、１９７５年に活動家たちが、**レイプ救済会**（Viol-Secours）という、被害者がケア、援助、情報、法的支援を得られるセンターを設置する。モンレアルでは、**レイプ・近親相姦反対運動**（Mouvement contre le viol et l'inceste）が数か月後に似たような救援センターを開設する。間もなく、ケベック中に様々な類似するセンターが設置される。性暴力は、ラディカル・フェミニストたちが何よりも告発したいと思っているもう1つの問題なのだ。

しかし、女性センターの主な目的は、『ケベコワーズ・ドゥブット！』の出版であることは変わらない。2人の「設立者」は、当時モンレアルで増えつつある、極左のグループに所属する活動家たちの助けを得る。その存在が、悪夢の原因となるのだ。実際彼女たちは、極左からマルクス・レーニン主義の革命精神に忠実ではないと疑われて、排除されるのだ！　彼女たちは王立カナダ国家憲兵隊から2回も家宅捜索を受けざるを得ず、国家憲兵隊は極左とのつながりを理由に、彼女たちから購読者リストと資料を没収する。

それでもなお、『ケベコワーズ・ドゥブット』の素晴らしい冒険は続く。全9号が、1972年11月から1974年3月の間に発行される。この雑誌は、まさに求めに応えている。というのも、ケベック中に2000人を超える購読者がいて、あちこちに「意識化グループ」を誕生させているのだ。これらのグループでは、女性たちが自分たちの問題と解決のための新しい分析を互いに話し合うために集まる。『ケベコワーズ・ドゥブット』で読んだことを、彼女たちは、フランスやアメリカからのいくつかのごくまれな本以外に、今までに一度もどこでも読んだことがなかったのである。女性センターの活動家たちは、自分たちの問題に真剣に取り組んでいる。彼女たちは週70時間働き、惜しみなく力を尽くし、中絶のための案内センターの常設窓口を置き、雑誌づくり――つまり、コンセプト、記事作成、ページ構成、配布、それからもちろん印刷所との話し合い――もしている。さらに、ラジオやテレビで、たくさんのインタビューを受けている。

しかしながら、この過密な行動とイデオロギー的議論にグループは打ちひしがれる。ある活動家はこのように打ち明けている。

「あまりにアクションのなかにいすぎると、アップデートしたり、創り出す際に必要なじっくり考えたり振り返ることが難しくなる」

「批判に対する重い罪悪感で、活動家たちの多くが、センターの得てきた成果すべてがもう見えなくなっておりトラウマになっていました。」

1974年の終わり、彼女たちは女性センターを閉じる。何人かは、次章で私たちが出会うことになる新しいグループのなかでフェミニスト活動家の道を続ける。**この新しいフェミニズムは、ケベック女性連盟のかわりなのだろうか？**

21. ケベック女性連盟とその多様な現場

このような熱心な活動がいくつもの小さなグループで展開している間、人数が多いケベック女性連盟のメンバーたちは、ひっそりと、自分たちのアクションは、「革命的な」手法ではなく、圧力団体の手法に従い続けるべきだと確信する。1970年1月、『女性の地位に関する調査委員会報告書（*Rapport de la commission d'enquête sur la situation de la femme*）』（バード報告書）が出る。540ページあり、167の提言が添付されている。最も論争の的となったポイントの1つが、もちろん中絶である。避妊と中絶に関して7項目あり、そのうちの126項には、次のようにある。「委員会は、12週目、またはそれ以下で妊娠している女性の要請のみによって、資格のある医師には中絶を行うことを許可するために、刑法の改正を勧告する。」

しかしながら、委員たちの満場一致ではない。2名の委員、ジャック・アンリパンとドリ・オジルヴィ（Doris Ogilvie）はそこから離れるが、一方でエルジー・グレゴリー・マギル（Elsie Gregory McGill）は委員会はあまり進展しなかったと考えている。彼女はこのようにはっきりと述べている。「私からすれば、中絶はもう犯罪であるべきではなく、医者と患者に関わる私的領域の問題です。」バード報告書のかなりの数の提言が、女性たちの生活を変える恐れがある。実際に提言は、経済生活、教育、家族、税制、貧困、政治生活、移民、国籍、女性犯罪を射程に入れている。なかでも、いかなるポストも女性を禁じてはならない、ということが提言されている。それからほどなく、王立国家憲兵隊、警察、軍隊に女性の姿が見られることとなる。

FFQは、46ページからなり、数千部が配布された『バード報告書の話し合いガイド（*Guide de discussion du Rapport Bird*）』を発行する。アニマトリス[*4]は話し合いを進めるためにケベック中を奔走する。あらゆる女性団体で、あらゆるAFÉASのサークルで、あらゆる農業婦人サークルで、バード報告書の結論に関する数多くの集会が持たれている。女性たちは意見の一致には及ばないが、様々な考えが道筋を作っていく。

バード報告書の最後の提言では、各州に、「女性の地位に専念し、実際に効果的なアクションのために必要な権限と財政基盤を持つ」組織を作ることをめざす。FFQは、すぐにこの仕事に取りかかる。しっかりと資料に裏打ちされた調査報告書『女性局（*L'Office de la femme*）』を準備する委員会を立ち上げる。それは、1971年11月、ケベック州首相で自由党党首ロベール・ブーラサ（Robert Bourassa）に提出される。巧みな策略家となり、リベラル女性連盟の女性メンバーもまた、委員会を結成する。鍛え上げられた女性活動家たちは、自分たちの問題を政治において進展させるための確実な方法を知っている。彼女たちは、まさに自分たちのリベラルな組織のなかでそれを学んだのだった。報告書は数百部印刷され、フェミニスト組織や女性組織に配られる。また、すべての大臣にも送られ、英語にも翻訳される。

委員会はケベック市に赴く。「私たちの報告書は、革命精神では書かれていません」と、ロベール・ブーラサとの面会の準備で作成された報告書の補助資料では明言されている。彼女たちの大きな懸念は、政府が提案する組織が十分な権限を持てず、女性に対する差別を助長することである。女性たちを、「別の」市民とすることを危惧しているのだ。クレール・カークランドによって州議会に提出された法案は、最終的に、1973年7月6日に採択されて、この組織のための新名称が決定された。**女性の地位評議会**（Conseil du statut de la femme）である。初代会長、ロレット・シャンピニー＝ロビヤール（Laurette Champigny-Robillard）は、FFQの委員会のメンバーだった。確かに自由党政権はこの評議会を設置したが、すべての仕事は、ケベック女性連盟のメンバーたちによって成し遂げられたのだった。

毎年、FFQは優先事項を確定するために大会を開催している。1970年代を通じて、その大会は、フェミニスト的な合議の真の土台だ。しかし、「フェミニスト」という語はほとんど用いられない。この語は、いまやラディカル・フェミニストを表しているからである。FFQは、ワーキング・ペーパーを用意し、委員会を結成し、報道説明会を開き、他の組織によって開催されている大会に参加し、1969年からは『ケベック女性連盟通信　つながり（*Le Bulletin de liaison de la Fédération des femmes du Québec*）』を発行している。FFQはその活動を、女性の権利、教育、家族組織、有償労働、政治参加、社会開発、環境、経済組織、国際問題に注いでいる。広範囲にわたる計画！「FFQは、堅実で、合理的で、果敢な組織です」と、8年間執行部に席をおいたイヴェット・ルソー（Yvette Rousseau）は明らかにしている。常に穏健なトーンを出そうとする意志は、ラディカル・

【図 19】 ケベック女性連盟によって開催された数多くの大会のうちのある大会で、活発な活動家、シモーヌ・モネ=シャルトランが発言している。左から右に、ジスレーヌ・パトリー=ビュィッソン（連盟代表、1974-1977）、モニク・ベジャン（設立者）、イヴェット・ルソー（連盟代表、1970-1974）、シモーヌ・モネ=シャルトラン（設立者）、リタ・ラセット=キャデュー（連盟代表、1968-1970）。

フェミニストとは一線を画そうとする懸念の表れである。しかし、FFQは中絶の問題を検討しなければならない。FFQはどのような立ち位置をとるのだろうか？ **シェルブルック地域評議会**（Conseil régional de Sherbrooke）は、ある報告書を用意する。かなり分裂はあったが、メンバーたちは慎重ながらも、法的側面、教育的側面（性教育）、社会経済的側面を区別しながら、中絶を支持する立ち位置をとる。女性たちのためにより大きな正義の名において、中絶の権利を要求するのである。この立ち位置が、次の大会でFFQによって承認される。

1974年から、国際婦人年の準備がなされる。実際に、国際的観点から活動しているフェミニスト組織の影響で、国連は1975年を世界の女性たちの状況を明らかにする機会とすることを宣言した。ジャーナリストのポール・サント＝マリー（Paul Sainte-Marie）は、ケベック州全体の各地で実施される全アクティヴィティのコーディネートを任される。シンポジウム、講演会、学習会、すべて挙げるのはキリがない。この年メディアのなかでは、一様に女性が問題となっている。番組「今日の女性たち」は、インタビューとルポルタージュで世間をざわつかせる。

1975年、FFQの代表、ジスレーヌ・パトリー＝ビュイッソン（Ghislaine Patry-Buisson）はメキシコへ行く。公式代表団とNGO団体からなる、大規模な国際集会である第1回国連世界女性会議が開催されるからだ。1万人以上の女性たちが、「平等・開発・平和」のテーマのもとに集まる。

この会では、西欧女性たちがマジョリティだ。そのために、ある1人のアフリカ人女性は次のように断言している。

「フェミニズムの話をするには、裕福でなければならない」

表面化した対立があっても、連帯が世界中の女性たちを深くつなぎとめる。**1970年代初頭以降、ケベックでは女性たちは何を成し遂げることができたのだろうか。**

22. 波を起こすフェミニズム

1970年代初頭から、女性たちがいるあらゆる団体では、「ラディカル」であろうが、「改良主義」であろうが、フェミニズムの考えを知らずにはいられない。連邦、州、自治体のすべての行政では、教育委員会と全く同じように、今後は、様々な団体が資金を獲得できる、幅広いプログラムを市民が利用できる。女性センター、ケベック女性連盟、AFEAS、そして他の多くの団体は、自分たちの数多くある活動のいずれかのために、期限付きの資金を獲得した。福祉国家の側面は、フェミニズムの先駆的取り組みの豊富さを理解するためには無視してはならない。すべてについて述べることはできないが、とくに意義深いものを見ていくことにしよう。

政治活動

リベラル女性連盟は、1970年に自由党に合併させられる。彼女たちは、そこに正式に加わるのを断わり続けてきた。彼女たちは加盟条件を交渉する。委員会と執行部の周縁に追いやられるつもりはないからだ。そこで、リベラル女性連盟代表リズ・バーコン（Lise Bacon）は、党の総会に行き、選挙区の委員会、主要な委員会、とりわけ党の綱領を決定する委員会である政治戦略委員会と執行部において、女性のポストを保障するための方策を提案する。これで女性たちは、あらゆる意思決定機関で発言でき、綱領のなかに独自の目的を入れ込むことが保障される。ああ！ それでもなかなか簡単にはいかない。最も良い例は後述する託児所のことである。この取り組みにより、自由党の党員は2倍になる。

ケベック党は1968年末に政治の舞台に登場するが、設立以来非常に多くの女性たちが党員になっている。ある女性の地位委員会は、党の綱領の中心に女性たちの優先課題を置こうとするが、何人もの女性党員が党内部の比較的保守的な流れに直面する。党は、彼女たちの要求をどうするつもりなのだろうか。モンレアル中心地区で開催されたシンポジウムの後、女性たちは連帯の必要性を理解した。彼女たちは、各選挙区に**女性の地位委員会**（Comité de condition féminine）を設置し、様々なフェミニスト団体を支援する。この女性たちは、徐々に自分自身の党に対して批判的になっていき、そしてその批判はケベック党が1976年に与党になると非常に高まる。フェミニズムは、政治と手を結ぶことができるのだろうか。

いずれにしても、ケベック党は女性問題を進展させる一翼を担う。ルイーズ・キュエリエ（Louise Cuerrier）議員が、州民議会の副議長（vice-précidence）に任命されると、フランス語局の意見に基づき、この副議長（vice-présidente）という肩書は女性名詞化される。最近まで男性の役職だったところへの女性の就任を説明するために、言語と職務名の女性名詞化は一気に発展して、ケベック州は、瞬く間にフランス語の女性化の世界的リーダーとなる。1979年、女性の地位の政府大臣への就任時、リズ・パイエットは、マダム大臣（Madame la Ministre）と呼ばれた最初の女性となる。この動きは、党内部の女性党員たちのアクションなしには不可能だったろう。

また別の女性グループが、政治の舞台に自分たちの要求を上げることに決める。先住民女性たちは、マリー・トゥー＝アックス・アーリーと彼女のモハーク族の姉妹たちの要求を、バード委員会を目の前にしても忘れることはなかった。１９７４年、**ケベック州先住民女性の会**（Femmes autochtones du Québec）が誕生し、ファースト・ネーションズの女性、都市部の先住民女性を代表する。彼女たちは、正義、非暴力、平等、権利、健康を推進する。また、時代遅れのインディアン法の改正を望んでいる。

ケベックでは、マルセル・ドルマン（Marcelle Dolment）が、女性たちが抱えている問題を法的側面から危惧している。とりわけ、既婚女性にはMadame〔マダム〕、独身女性にはMademoiselle〔マドゥモワゼル〕という、女性が常に婚姻状態によって識別されることを求める慣習に憤慨している。彼女は、アメリカ人の女性たちが、MissとMr.にかわってMs.を使うことにしたように、Madという省略の使用を提案する。彼女のイニシアティヴはうまくいかないものの、修道女も含んでマダムという語ですべての女性たちを表す慣習が広まる。彼女は、１９７３年に『ケベックにおける女性（*La femme au Québec*）』という本を出版し、同じ名前の雑誌を刊行する**女性のためのアクションと情報ネットワーク**（Réseau d'action et d'information pour les femmes）、すなわちRAIFを設立する。彼女は、主に法律に関する資料とジャーナリズム雑誌を配布する。また、RAIFはいくつもの地域に支部の設立を促す。

労働組合活動

労働組合は、反体制の時代。1970年代初頭、大規模な労働闘争がケベック中で行われる。このとき、ストライキは保健と教育分野に打撃を与える。1972年に、3つの労働組合連合（CSN、FTQ、CEQ）の共同戦線が特別法によって破られ、3名の組合代表が刑務所に入れられる。女性労働組合員は、3つの労働組合連合に、**女性部**（comité-femmes）を創設することにする。付け加えると、この部会は、1950年代のCTCCのように、「女性に関する委員会（comité féminin）」とはもはや言わない。女性部がこの後のフェミニズム運動のなかで中心的な役割を果たしていくことになる。

1973年、ケベック州労働者連盟（FTQ）は、『女性労働者と女性労働組合員（*Travailleuses et Syndiquées*）』と題されたテクストのなかで、自身の立ち位置を公にする。出産休暇、託児所、同一賃金といった従来の要求を超えて、労働における差別が再検討される。なぜ女性たちは、あらゆる職業につくことができないのか。

CTCCの新名称である、全国労働組合同盟（CSN）では、1974年に女性部が設置される。1976年、その戦略「女性たちの闘い、全労働者の闘争」が告知される。組合員全体に自分たちの要求を認めさせるという、女性党員たちの大勝利である。しかしながら、本文は極左分析に非常に大きな影響を受けている。女性の地位の改善は、資本主義の廃止と結び付けられているのだ。

ケベック州教員労働組合連合（CEQ）では、女性部が1973年から設置されている。ロール・

ゴドロー委員会と名付けられており、女性教員における労働組合活動のパイオニアへのオマージュとなっている。しかし連合が、1980年に方針文書を出すまでには時間がかかる。

いくつもの労働組合連合が、1974年3月8日の国際女性デーの企画に着手する。だが、ケベック女性連盟とAFÉASでは国際女性デーを祝わない。当時、この活動はラディカル・フェミニストに結びついていたからだ。

社会的アクション

1970年代初頭以来、中絶問題は終始新聞の一面をかざっている。この議論は、何年もの間、注目の的になっていた。司教総会、農業婦人サークル、ケベック党党員、プロライフ派の多くの団体が、中絶に反対の立場をとっている。フェミニスト団体のほうでは、数多くのデモを行い、シンポジウム、「集会（journée）」、国際レベルのアクションに参加している。彼女たちは、女性たちは生命に逆らっているのではなく、中絶に頼る「選択」を支持しているのだということを強調している。スローガンは次のように宣言している。

「私たちは、私たちが望んだ子どもを持つ」

それからというもの、デモにおいてプロチョイス派がプロライフ派に反対している。モルゲンタラー医師は、幾度となく逮捕され刑務所に入れられ、何度も裁判を受けなければならない。彼は毎回無罪判決だ。1974年1月、**自由かつ無料の中絶のための闘争の会**（Comité de lutte pour l'avortement

【図 20】 中絶の権利のための闘いは 1970 年代の最も重要な闘いの 1 つ。このとき組織されたデモは、もはや数え切れない。このデモは、1978 年 4 月 22 日、州議会前で行われたもので、自由かつ無料の中絶のための全国共同組織によって組織されている。

libre et gratuit）が、閉鎖したばかりの女性センターの活動家たちの手によって設立され、忘れがたき、そして「常に未完の」――この闘争の主な代表的人物の1人であるルイーズ・デマレ（Louise Desmarais）いわく――闘いの先頭を行くこととなる。

ついに今度は、ある別の女性グループが自由と権利を要求する。レズビアンの女性たちだ。１９７０年代初頭において抑圧を告発することは、非常に重要な社会批判に結びついた主要な潮流である。同様に、「性的革命」という文脈にも結び付いていて、伝統的性道徳を批判している。ところが、レズビアンたちは常に陰に隠れて生きている。もし彼女たちが人前で明らかにしても、あるいは、もし彼女たちの途方もないほどの慎重さにもかかわらずレズビアンであると見破られても、彼女たちは多くの場合、家族から見棄てられ、学校から追い出され、職場では解雇され、あるいは警察に通報されるのだ。なぜなら、同性愛は1969年まで犯罪と見なされていたからである。しかも、単に犯罪ではなく、それは罪であり病でもあるのだ！

一部のレズビアンたちは、様々な女性グループに積極的に参加していて、そのなかには、自由かつ無料の中絶を要求するためのグループもある。けれども……中絶は彼女たちのいくつもある問題のうちの1つなのではない！　彼女たちもまた、自身の身体をコントロールし、自身のセクシュアリティを選択することを望んでいるからである。彼女たちは、経済的に男性に依存することを拒否している。要するに、フェミニストたちの要求は、隠すことなく他の女性に魅力を感じて生きたいという彼女たちの願いに一致しているのだ。1970年代半ば、いくつかレズビアンの非公式グループが、バーとは別の出会いの場を作るために設立される。

1970年代のはじめに発展する民衆グループでは、託児所問題が関心を集めている。それはもはや、働く母親にとってのみ必要なのではなく、子どものためにも必要という問題である。そこで、政府は、恵まれない地域のいくつかの託児所に補助金を出す。託児所はあちこちに誕生し、それらは民衆グループ、保護者グループ、フェミニストグループによって設立され、組合によって支援されている。政界では、一部の人々は政府に関係のない問題だと相変わらず考えている。「女が働きたけりゃ、自立しろ！」というわけなのだ。しかし、バード報告書が、国家によって財政援助がなされている託児所のネットワークの設置を勧告しているので、そのうちにもっと全般的な政策を検討しなければならなくなるだろう。

1973年の終わりには、250か所以上の託児所がすでにあり、大部分が親たちによって運営されている。ローカル・イニシアティヴ・プロジェクトからのものが70か所で、たった10か所にしか社会事業省から補助が出されていない。1974年、自由党の大臣となったリズ・バーコンが、最初のしかし骨抜きの託児所政府プログラムを開始する。親への資金援助と非営利目的の託児所の開所補助である。完全な組織網を主張するフェミニストたちの要求からは程遠い。自由党の優先事項ではないからだ。1976年4月の大会で、同党は、託児所の完全な組織網の確立を見込んだ提案を議論もなしに退け、むしろより手厚い家族手当プログラムを推奨した。託児所戦争の始まりだ！

AFÉASのほうでは、議論が活発である。AFÉASは女性団体なのだろうか、それともフェミニスト団体なのだろうか。家庭運動なのだろうか。メンバーたちの大多数が主婦で、実際に「ヒッピー」と呼ばれたこの時代に、年配者たちの振る舞いにかなり当惑している。彼女たちは今のところ、中絶に関する議論とは慎重に距離をとったままだ。この議論が続いている間、アジルダ・マルシャン会長は、よく考えねばならないもっと重要な問題があると考えている。女性たちの目に見えない労働のことである。彼女はバード報告書に非常に失望していた。

「世間の人たちは、田舎の女性たちのことなんて気にかけていませんね。家内工業で働く女性たちの境遇なんて。」

彼女のおかげでAFÉASは、1974年に、家内工業において、とくに農場でじきに「協力女性(femmes collaboratrices)」と呼ばれる女性たちの、目に見えない労働問題の資料集めに取りかかる。その報告書は1976年に出され、地方の女性たちの暮らしを揺さぶり、「本当の」労働者として見なされるための要求を広める。

このようにして、フェミニズムの主要な2つの潮流、改良主義フェミニズムとラディカル・フェミニズムは、それぞれのやり方で、政党、労働組合、女性団体に影響を及ぼしていく。いくつもの実例が作られていくことになる。**しかし、こうした先駆けとなる行動は女性たちみんなにつながるのだろうか。**

23. 困難な状況にある女性たちの支援

確かに、政治または組合参加は、すべての女性に関係があるわけではない。この少数派の女性たちとは別に、新聞や雑誌、ラジオやテレビなどを通じて感じるフェミニズム運動の声に圧倒されている、大多数の女性たちの姿がくっきり現れる。とりわけ、フェミニズムのことを気にかけるには、あまりに多くの個人的な困難を抱えている女性がかなりの数でいるのだ。

この女性たちもやはり、自分たちの問題を話し合うために集まる。手を取り合いたいのだ。シングル・マザーは（もう未婚の母《フィーユ・メール》とは呼ばない）、生活保護を受ける権利を得て以降、自分の子どもを養子には出さずに、生活保護の手当てだけで育てるという大きな困難に直面している。法律では、母親には子どもに対する権限はない。結婚しないならば、子どもが嫡出子として見なされるために、子どもと養子縁組を結ばなければならないのだ！ ほとんどが、この手続きをするために必要な法的知識を持っていない。彼女たちは集結に成功するだろうか。

連邦政府が１９６９年に離婚を認めて以来、別居・離婚する女性たちの人数は増え始めていた。大部分が子どもを育てており、金銭的に困窮状態にある。この時代、離婚と別居は、まだ非常に恥ずべき状況として見なされている。１９７０年、モンレアルに、アルコホーリクス・アノニマス[*5]をモデルにして活動している組織、**ANO-SEP**（Séparées anonymes〔匿名の離婚女性たち〕の略称）

が設置される。離婚した女性たちがそこで自分たちの経験を分かち合い、ある種のグループ・セラピーに一緒に取り組んでいる。

1973年、シェルブルックで、ひとり親家庭に関する〝ティーチ・イン〟[6]が、1人の離婚女性のイニシアティヴで開催される。専門家たちが、ひとり親家庭に関する様々な問題について意見交換をしにやって来る。会場で、女性たちの一部は、互いに助け合い、自分たちの権利を守るために団結すべきだと理解する。彼女たちは、**ひとり親家庭討論会**（Carrefour des familles monoparentales）を設立する。1974年には、ANO-SEPの女性たちと合併する。この運動は、ケベック中に雪だるま方式で膨れあがっていく。それは非常に重要な求めに応えているからだ。1976年以降は、39市町に60グループ近くにのぼる。これらのグループは、たちまちフェミニスト分析の影響を受ける。

1974年に、ノートル＝ダム保護院――1932年、経済危機の最中、イヴォンヌ・メゾンヌーヴによってモンレアルに設立された女性のための避難所――では、協力者《アソシエ》たちが、新たな現実に応じて整備し直すべきことに自ら気がつく。彼女たちは、施設名を**ル・シェノン**（Le Chaînon〔つながり〕）に変える。相談者が徐々に、殴る夫から逃げてきている女性たちになってきているからである。

ケベック州の別の場所でも、状況は同じだ。1974年、ロングイユでは、家族援助司教区事業の1人のボランティア女性がその事務所で、どこで一夜を過ごしたらよいのかわからない、子どもたちを連れた1人の女性を受け入れる。この女性は、夫に殴られているのだ。このようなケースは、一切想定されていない。彼女を助けるための臨時的解決策を見つけた後、ボランティア女性は、この女性のその後がわからなくなってしまう。それで「何かしなければならない」と思うのだ。彼女はすぐさま、他の女性たちと保護施設を開設するための手続きに取りかかることに決める。1975年末、**キャルフール・プール・エル**（Carrefour pour elle〔彼女のための交差点〕）が、ロングイユに開設される。

シェルブルックでは、**ひとり親家庭の会**（Association des familles monoparentales）のメンバーたちが、自分たちのなかのいく人もが暴力的な夫と暮らしていたということに気がつく。リーダーたちは、このような女性たちを受け入れる施設が必要だと考える。交渉、社会事業による調査、補助金のリサーチをしっかりと重ねた後、彼女たちは、ある教育委員会の宿舎を得ることに成功する。しかし、夜間に女性を受け入れることはできない……。最終的に、サクレ＝クール慈善修道女会の修道女たちの助けを得て、彼女たちはようやく何人もの母親とその子どもたちの受け入れ可能な施設を手に入れる。1975年の**エスキャル・ドゥ・レストリー**（Escale de l'Estrie〔エストリーの寄港地〕）の開設だ。

「これらの保護施設が誕生したのは、いかなる機関も、夫婦間暴力の被害者のニーズに応えていなかったからです」と明言しているのは、暴力問題に取り組む初期の活動家のうちの1人、マドゥレーヌ・ラコンブ（Madeleine Lacombe）である。

殴られる女性の現象が新しいものではないことは明白だ。フェミニスト界隈では、FNSJBにおいて20世紀の初頭から、控えめではありながらも、「力の濫用」という表現を使って、すでに話されていた。夫婦間暴力に抵抗するために、この時代のフェミニストたちは、アルコール依存症に対する活動をしていたのである。しかし、この問題は、私的領域から生じる問題として見なされていた。あえて夫を法廷で訴えようとする女性たちは非常に稀有な存在だった。ほとんどの女性が夫に完全に経済的に依存しており、状況に耐えていた。離婚が不可能だったからである。1970年代以降の変化は離婚の増加だ。これは、勇気を出して女性たちが互いにこの問題を話し、そしてついに、家庭内暴力のタブーが破られたことを意味している。

まもなく、「バタード・ウィメン（femmes battues）のため」（当時、彼女たちに名づけられた呼び名）の新たな施設が、ケベック中のあちこちに設立される。それにつれて問題は一般に広まっていく。1976年には10施設、1978年にはすでに23施設を数える！　すでに述べたばかりだが、それは新たな問題ではなかった。しかし、社会事業は、これに対峙するために今まで何も想定してこなかったのだ。バード報告書では、問題にすらされていなかった。たった一行ですら！　夫婦間暴力は、私的な問題と考えられていたからだ。考え方が変わり始め、そのような施設が登場するためには、女性たち自身のアクションが必要だったのである。匿名性と絶対に秘密は守られることが、このような施設を頼る女性たちに約束されている。

フェミニズムは、女性のための避難所を開設するために、宗教分野の人々を説得するのに成功した。この人々は、女性たちが手を取り合えるように手助けすべきだということをすぐさま理解し、そしてフェミニスト分析は大いにその助けとなる。そのうえ、ラディカル・フェミニストたちのいくつものグループも、避難所を設立することになる。彼女たちの女性に対する暴力の分析は、非常にショッキングなものとなり、一部の男性にとっては脅威のように思える。確かに、フェミニズムは、あらゆる領域で波風を立てている。**それは、文化的なシーンにも、影響をもたらすことになるのだろうか。**

24. フェミニスト意識を探究するアーティストたち

そう、まさに撹乱状態。それが、1970年代初頭のフェミニズムの舞台。多くの人々が、フェミニズムはこの時代に誕生したと思っているのには、それなりの理由があるわけだ。しかし、1970年代のフェミニズムの熱狂ぶりが話題にのぼるのは、とりわけ、この時代に突如現れる、フェミニズム的内容のあらゆる文化的イベントによる。それはあまりに多すぎて、本書のなかですべて取り上げることは不可能だろう。映画、演劇、文学、歌、ヴィジュアル・アート、あらゆるアートが一堂に会している。この特殊な雰囲気のなかで、あらゆる分野の女性たち、しかも「女性の状態」のことを気にしていない女性たちですらも、フェミニズムのメッセージに触れる。突如、女性たちはもはや単なる女神や男性の創造の源ではなく、自分自身の創造性の主体となるのだ。

女性のための女性映画

女性映画人は1972年に登場する。数十年来、女性たちは映画業界で働いているが、厳密に言えば、目に見えない下っ端的な仕事で目立たないようにされ、監督たちの背後に隠され、またカメラの前では男性の視線のもとに置かれていた。1972年から、映画監督、プロデューサー、脚本家、アシスタントである13名の女性たちのチームが、作業グループを組み、6か月間、様々な年齢層の女性たちと会う。すべての面会が撮影され、時に非常に親密な内容の会話は、カナダ国立映画制作局によって作成された映画『女性として（*En tant que femmes*）』シリーズにとって、起爆剤——他の言葉が見つからない——となった。

「郊外の女性たちは、完璧な幸せを自慢しに打合せにやってきてたんですよ。でも、終わるころには、あまり確信が持てなくなってて。犠牲を払った幸せだったんですね。個が犠牲になっていたんです」。このように進行役の1人であった、監督のアンヌ＝クレール・ポワリエ（Anne-Claire Poirier）は回想している。

ドキュメンタリー、フィクション、短編映画、あらゆるジャンルの映画技術が駆使される。1973年、3本の映画が公開される。エメ・ダニ（Aimée Danis）の『笑って、あなたのことが心配（*Souris, tu m'inquiètes*）』が、1973年に上映されると、数千人もの途方にくれた郊外の女性たちが、そこに自分自身の姿を見出す。ミレイユ・ダンズロー（Mireille Dansereau）の『結婚する、しない（*J'me marie, j'me marie pas*）』が登場すると、結婚に対するその批判的視点は、結婚制度に関する再検討をあちこちで引き起こす。5名の映画監督グループによって制作された『これって誰のため？（*A qui appartient ce gage ?*）』によって、託児所問題がフェミニスト活動家サークル外の公の場に出る。

「女性たちが、『私は』と言っているのを聞くのはあまりないですね。それが、私たちにとっては、わかったことのなかで一番悲しい事実でしたよ」と、再びアンヌ＝クレール・ポワリエが回想する。

ケベコワーズたちの歴史に関するメランコリックな物語を見せる、映画『ロワの娘たち（*Les filles du Roy*）』のなかで、この監督、アンヌ＝クレール・ポワリエは、女性の声が「私の息子は裁判官、私の息子は神父、私の息子は医者、私の息子は大臣……」とささやいている間に、男性たちの写真を次々と出す。別のシーンでは、「私は慰める、私は世話をする、私はなでる、私はご飯をあげる、私はあやす、私は、私は……」というのが聞こえている間に、子どもの世話をしている女性たちを見せる。女性たちは、この映画を見終えるころには、「自分たちの」人生が本当のところ自分のものではないことがわかり衝撃を受けるのだ。

また、1974年に公開された、エレーヌ・ジラール（Hélène Girard）の映画『娘たち、同じじゃないよ（*Les filles, c'est pas pareil*）』では、若い女性たちが恋愛関係と友人関係のことを話している。彼女たちは、期待されている従順さには賛同しない。もう自分たちの母親と同じは嫌なのだ。ちなみに、女性映画人たちが出会った65歳以上の女性たちは、次のように言った。

「騙されたのは私たちでもうたくさん。若い子たちが、私たちの経験してきた辛い目に遇わずにすむなら、良かったですよ。」

ついには1975年に、アンヌ＝クレール・ポワリエが『昔のこと（*Le temps de l'avant*）』を制作する。中絶問題に関する衝撃的なフィクションである。この一連の映画は、ケベコワーズたちに決定的な影響を及ぼした。それに続く多くの映画で、フェミニストたちが起こした議論が強調される。この物語の次の25章では、その議論の一部しか取り上げることができないが。

話題を呼ぶ戯曲

自治グループに参加していた、いく人もの女性たちが同じころ、「フェミニズムを知らしめ」ようと演劇をやってみることにした。1975年、女性解放連盟と女性センターのかつての活動家たちが、**テアトル・ドゥ・キュイジーヌ**（Théâtre des cuisines〔劇団キッチン〕）を設立。彼女たちは、女性たちの不可視の無償労働を連想させようとこの名前にした。ちなみに、彼女たちの最初の戯曲は、共同制作で、そのタイトルはイヴォン・デシャン（Yvon Deschamps）から借りて、[*6]『ママは働いてないけど、やることいっぱい（*Môman travaille pas, a trop d'ouvrage*）』とつけられている。まさしく家事労働に関連している。この劇団は数年間の活動で、多くの戯曲を発表する。

1976年、モンレアル実験劇場（Théâtre expérimental de Montréal）のいく人かの女性コメディアンが、女性演劇を上演する。最後の作品は、共同制作で、『私の母へ、私の母へ、私の母へ、私の隣人へ（*À ma mère, à ma mère, à ma mère, à ma voisine*）』が、彼女たちの一部にとっては決定的なものとなり、それに続いて、1979年に**女性実験劇場**（Théâtre expérimentale des femmes）を設立する。5年間、ポール・ペルチエ（Pol Pelletier）がリードしていたこのグループは、決定的な方法でモンレアルの演劇に深い影響を与える。

この間、とりわけ新世界座（Théâtre du Nouveau Monde）で発表された3つの戯曲が、関心を集めた。共同創作の『魔女の身廊（*La Nef des sorcières*）』（1976）、ドゥニーズ・ブシェ（Denise Boucher）『妖精たちの渇き（*Les fées ont soif*）』（1978）、ジョヴェット・マルシュソー（Jovette Marchessault）『びしょぬれめんどりの物語（*La Saga des poules mouillées*）』（1981）である。

『妖精たちの渇き』では、妻、娼婦、聖母マリアが舞台に登場し、「まさに」女性という3人の登場人物が、型に押し込めれている自分たちの怒りを叫ぶ。助成金の支出を拒否する都市部の芸術委員会の代表によって「ゲテモノ」扱いされたこの戯曲は、宗教当局者によって厳しく批判される。台本の出版禁止の勧告が出されるが、議論があまりにも活発で、印刷した分は飛ぶように売れる。多くのカトリック団体が上演に抗議しており、そのなかには農業婦人サークルもいる。何はともあれ、戯曲はスキャンダルによって盛り上げられて大成功し、好意的であれ何であれ、あらゆるメディアで発表された記事は十数本になる。ドゥニー

【図 21】 共同制作は当時の政治演劇には数多くある。1976 年、『妖精たちの渇き』は大成功を収める。コメディエンヌたちもまた脚本づくりに協力した。左から右に、ポール・ペルティエ、ミシェル・マニー、フランソワーズ・ベール、ルイゼット・デュソー、ミシェル・クレッグ、リュス・ギルボー。

ズ・ブシェと新世界座は、勧告という脅しに対して高等裁判で勝利する。

演劇はフェミニストたちにとって、まさに声をあげる場だ。1974年から1980年まで、とくに1977年からは、ケベック中に25団体の女性たちの芝居が確認され、その大部分が共同創作である。1980年の春、はじめての女性たちの創作フェスティヴァルが、大成功をおさめる。演劇は15本、パフォーマンスは4本、朗読は2本、映画は4本、演奏会は2本、ビデオは1本、ワークショップは12本である。あらゆる分野から1000人以上の人々が参加する。この演劇が、多くの場合運動の活動へと、そして演劇的伝統が保持してきた王道から、女性たちを解き放つ豊かな経験へとつながっていくのである。

女性たちのエクリチュール

女性文芸作家たちのほうでは、女性たちのエクリチュール[*7]が話題になるために『妖精たちの渇き』のような騒ぎを期待してはいなかった。1975年から、彼女たちはケベック国際作家会の代表者たちに、あらゆるフランス語圏の男性作家も女性作家も参加する「女性とエクリチュール」というシンポジウムを開催するよう説得する。

「文壇は、こんなことを言うのも残念ですし、責めるつもりはありませんが、今のところ男性たちの手中にあります」と、マドレーヌ・ウレットゥ＝ミシャルスカ（Madeleine Oullette-Michalska）は断言している。

「私の最新刊を書くのに数か月かかりました。それを出版するには4か月かかりました」と、モニク・ボスコ（Monique Bosco）が続ける。

この試みは、ケベックの文学生命に転換点として刻まれる。それに続いて、詩人、小説家、エッセイ作家は、コード、文法、文学ジャンル、決まったモデルから自由になるために現代性を用いるエクリチュールの方法を実験していく。「『私は女だ』と書くことには、多くの結果がつまっている」と、ニコール・ブロッサール（Nicole Brossard）ははっきりと述べている。彼女は、瞬く間に新たなエクリチュールの路線のリーダーとなる。

女性作家たちは攪乱させるエクリチュールを用いて、女性たちの状況、フェミニスト・アクション、男性と女性の関係、レズビアニズム、親密さ、想像の世界を探究している。実際に、彼女たちは、女性主体として、男性の視点のプリズムを通さずに自身を主張している。突如として、女性たちのエクリチュールは、ケベック文学の重要な現象となるのだ。

これらの作品の大部分は、ほとんど文学界の外へは出ていかないが、1976年に『ユーゲリオンヌ（*L'Euguélionne*）』が出版されると、たちまちベストセラーになる。宣伝のためにフェミニズムの大衆性を当てにする、最初の書籍である！　作者のルッキー・ベルシアニック（Louky Bersianik）は、あらゆるジャンルを混ぜ込む。民話、理論、フィクション、ユーモア、論争。彼女が想像する、伝説の人物ユーゲリオンヌは、地上に降り立ち、女たちの運命に驚く。読者はゲテモノと思いつつ、あえて異議を唱えようとはしないまま、扇情的なこの本をむさぼるように読むのである。労働者階級の地域に住むある女性は、このように述べている。「『ユーゲリオンヌ』を読んでから、私の人生は変わった。」ルッキー・ベルシアニックとは、リュシール・デュラン〔Lucile Durand〕のニックネームである。リュシール・デュランは、娘たちに父親の名前をつける家父長制的慣習を拒否しているのだ。したがって、自分であらゆるコード〔規範〕の拒否を証明する名を付けているのである。

歌における女性たち

文学ばかりではない。クレマンス・デロシェ〔Clémence DesRochers〕が、歌手やコメディアンの友人たちとともに、1969年に雑誌『レ・ガールズ〔*Les Girls*〕』を作ると、他の歌手たちや、モノローグ俳優たちは、その雑誌で今までにないフェミニズムのテーマを紹介した。ジャクリーヌ・バレット〔Jacqueline Barrette〕は、労働者階級出身の女性たちの疎外を理解させる、1972年の彼女の独白劇『ラ・ママン〔*La Moman*〕』で大成功をおさめる。クレマンス・デロシェは、「工場」、女中、労働者階級の少女たちを登場人物として舞台に登場させる。ポーリン・ジュリアン〔Paulin Julien〕は、時に怒りに満ちた、時に優しさに満ちた歌を投げかける。ディアーヌ・デュフレーヌ〔Diane Dufresne〕は、フェミニズム的なアクセントをきかせた女性のロックを生み出す。「ママ！私12歳なんだけど！〔*J'ai douze ans, maman !*〕」は、たった1つしか人生の手本が与えられていないがために起こる、女性の人生の入り口における少女たちのあらゆる戸惑いを表現している。

アートで表現すること

ヴィジュアル・アートですらこの動きに加わる。今では、『全面拒否』の署名人の後輩たちが、フェミニズム的問いを表明している。1970年代の10年間に実現するあらゆるアートのなかでも、少なくとも、フランシーヌ・ラリヴェ（Francine Larivée）の『婚礼の部屋（*La Chambre nuptiale*）』の冒険のことは、思い出さねばならないだろう。この重要なプロジェクトは、制作に2年近くも要しており、カナダ国際婦人年で最大の助成金を得たという点で傑出している。また、1976年のモントリオール・オリンピックの一環でも助成金を獲得した。数百人からなるチームが作業を行ったこのインスタレーションは、絵画、彫刻、音響、人々のやりとりを駆使している。それは、文字通り、母胎のなかでの旅を示している。コンプレックス・デジャルダンで、1976年に最初に展示された『婚礼の部屋』は、数千人もの人々によって連日観覧された。人々は、その結婚の批判的なヴィジョンに取り乱すほかなかったにちがいない。

「結婚は、女性にとって唯一の最も確実な方法であるように見えますが、それはまた罠でもあるということには、口は閉ざされていました。それが、私が見せたかったものです」と、フランシーヌ・ラリヴェは説明している。彼女はこのプロジェクトにあまりに入れ込んだので、それから7年間は創作を再開できずにいた。

1973年から、あるアート・ギャラリー[*8]が、フェミニスト・アーティストたちの作品だけを専門にして取り扱う。女性映画監督、アニマトリス、研究者たちが、これらの多岐にわたる作品によって育まれ、フェミニズムのメッセージを至るところに届ける伝達の役目を果たす。この時代の人々が、『今日の女性たち』のアリーヌ・デジャルダン（Aline Desjardins）のことや、「女性たちの場（*Place des femmes*）」や「リズ、私に電話して（*Appelez-moi Lise*）」のリズ・パイエットのことを覚えているのも、当然だ。しかし、その根幹には現実を動かしてきた活動家やアーティストがいるのである。

ある人々は、国際婦人年の後、ものごとは静かになっていくと思っていたり、そのように願ってさえいる。**1975年の後、フェミニズムの舞台には何が起こるのだろうか。**

25．多様化し深化するフェミニズム

１９７５年の国際婦人年の後は、実に大爆発しているようだ。いくつもの団体が作られ、「暴力を受けた女性の施設」が設立され、**性暴力に対する支援・闘争センター**（Centre d'aides et de lutte contre les agressions à caractère sexuel : CALACS）が設立され、同様にケベック中に、「**女性施設**」、**ヘルス・センター**が設立される。

しかも、女性の地位局はその最初の調査を発表し、いくつもの雑誌が刊行され、ティーチ・インとシンポジウムが開催され、新しい講義が大学とカレッジで開講される。女性を対象とした講義であったり、女性の状況に関する講義である。このとき、多くの領域で人々はこう問い始める。「しかし、それでは女性たちは、いったい何を望んでいるのか。」

あらゆる領域に関わるフェミニズム

１９７０年代半ば、発行部数の多い雑誌ですら、この動きに加わる。フランシーヌ・モンプチ（Francine Monpetit）が編集長をつとめる『シャトレーヌ』が、フェミニズムの闘いの責任を公然と担うのである。１９７５年１月、雑誌は、広告のメッセージとは全く矛盾する「私はしゃべりたい」というテーマで、フェミニズム分析に完全に注力した号を刊行する。それは、小売店販売のあらゆ

る記録を破る。雑誌『マクリーン（*Maclean*）』（旧『現代（*L'actualité*）』）では、キャトリーヌ・ロール（Catherine Lord）がフェミニズム時評欄を数年間続ける。

「ラディカル」フェミニストと、「改良主義的」フェミニストを区別するのは、よりいっそう難しくなってきていた。活動家たちは多数の問題のもとに集まっているからだ。中絶へのアクセス、出産休暇、託児所、女性に対する暴力、ポルノグラフィなどである。1977年に行われたFFQの大会テーマは、暴力に関してだ。徐々に「単一の」女性（« la » femme）のことは話さなくなり、ますます「複数の」女性（« des » femmes）のことを話すようになる。フェミニストたちは、「単一の」女性（« la »）など存在しない、もしいるなら男性たちの頭のなかにいるのだ、と言っているからである。1978年、1976年の選挙でケベック党が公約した、正真正銘の出産休暇を要求するために、共同戦線が設けられる。とりわけ、出産休暇に関する1978年の法律の「穴」に警戒し、多くの女性労働者たちがそれを奪われている事実を批判している。いくつもの職場で、妊娠は未だに解雇を意味しているも同然なのだ。この共同戦線のマニフェストを支持する団体リストは、マニフェストそのものとほとんど同じくらい長い。

1975年にモンレアルで、ある若いフェミニストたちのグループが、プラトー・モン＝ロワイヤルの中心、ラシェル通りに、**女の本屋**（Librairie des femmes）を立ち上げる。それはたちまち、女性の状況に関する議論に夢中な、どんどん数を増している女性たちのための出会いと情報の場となる。そこでは、ラウンドテーブル、夜のパーティー、息切れするまで話し合えるカフェが開催される。間違いなくこのカフェが、数百人もの若い女性たちのフェミニズムへの参加の原点である。3年近くの間、それはフェミニズムの要所だった！

また、1975年に、別の女性たちの自治グループからなる共同グループが、活動家や、文化的なシーンから生まれたテクストを出版するための出版社設立を決める。女性たちの無償労働の問題性からインスピレーションを得て、活動家たちはこの試みが共同的なものであることをはっきり示すために、大文字を使わずに**ルミュ＝メナージュ出版社**（les éditions du remue-ménage〔大騒動出版社〕）と名付け、ロゴは数多の家事労働で忙しい女性たちを描く。1976年に、最初の作品『ママは働いてないけど、やることいっぱい』が出版されると、すぐさま別の劇作品が後に続く。1978年には、最初の『女たちのスケジュール手帳（*Agenda des femmes*）』が出版される。これは、カレンダーの間に挿入されている、様々な考察テクストのおかげで素晴らしい支えとなっている。

新たなイニシアティヴ

やはり1975年、別の活動家たちが、**プラトー・モン＝ロワイヤル女性ヘルスセンター**（Centre de santé des femmes du Plateau Mont-Royal）を開設する。ケベックのあちこちに現れるヘルス・センターのなかで一番最初のものである。彼女たちは、女性は自らの健康問題を引き受けるべきであると考え、また医学と医者による女性の治療のされ方を批判している。いくつもの研究が、女性に対して外科的介入を行う決定が非常に拙速であることを示している。当時のあるスローガンは、次のように公言している。

「残しておくほど大した子宮はない。取ってしまうほど病んだ精巣はない。」

別の研究は、医者が、女性たちに過剰に薬を処方していることを明らかにしている。これらの活動家は、妊娠、出産、閉経の医療化を告発している。彼女たちは、スペキュラムと鏡を使った、性器の自己診断技術を提案する。参加者たちへの心理的効果は、非常に強力だ。

いくつかのグループが、助産師の周辺や初期の助産院の周辺で形成される。1977年に登場する、**ネッサンス＝ルネッサンス**（Naissance-Renaissance〔誕生・再生〕）というグループは、新たな女の連帯を試みている。助産師が、その専門性を遂行できるようにするための長い闘いが始まったのである。中絶の闘い、さらに託児所の闘いの後に続いて、終わることのないもう1つの闘いである。

自分の子どもの世話をするために家にいることを「選んだ」数百人の女性たちは、労働市場に入ることを望んでいる。避妊の実施で、彼女たちは子どもを持つ数を減らせるようになった。彼女たちは再び労働市場に入れるのだろうか。勉強を再開できるのだろうか。そこで、**再開**（Nouveau départ）が話題にのぼり始める。1976年、このプログラムがある女性たちに向けて開始される。つまり、これまでずっと母と妻であるための準備しかしていなかった世代の女性全体、かつ、突如として実際に経済的また心理的に自立せざるを得ない状態にある世代の女性全体を活用する、というものである。CÉGEPでは徐々に、成人教育の責任者によって推進された十数個もの再開プログラムが置かれるようになる。この女性たちを対象としたCÉGEPのカリキュラムですら見受けられる。それらが、「再出発！」とか「あなたの番！」と名付けられているのは象徴的である。

　コミュニティ・グループでは、女性労働者たちの大半に労働組合がないことに気がつく。いったい誰が、女性販売員の世話をするのか。ウェイトレスのことは？　家事労働者のことは？　キーパンチ[7]のオペレーターのことは？　製造業の女性労働者のことは？　そこで、1976年、3人の活動家が**はしごの下の会**（Au bas de l'échelle）という、労働組合がない女性労働者たちの権利の擁護をめざす組織を設立する。有償労働がいつでも女性を解放するものとは限らないからである！　ある女性たちは、最低賃金すら稼げておらず、残業を強いられている。この集団は、何よりもまず労働法のいくつかの条項を改正し、女性たち、とくに移民女性たちに自分たちの権利に目覚めさせるための活動をしている。

　保護施設とCALACSのリーダーたちは、女性が自分の手で自分を守れるように社会で生きていく力をつけていなかったことに気がつき、女性のために自己防衛スキル、Wen-doを開発する。ラジオ・カナダの番組が、研修の最終段階で自分のこぶしと意志の強さだけで板を割るのに成功している女性たちのグループを紹介してから、この講座は非常に有名になる！

レズビアンたち

レズビアンたちは、男性の暴力を危惧してより活動的になり、次のように主張している。

「フェミニズムは理論。レズビアニズムは実践。」

彼女たちは、男性たちと一緒に過ごし、夫、恋人、パートナーを持つことを受け入れる女性たちを理解できない。彼女たちは、そのことを女性たちに容赦なく言う。

「あんたらは、結局ヘテロ〔異性愛者〕なんだよ……」

何人かの若い女性たちは、レズビアンになる決心をして、「政治的レズビアン」だと名乗る。彼女たちによれば、それが女性たちを抑圧する家父長制的世界のなかで、唯一の生きる術なのだ。1970年代末、レズビアンの数は多く、時にはいくつかの女性の自治グループのなかではマジョリティにすらなる。何人かは、家父長制的暴力に関する彼女たちのラディカルな考え方が原因で、これらのグループのなかで分裂を引き起こす。この潮流は――とはいえ少数だが――、机上の空論に多くの打撃を与えた。ある異性愛者の女性は、このように考えを表明する。

「私たちは互いに話し合い、伝え合うべきです。私たちの恨みつらみ、非難、ありとあらゆる次元での経験、まさに私たちの困難を。まずはフェミニストとして、それから、レズビアンあるいはヘテロとして。」

彼女はこのように付け加える。

「まさにそうすることで、私たちが足並みをそろえて共に進むことを妨げているものがわかるはずです。私たちの居心地の悪さを利用すればいいんです。」

この居心地の悪さが消えるには、長い時間がかかることになろう。

ケベック女性たちの再団結

1976年、モンレアルのフェミニズム活動の要、女の本屋の1周年が華々しく祝われる。このパーティーには、選挙区内の女性の地位委員会を離れたケベック党の党員たちが数多くいる。事実、ケベック党党首ルネ・レヴェック〔René Lévesque〕は、拒否権を用いて、党の綱領に自由かつ無料の中絶の権利を入れるという大会の決定に従うべきだとは感じていないと主張する。怒りは、ナショナリスト・フェミニストたちの間で大きく広がる。このパーティーから解き放たれているエネルギーに励まされて、ある3人の女性たちは、多種多様な小さなグループに分散してしまっているあらゆるフェミニズムの力を結集させるのを急ぐ。この新たな集まりは、**ケベック女性たちの再団結**〔Regroupement des femmes québécois〕と名づけられる。

「私たちは独立を望む。しかし私たちは、それが私たちと共に、そして私たちのためになされることを望む。言い換えれば、女性たちはもし独立してから再び〔キッチンの〕鍋の前に戻されたくなければ、独立する前にPQ〔ケベック党の略称〕のための切手貼りをやめるべきなのである。」

1978年の設立大会で、ケベック女性たちの再団結は、その活動の中心テーマに女性に対する暴力を組み込む。たちまち加盟が増えていく。再団結は、他の活動家たちとともに、新聞の大見出しをかざるデモの組織に関わる。

1978年4月にダリラ・マシノ〔Dalila Maschino〕事件が勃発する。1人のアルジェリア人女性が家族によって誘拐されるのだが、この家族というのが、モンレアルでの彼女の結婚を認めておらず、力ずくでアルジェリアに彼女を連れていくのである。この事件は、公の場に移民女性の権利の問題を投げかけ、ダリラ・マシノを支援する大規模な運動がフェミニストたちの賛同を集め、路上でデモを行うに至る。

アンヌ＝クレール・ポワリエのレイプに関する映画、『力の限り叫んで死ぬ（*Mourir à tue-tête*）』の上映は、社会での大きな議論の序章となる。上映の度に、ハプニングが起こるのだ！ 1979年6月にケベック女性たちの再団結はレイプに関する市民裁判を開催する。このイベントには、750人もの女性たちが集まる。市民裁判の効果は絶大だ。裁判のメンバーは「過激主義者」ではない。そこにはセラピスト、一般開業医、法律家、ウルスラ会の神学者、弁護士が入っているが、自発的に行われる証言は宣誓をもってなされ、会場からは涙が流れ、多くの感情が湧き起こる。市民裁判の後は、女性に対する男性の暴力が、フェミニズムの舞台で中心的な位置を占めていると言えるだろう。それがおそらくは、フェミニストたちが男性を嫌悪しているという印象を作り出す役割を果たしたのである。

フェミニズム雑誌

しかしながら、同じ期間中のフェミニスト出版の展開を取り上げないままでは、このような多岐にわたる先駆的な取り組みの全体像は見えない。すなわち、このときまでずっと刊行し続けており、1980年には『ラ・プチット・プレス（*La Petite Presse*）』という名になる『FFQ通信（*Bulletin de* la FFQ)』に、いくつもの雑誌が加わるのだ。

『コミュニケル（*Communiqu'elle*）』[*9]は、1974年からフランス語と英語で、モンレアル女性センターによって1991年まで発行される。

『レ・テットゥ・ドゥ・ピオッシュ（*Les Têtes de pioche*〔石頭〕）』は、1976年3月から1979年6月まで、年に10回発行する。それは、文学分野と市民グループのメンバーからなる共同グループによるものである。彼女たちは、自分たちの雑誌のタイトルを次のように説明している。「レ（LES）は、私たちの連帯のこと。頭《テットゥ》（TÊTES）というのは、このことに関しては、気持ちだけではだめだから。石《ピオッシュ》（PIOCHE）は、私たちの頑固さのこと」。この雑誌は、3年間、フェミニズムの活動と考察の中心にある。しかしながら、『ケベコワーズ・ドゥブット！』と同じように、5年が経つよりも前に、助成金がないまま懸命にプロ

【図22】 1976年3月、新たな雑誌、『レ・テットゥ・ドゥ・ピオッシュ』が登場する。ラディカル・フェミニストたちによってつくられ、1979年6月まで刊行される。この雑誌を通して、新たなフェミニズム議論――暴力、性差別的な広告、レズビアン、託児所、レイプ、女性の健康等――が表面化する。例えば、労働に割かれた1977年5月号は、母性と家事労働に関するラディカル・フェミニストの考察を紹介している。

ジェクトを実施する困難と、編集者たちのイデオロギー的議論に負けてしまう。

『別の言葉（*L'Autre Parole*）』もまた、１９７６年に登場する。この小さな雑誌は２００８年になっても続いており、教会を批判するために行動し、神学と礼拝を女性の視点のものにしよう（féminiser）とするクリスチャン・フェミニストたちが集まる。そこに、神学者、宗教学者、牧会の進行役を巻き込む。というのもフェミニズム的考察は、今ではあらゆる分野に浸透しているからである。このようなクリスチャン・フェミニストたちの存在は、他の多くのフェミニストたちにとって大変な驚きである。彼女たちにとって、教会はミソジニー的体制だからだ。しかし、彼女たちのアクションは、多くの女性たちを巻き込んでいく。

【図 23】 いくつものフェミニスト雑誌が、『レ・テットゥ・ドゥ・ピオッシュ』の終わりごろに発刊する。『プリュリエル』（1978-1979）は『女たちの闘いと笑い』（1979-1982）になる。モンレアル女性センターの『コミュニケル』も、クリスチャン・フェミニストの雑誌『別の言葉』も見られる。

ケベック政府全体の政策

最後に、忘れてはならないのが、1973年から機能している女性の地位評議会（CSF）のアクションである。初代会長ロレット・シャンピニー＝ロビヤールは、CSFの様々な事業——情報、調査、推進——の実施を取りはからった。とくに彼女は、様々な調査を省庁連携委員会のために計画させた。それらの調査のおかげで、1978年9月に、女性に関わる問題についてケベック政府総合政策の元となっている、重要な資料『ケベコワーズのための平等と独立（*Pour les Québécoises, égalité et indépendance*）』を発表することができたのである。ケベック中で116団体もの女性団体が、その準備のために駆り出された。初めて公的なデータによって、教育、賃金平等、保健事業へのアクセスに関するケベコワーズたちの状況の多様な側面が裏付けられた。

1978年の末、任務が終わると会長は、クレール・ボナンファン（Claire Bonenfant）に役目をゆずる。この人物は、1979年からの『ラ・ガゼット・デ・ファム（*La Gazette des femmes*（女性の雑誌））』の発刊を取りしきる。この月刊誌は、最初は無料で配布していたので、5万部という驚くべ

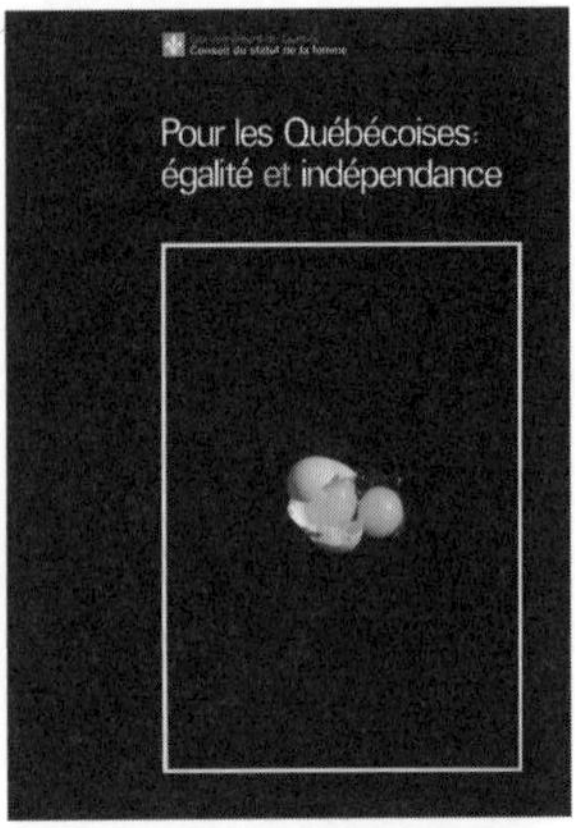

【図24】 1979年、女性の状況担当大臣リズ・パイエットは、衝撃的なタイトルで、ケベック政府の総合政策を発表する。この資料は、すぐさま女性たちの要求の基盤となる。これは、女性の地位評議会初代会長ロレット・シャンピニー＝ロビヤールによって企画準備された。

き発行部数となる。

1970年代末、ほとんどすべてのケベコワーズたちが何らかの方法で、フェミニストたち、あるいは女性運動に触れていた。社会の改善を願う改良主義フェミニズム、あるいは社会変革を志すラディカル・フェミニズムと接しているのだ。その一方で、それらに比べると政治的ではないが、女性たちの運動が女性を対象にした多数の事業で動いている。

しかしながら、同じくこの時代を占めていた話題には、1976年の主権派政党ケベック党の勝利によって生じた、もう1つの大変な議論を引き起こす問題があった。1969年以降、多くのフェミニストたち、なかでもラディカルな派閥に身をおくフェミニストたちは、2つの問題を結び付けている。すなわち、女性たちの解放とケベックの解放である。それが、

La GAZETTE des FEMMES

Conseil du statut de la femme volume 1 numéro 1

Azilda Marchand:

LA RÉVISION DU CODE CIVIL: DROIT DE LA FAMILLE DROIT DES FEMMES

Le théâtre expérimental des femmes:

L'avortement, une bataille jamais terminée:

Les femmes collaboratrices:

【図25】『ラ・ガゼット・デ・ファム』の創刊号
1979年、女性の地位評議会は、独自の雑誌『ラ・ガゼット・デ・ファム』を創刊する。このタイトルは、19世紀のフランスの女性の権利の運動家たちの初期の雑誌の1つからとったもの。はじめは無料で配布されていたこの雑誌は、売店で販売され、そして1994年からは定期購読で販売され、熱心な購読者を持ち続けている。

1969年の女性解放戦線のスローガンであったことは覚えているだろう。

フェミニストたちは、ナショナルな問題に関して、全く意見が一致していない。なぜなら、主権主義的選択は、数多くの改良主義フェミニストたちには合わないからである。1960年代半ば以来、このフェミニストたちは政治的中立性を宣言している。しかし、フェミニストたちはみな、政治的議論に参加することの重要性を理解して、政治に積極的に関わっている女性たちである。**彼女たちは、1980年の州民選挙によって生じた議論から距離を取ったままでいられるのだろうか。**

26. 1980年州民選挙によって分断されるフェミニスト

フェミニストと政治

1980年と言えば、州民選挙のことしかない。フェミニストたちは、自分たちにも関わることだと思っているだろうか。この問いに答える前に、簡単に政治における女性の状況を検証してみなければならない。すでに見たように、女性は1940年にケベック州では選挙権を獲得したが、1961年になってようやく、ケベック市で自由党から女性が選出された。クレール・カークランドである。彼女は、1973年までいくつもの大臣職に就いた。同じ年に、リズ・バーコンが、またも自由党から選出された。1976年の選挙では、ケベック党が与党となるが、5人の女性が選出される。ケベック党からは、リズ・パイエット、ルイーズ・キュエリエ、ドゥニーズ・ルブラン（Denise Leblanc）、ジョスリンヌ・ウェレット（Jocelyne Ouellet）で、自由党からはテレーズ・ラヴォワ＝ルー（Thérèse Lavoie-Roux）である。1979年には、ソランジュ・シャピュート＝ローランがそこに加わる。オタワでは、女性たちが下院に選出されるのに、半世紀以上待たねばならなかった。3人のケベコワーズが、1972年に自由党から選出された。アルバニー・モラン（Albanie Morin）、モニック・ベジャン、ジャンヌ・ソヴェである。

これらの女性たちのなかのいく人もが、それぞれのやり方でフェミニズムへの共感を示した。

【図 26】 ジャーナリストのリズ・パイエットは、1976 年、ケベック党から選出される。自身のテレビとラジオ番組のために、女性の闘争といえば、彼女だと見なされている。マイクを前にして話すに慣れているので、彼女は、女性の要求に及び腰の内閣のなかで断固としたスポークス・パーソンである。

それはとくに、1964年に第16法問題と1970年に女性の地位評議会の問題をすすめたクレール・カークランドの場合に顕著だった。リズ・バーコンも、リベラル女性連盟の自由党への統合条件を交渉し、託児所に関する初期の政府計画を支持した。モニック・ベジャンは、ケベック女性連盟の設立者の1人で、その後バード委員会の事務局をした。ジャンヌ・ソヴェは、女性の労働の権利を擁護したし、ソランジュ・シャピュート＝ローランは、ヴォワ・デ・ファムで活動した。リズ・パイエットは、自身の番組『女性の場』で、フェミニズム問題、例えば中絶の権利問題を、くり返し支持し、1980年にはケベック女性の地位（Condition féminine à Québec）の担当大臣になる。

女たちの自治グループの大多数は主権主義の立場を公然と主張しているにもかかわらず、ケベック女性連盟とAFÉASは設立以来、政治的中立性を掲げている。1980年、2人の活動家が、州民投票問題を検討するためにFFQに委員会を作ろうとするが、会長のシェイラ・ファインストーン（Sheila Finestone）は、連盟の非党派的性格を根拠にしてこの提案を退ける。しかしながら、連盟の多くの会員たちが、リベラルへの忠誠心を非常に強く持っていることは、隠さなければならないことではない。反対にAFEASのほうでは、常に厳格な政治的中立性が見受けられた。

ケベック女性解放戦線の最初のスローガンが、「女性の解放なくしてケベックの解放なし。ケベックの解放なくして女性の解放なし」というものであったことをもう一度思い出してほしい。1978年に登場したケベック女性たちの再団結に関して言えば、主権主義であることを公表している。したがって、1980年春に作り上げられる2つの陣営――賛成派と反対派――には、フェミニストたちがいたのである。

1980年1月に、州民投票キャンペーンが始まると、主権主義者たちは大熱狂する。彼らは、州民議会での議論に勝利したのである。リズ・パイエットは、このように宣言して発言を終えた。「私は、この国に子どもを生み落とした後、その子どもたちに一国を与えるために全力で働いています！」

対照的に、反対派陣営の部隊はむしろ気をもんでいる。幹部たちは、効果的な戦略を探しているが、無駄になってばかりなのだ。

イヴェット事件

この年、国際女性デーの3月8日、リズ・パイエットは州民議会で、いまだに学校の教科書に見られる性的ステレオタイプを告発する。

ガイはスポーツをして、たくさんトロフィーを勝ち取りたいと思っています。イヴェットは、パンを切り、鶏の丸焼きの用意を手伝い、じゅうたんの掃き掃除をします。イヴェットは、とても聞き分けの良い女の子です。

リズ・パイエットの願いは、服従モデルに女性たちを閉じ込めるこのようなステレオタイプから、ケベコワーズを解放することだ。翌日、支持者たちとの会合の際、家政婦モデルに従い、順応するように女性たちを促している、教科書のなかのステレオタイプを彼女は再び告発する。

「我々の恐怖の牢獄から抜け出す勇気を持つべきです」と、彼女は発言する。

彼女はそれに加えて、反対派のリーダー、ケベック自由党のクロード・リャン（Claude Ryan）は、女性たちがイヴェットのままであることを望んでいると言うのだ。

「おまけに、彼は1人のイヴェットと結婚しています。」

『ル・ドゥヴォワール』の編集者リズ・ビソネット（Lise Bissonnette）が、2日後に反応して、リズ・パイエットは政治的リーダーについて、その妻をねらって攻撃していると辛辣に批判する。

「このように妻を夫の人格と結び付けることは、フェミニズムが産声をあげたときから、もう行われていない。これこそ、性差別の核心部にまで至ることなのだ。」彼女は、次のように主張する。

「マドレーヌ・リャン（Madeleine Ryan）を通じて彼女が侮辱しているのは、クロード・リャンではない。彼女が擁護する責任を担い、最大限の平等をもたらすべき、すべての女性たちなのだ。」

事実、反対派陣営のために活動していた女性たちは、まるで自分たちが自分で考える力がないとでも言うような、リズ・パイエットの言葉に侮辱されたと感じていた。リズ・パイエット大臣は、当然、自身の過失を公に謝罪した。

「もし、私の批判によって、反対派のリーダーの妻を含めて誰であろうと、私が傷つけたのでしたら、公式に謝罪申し上げます。そのようなことは、私の意図するところではありません。私の意図としては、20年来取り組んでいることを続けることであり、私たちがまとわされてしまっているステレオタイプから脱け出すよう、ケベック州の女性たちの手助けをすることなのです。」

まさにこのとき、自由党の女性党員はこの論争を巧みに利用し、「イヴェットのブランチ」を開催することを思いつくのである。彼女たちは、政治的失敗を利用するのは危険だと考える党の策略家の忠告を無視してそれを行う。ある政治的策略家は次のように賛同している。

「それはブーメラン効果があるかもしれません。というのも、人々はそのことばかり話題にしているからです。まるで他に言うことがないかのようですよ。」

わずか24時間で、自由党員の女性たちは、演説者たちの話を聞きに、ケベックでの「イヴェットのブランチ」にやって来る2000人の女性たちを集める。演説者は、有名なフェミニストのテレーズ・キャスグラン、自由党議員のテレーズ・ラヴォワ＝ルー、オタワの厚生省大臣のモニック・ベジャン、反対派リーダーの妻のマドレーヌ・リャン、自由党議員のソランジュ・シャピュート＝ロランである。彼女たちは全員なぜ「反対」に投票するつもりなのか、なぜ彼女たちはカナダにとどまりたいのかを発言する。マドレーヌ・リャンは、自分の子どもたちに、そのすべての細部にわたるまで遺し伝えたいと明言する。彼女はさらに続ける。

「ペキスト[*10]は、女性たちに自分たちのより良い運命は独立したケベックのなかにあるのだと信じ込ませるために、女性たちを利用しています。しかしながら、この2つの問題には関連性がありません。」

実際のところ、この発言だけが、女性たちの状況を問題にしている。賛成派陣営では、女性たちの自立（autonomie）とケベックの自主独立（autonomie）をしばしば結び付けているにもかかわらず、反対派陣営のあらゆる発言は、女性たちの状況に徹底的に口をつぐんでいる。

それから、ブランチの成功を目の当たりにした自由党の女性党員たちは、イヴェット集会をいく度も開催する。モンレアルでは、1万5000人以上のイヴェットたちがフォーラムに集まる。このデモの組織は、正真正銘の偉業である。というのも、彼女たちは党の承認をつかみ取り、集会の場所を変更し、チケットを売りさばき、バスをチャーターし、講演者を見つけ、缶バッチを印刷し、赤いカーネーション[*11]を手に入れるからだ。自由党の女性たちが、すべて組織したのだった。反対派の委員会では、ケベック女性連盟の会長シェイラ・ファインストーンが、集会を開催する許可をなんとか得る。政治的中立性はどこにいったのだろうか。

多くの女性たちが、これらすべての集会に夢中になって参加し、自分たちはイヴェットであると堂々と宣言している。このデモの主たる責任者であるルイーズ・ロビック（Louise Robic）は、リズ・パイエットと、演説のなかでの彼女の発言が問題なのでは決してないことに、非常にこだわっている。目的は、反対派の女性支持者たちが、自分たちの政治的意見を表明できるようにすることなのだ。すべての演説者がフェミニストであり、テレーズ・キャスグランからモニック・ベジャンまでいる。彼女たちの演説は、フェミニズム議論に一度たりとも言及していない。FFQの元会長イヴェット・ルソーは発言の際に、その名前のおかげで、拍手喝采をあびた。

この「イヴェット」たちのモチベーションは、何なのか。

「彼らは、私たちのことを笑いものにしたかったんですよ。私たちは、あの人たちに、自分たちで組織できるというのを見せつけてやるんです。」

「攻撃されたマドレーヌ・リャンを守らないといけません。」

「私たちはできるんだってことをあの人たちに見せたかった。私たち女は、けっこう強いんですよ。」

「参加の一手段。」

「反対派だと言う勇気を持てるようになりました。」

「私にとっては、私の知性と私が決めたことに対する侮辱でした。私はPQには賛成してなかったので、決まって私は愚か者になってしまっていました。」

1週間後モンレアルで、男性も女性も、主権主義者たちのグループが、女性の選挙権獲得40年を強く訴えるために集まる。2万人以上もいる。演説は女性の選挙権の重要性を力説し、ケベック独立問題と女性の自立の問題を当然のこととして結びつけている。主権を獲得したケベックには、フェミニストたちが必要だということである。

州民投票をめぐって

ケベック女性たちの再団結では、活動家たちが分裂している。彼女たちは、フェミニストたちの要求に対するケベック党の態度に心底失望しており、激しい議論の末に、次のような指示を出す。投票所では、活動家たちは賛成にも反対にも投票せず、女性（FEMMES）という語を書くこと。この提案は、全会一致からは程遠い！　最終的に、それにはほんのわずかな人たちしか従わないのだ。ケベック女性たちの再団結は、この失敗から立ち直ることはない。

こうしたあらゆる出来事は、メディアの議論によって引き起こされた。ジャーナリストたちの多くが、イヴェットたちというのは、とりわけ、リズ・パイエットのいわゆる行き過ぎたフェミニズムと、「教条主義的な」一部のフェミニストたちに対して抗議する主婦たちであると主張していた。他の人たちは、「フェミニスト」と「本当の女性」、外で働く女性たちと家にいる女性たちを対立させたがっていた。翌年の夏、ラジオ・カナダのルポルタージュは、主婦たちとフェミニストたちの分断について重々しく主張した。しかしながら、その後の多くの分析が、イヴェット現象は州民投票の議論に密接に関連付けられ、政治に参加したことのなかった女性たちに、自分の意見を公に表明させ、しかも彼女たちは、1980年5月18日に、反対派の勝利に貢献する非常に効果的な方法で、それを行ったということを明らかにした。実際に、ケベコワとケベコワーズの58％近くが、州民投票の問いに反対と答えたのだった。現実では、女性たちの意見が、住民の大多数の意見を率直に反映していたのである。

主権主義者たちは、このことでひどく落ち込んでいる。主権主義者の女性たちには、イヴェット運動が不可解なものに思えていただけになおさらであった。逆説的に、連邦主義者たちは、イヴェット・キャンペーンが、自分たちの勝利を確かなものにするために非常に有効であったことを決して公然とは認めなかった。このイヴェットのエピソードは、のどにつかえた骨のようで、両方の陣営にとって飲み込みがたい出来事だった。しかしながら、それは非常に単純なことだったのである。女性たちが、政治に公然と参画するイニシアティヴをとったということなのだ。伝統的なエリートや分析者は、そのことを本当に理解するのに長い時間を要する。彼らは、イヴェットたちはフェミニズムに対する拒否を体現していたということを頑なに信じ込んでいるのだ。ところが……

フェミニストたちは、決してものすごく大人数でも、ものすごく忙しく動き回っていたわけでもなかった。しかし、彼女たちは徐々に一致団結することはなくなっていき、彼女たちの分析はその目的に応じて多様化していく。**州民投票によって起こった分裂は、フェミニズムに悪影響を及ぼすのだろうか。**

原注

1　1965年以来、ケベック解放戦線のいくつかの作業班が、連邦政府の様々なターゲットを爆破している。

2　ロベール・シャルルボワ（Robert Charlebois）、イヴォン・デシャン（Yvon Deschamps）、ルイーズ・フォレスティエ（Louise Forestier）を世に出した神話ショー。

3　〔英語系の大学である〕マギル大学をフランス語系の大学にすることを訴えた大規模デモ。

4　「自分のブラジャーを燃やしたラディカル・フェミニストたち」という盲目的なイメージは、この時代から定期的に出てくる。しかしながら、これまでの研究が示してきたのは、この出来事は起きていなかったということである。メディアが、「ブラジャーを燃やす」という表現を押し付けたのである。

5　FLQの作業班のメンバーたちのことを「フェルキスト（felquistes）」と呼んでいる。ピエール・ラポルトを誘拐し「執行」した人々は、1971年はじめに裁判にかかる。

6　ティーチ・イン（*teach-in*）とは、まる一日（しばしば12時間以上）続くシンポジウムのことで、そこでは講演者たちが、1時間ごとにひっきりなしに続けて登壇する。ティーチ・インは、1970年代初めには非常に一般的である。公的な場や事務所を占拠する〝シット・イン〟（*sit-in*）も同様だ。または人々が公的な場で寝そべる〝ベッド・イン〟（*bed-in*）でさえ、当時は一般的である。

7　初期のコンピューターは、数千枚のパンチを入れたカードで維持されなければならなかった。キーパンチのオペレーターは、細かく、うんざりする、そして低賃金のこの仕事を担っていた。

訳注

＊1　1970年3月27日、モンレアルのジェズ劇場で開催された詩のイベント。ケベック州立図書館とカ

ナダ国立映画制作局の協力による。約4000人が参加して、約50人のフランコフォンの詩人の作品に耳を傾けた。その様子は、カナダ国立映画制作局からドキュメンタリー映画として記録されている。

＊2 言語に関する法律とは、フランス語推進法のこと。1969年11月に承認された同法は、教育省が英語で教育を受けている子どもたちがフランス語の知識を得ることを保証し、移民が出身国を出国する前、またはケベックに到着時に、フランス語の知識を得ることを要求するものだった。しかし、法的拘束力が欠如しており、フランス語の習得を義務としていないため、フランコフォンにとっては、英語系コミュニティへのフランス語系コミュニティと移民の子どもの同化を促しかねないという懸念から、大規模な反対運動を起こす。同法は、ケベック州におけるフランス語の使用に関する議論のきっかけとなる。その後、公用語法（1974年可決）により、ケベック州の公用語はフランス語のみとすることが定められ、さらにフランス語憲章（1977年可決）ではケベック社会におけるフランス語の優位性が規定された。

＊3 ケベック女性解放戦線のフェミニストたちが発音をそのまま文字にしている名前で、“Les pataets collent”（ジャガイモがべとべと）と読むことが可能である。

＊4 アニマトゥールの女性名詞。日本語に翻訳すれば「司会進行役」「推進員」となる。通常は、ワークショップなどの進行役のことを指す。しかし、アニマトゥールは、当日の役割だけではなくコミュニティの社会的・文化的活動を支援する働きをしている。

＊5 通称AAという。日本語では「匿名のアルコール依存者たち」。

＊6 イヴォン・デシャン（1935-）は、ケベックのコメディアンで、モノローグ俳優。「ママは働いてないけど、やることいっぱい」は、イヴォン・デシャンのモノローグ作品のなかのある登場人物の台詞。

＊7 エクリチュール（écriture）とはフランス語で書く行為のことを意味する語。

＊8　ラサントラル／ギャルリー・パワーハウスのこと。女性アーティストたちの手にとって作られカナダで最も古く、現在も運営されているケベックのフェミニズム・アートの拠点となったギャラリー。詳細は以下を参照されたい。矢内琴江「女性たちの創作活動を支える知の生成――カナダのフェミニズム・アートのギャラリーを事例にして」（小林富久子・村田晶子・弓削尚子編『ジェンダー研究／教育の深化のために――早稲田からの発信』彩流社、２０１６年）。

＊9　〝コミュニケートする〟というフランス語と、女性型三人称単数の〝彼女〟のフランス語を合わせた造語。

＊10　ケベック党党員のこと。

＊11　フォーラムの参加者たちは「私のNONはケベックのNON」と書いている缶バッチを身につけ、手には赤いカーネーションを携えて集まった。

第5部

世界を変えるための活動　1981年から今日まで

世界を変えるための活動

1978：性暴力に対する支援と闘争のセンターのネットワーク化
1979：夫婦間暴力の被害女性のための施設連合会
1980：『ラ・ヴィ・アン・ローズ』創刊
1984：女性の仕事へのアクセスのための支援評議会（CIAFT）
1985：女性の健康センターのネットワーク化
1985：ケベック女性センターR
1986：困難な状況にある女性のための保護リソース連合会
1989：シャンタル・デーグル事件
1989：ポリテクニック虐殺
1990：「フェミニズム50時間」——女性の選挙権獲得50年記念
1992：シンポジウム「女性複数形ケベック」
1995：パンとバラのマーチ
1995：ケベックの主権に関する州民投票
2000：世界女性パレード
2005：「人類のための女性の世界憲章」の採択

27. 変化するフェミニズム

1981年11月2日、85歳のテレーズ・キャスグランは、早目に寝なければならないと周りの人たちに伝える。彼女は、次の日にあるベ゠コモーのファースト・ネイションズの女性問題のデモに行くために早起きする予定なのだ。しかし、残念なことに、彼女が目を覚ますことは決してなかった。眠っている間に、死が彼女を迎えに来たのである。この疲れ知らずの活動家は、60年以上もの間、女性たちのために活動した。

彼女とともに、20世紀初頭にケベックの舞台に姿を現したフェミニストグループの最後の代表者がいなくなる。私たちは、1940年の選挙権獲得の勝利後の、彼女の言葉を忘れてはならない。「私たちの本当の仕事は始まったばかりです。」確かに、フェミニストたちは、はじめはある世代が個人的に活動しており、それから1966年以降、集団的に活動していた。

ところが15年でフェミニズム運動は、すっかり変わった。1970年代は、すべてが一変した。ラディカル・フェミニストたちは、女性たちの要望書を大幅に書き替えたのである。なにしろ平等の権利を要求した後、フェミニストは家父長制社会の悪弊を暴き始めたからだ。多くの目的が、瞬く間にフェミニストの注意と関心を突き動かした。女性たちは声をあげた。自らの身体をコントロールする望み。あらゆる形態の暴力の告発。活動家たちによる、労働の場における差別の隠れた姿の発見。貧困、あらゆる女性たちの状況へのさらなる関心。ついに、彼女たちは影響力を手にすることになるのか。以下の4つの章で描くのは、1980年代のフェミニズムにおいて実現された変化の主な様相である。

ボランティアと有償労働者

60年以上もの間、フェミニズム運動は、一部の女性たちのボランティア活動によるものだった。今では、フェミニストたちが獲得に成功した、1980年代から展開していく様々な助成金プログラムのおかげで、非常に多岐にわたる事業が徐々に実施されるようになった。あらゆる領域の女性たちが、今後は関わることになる。

今や「専門の」フェミニストが働いている。実践的な面では女性グループで、行政的な面では政府の事業で、理論的な面では大学で働いているのである。とくに、政治的な面では、フェミニスト団体、労働組合、政党で活動している。フェミニストたちは、自分たちの分析において一致しているわけではないが、やるべき仕事の膨大さは意識している。1925年に、アレクサンドル・タシュロー州首相がこのように言っていた。「もし女性の選挙権を認めたら、母親手当を認めなければならない！」

フェミニストたちは、彼が正しかったと認めた。彼女たちは選挙権を持ったときから、自分たちが被っている様々な問題を確認したときから、女性たちは政府に自分たちの要求を出せる状態にある。法律を変えること、それはもちろん立派なことではあるが、意識を変えるためにすべきことも山積している。数多くのうちの一例は、1982年5月12日に下院で女性に対する暴力がはじめて問題になったときのことである。議員たちは、大笑いしたのだ！　そして、彼らはフェミニストたちが謝罪を求めると、謝罪を拒否した。

1979年から、ケベックでは、**女性の地位事務局**（Secrétariat à la condition féminine）が女性たちのニーズに注意を払っている。オタワでは、**カナダ女性の地位庁**（Condition féminine Canada）が同様の活動をしている。したがって、1970年代にフェミニズムが沸点に達した後、フェミニズムの実行の時代が訪れる。それは、ボランティアたちが女性運動から消えてしまったということを意味するのではない！　それは見当違いだ。ケベック女性連盟は、集会に数百人でつめかけ、方針文書を準備し検討し、地区支部会で活動する個人会員がいなければ、何ができるだろうか。AFÉAS は、女性たちの関心がある問題を議論するために、各サークルに毎月集まる3万人の会員がいなければどうなるだろうか。

各支援事業グループでは、日常業務のために、女性施設や女性センターの窓口のために、性暴力に対する支援センターにおける1日24時間・週7日間電話サービスのために、資金調達活動やオリエンテーション日の企画運営のために、報告書、レポート、あらゆる種類の記事の作成のために、数十人のボランティアが必要とされている。というのも、獲得した助成金は、わずかな女性たちにしか、しかも大体の場合話にならない額の給料しか支払うことができないのだ。1970年代にフェミニズムが盛り上がっていたときには、活動家たちは組織なしでやっていこうとしていた。1980年以降、それは不可能である。今後は、各女性グループに、規約、理事会、コーディネーター、議事録が必要だ。したがってフェミニストたちは、多岐にわたる事業をめぐって、市民社会に取り込まれているのである。一部の女性たちは、〝フェミニズムのイロハ〟が何なのかを知らないまま、女性問題のために活動してさえいるという状態に陥っている。

FFQ petite presse

Fédération des femmes du Québec

506, Ste-Catherine est
Bureau 801
Montréal, Québec, H2L 2C7
(514) 844-7049

De tous les côtés à la fois

Nos actions en cours

Les Consultations	Envoi du mémoire	Audiences

FFQ

【図27】 ケベック女性連盟は、1969年から1980年まで『FFQ通信』を発行していた。この雑誌は、1981年に『ラ・プチット・プレス』という名になる。しかし、日刊紙『ラ・プレス』が、若者向けの雑誌にこのタイトルを選んでいたので、1980年代末に、FFQにその使用を禁ずる。そのため、FFQは、数年間雑誌がないまま、リーダーたちは大混乱状態に陥る。

フェミニスト研究とフェミニスト・スタディーズ

1979年、女性の地位評議会（CSF）の新しい会長クレール・ボナンファンは、地方事務所を設置する。それは、女性グループの活動をコーディネートする、草の根組織の女性たちのニーズへに耳を傾ける、フェミニスト研究の主要な成果を普及するというミッションを持つ。この地方事務所のおかげで、フェミニストたちは、ケベック州のすべての地域に入っていくことになる。したがって、CSFはフェミニズム的考えの普及において、非常に重要な役割を果たすのだ。その雑誌『ラ・ガゼット・デ・ファム』は、無料で配布され、幅広く一般の人たちをとりこんでいく。CSFの要請で発表される研究成果を、運動家たちは熱心に片っ端から読んでいく。

CSFだけが、女性たちの実態に関する研究文献を出しているわけではない。大学、コレージュでは、女性の状況に関する講義が、1970年代半ばから開講されている。文学、社会学、神学、歴史学、社会事業学、文化人類学、政治科学といった分野だ。

1970年代にフェミニズムが沸点に達したなかでは、これらの講義は非常に一般的だった。すぐさま、女性大学教員たちは、ほとんどが個人的なこれらの率先的な取り組みが消えていってしまわないように、強化されるべきだということを理解する。アメリカの大学人たちは、女性に関する学問のプログラム、ウィメンズ・スタディーズのプログラムを創設した。類似したイニシアティヴを、ケベコワーズの教員たちも実施する。彼女たちは、フェミニスト教育・研究センター（centre d'enseignement et de recherche féministes）を設立するのだ。ケベック大学モンレアル校の**フェミニスト教育**

と**研究の学際グループ**（Groupe interdisciplinaire d'enseignement et de recherche féministes : GIERF 1976）、コンコルディア大学の**シモーヌ・ド・ボーヴォワール研究所**（Institut Simone-de-Beauvoir 1978）、ラヴァル大学の**フェミニスト学際的研究グループ**（Groupe de recherche multidisciplinaire féministe : GREMF 1983）などがある。ほどなくしてこれらのグループは、その研究成果を発表し、講義の年報を刊行し、雑誌を創刊し、シンポジウムを企画していく。

書籍、雑誌、報告書が、定期的に発表され始める。ルミュ＝メナージュ出版社は、やるべき仕事が盛りだくさんだ！　これらすべての研究は、知を変えることに成功するのだろうか。そう確信することになるのはまだまだ先だ。というのも、生み出された成果は、ほとんどフェミニズムの世界から出ることがないからである。１９８１年、ある学術雑誌が女性に関する特別号を出す。

１人の女性教授が、男性の同僚に「『社会学における女性』に関する特別号を受けとりましたか」と尋ねた。

「はい。妻にあげましたよ。」と彼は応える。まるで自分には無関係のようだ。

他方では、女性グループと大学の研究者たちの間に、接点がもうけられる。１９８２年モンレアルで、ルレ＝ファム（Relais-femmes）とUQAM（Université de Québec à Montréal〔ケベック大学モンレアル校〕）間に協定書が設けられ、それによって女性グループは、自分たちの活動と要求に必要な研究の実施を要請できるようになるのだ。

グループの大再編

この間、人数が著しく増えた女性グループでは、共同の経験をし、アクションを協議し、会合を企画することが決められる。すべてのこうした全国的なグループの再編リストには、実に目を見張るものがある。

例えば、**性暴力に対する支援・闘争センター連合会**（Regroupement des centres d'aide et de lutte contre les agressions à caractère sexuel : CALACS）は、40団体に及ぶ。約100か所の保護施設は、2つの大きな団体がとりまとめている。**ケベック州夫婦間暴力の被害女性のための保護施設と移行施設の連合会**（Regroupement provincial des maisons d'hébergement et de transition pour femmes victimes de violence conjugale 1979）と、**暴力にあい困難な状況にある女性のための保護リソース連合会**（Fédération des ressources d'hébergement pour femmes violentées et en difficulté 1986）である。この2つの団体は、自分たちの活動方法を交流し、警察、健康保健事業、社会事業に対して共通のアクションを起こすために、自主的に協力し合っている。

ケベック州女性ヘルスセンターは、1985年に**女性の健康のためのケベック・アクション・ネットワーク**（Réseau québécois d'action pour la santé des femmes）に正式に編成される。医療行為への影響は感じられるようになりつつある。しかし、なすべき仕事は膨大だ。なぜ、女性は自分の身の周りの人たちの健康に責任を担わなければならないのか。なぜ、女性にはたくさんの処方箋が出されるのか。なぜ、たくさんの女性たちがうつ病なのか。CSFが発表した重要な『女性の健康に関する報告書（*Essai sur la santé des femmes*）』は、これらのヘルス・センターのバイブルとなる。

最後に、女性センター、すなわち資金調達活動、セラピー、研修、防止対策のために女性たちを迎える施設は、独特の編成方法を選び、１９８５年に**ケベック州女性センター R《エール》**（R des centre de femmes du Québec）を設立した。「結集（Regroupement）のR《エール》。ネットワーク（Réseau）のR《エール》。女性センターの時代を意味する時代（ère）[*1]のR《エール》。持つべき場を意味する、エリア（aire）[*2]のR《エール》」、「酸素をちょうだい！」とまさに、ディアーヌ・デュフレーヌが歌っているように[*3]「空気（air）のR《エール》」。85施設のための一大プログラムである！

同様に、女性たちがより労働市場に入りやすくなるように懸命に取り組んでいる様々な場所で、活動家たちは１９８４年に、**労働の場への女性たちのアクセスのための支援評議会**（Conseil d'intervention pour l'accès des femmes au travail : CIAFT）を共同で創設する。

これからは、フェミニストたちはもっと協議しやすくなるのだ。たとえ、自分たちの分析について意見が完全に一致しているわけではなくても。１９８６年、すなわちこれらのすべてのグループの再編成が行われて間もなく、CSFのある調査が、ケベック州には女性グループが４７３グループあることを調べる。さらに、この統計調査は未完だ。そう、フェミニストたちは非常に忙しいからだ。彼女たちは、しょっちゅう政府の決定に対して異議を唱え、集団でリアクションするために協議をしている。

FFQとAFÉASは、１９８６年に設立された**グループ13**（Groupe des 13）のもともとの始まりだ。

主要な13個の女性グループの集まりが、政府の政策や、時事的な問題から生じる緊急のあらゆるアクションに応じるための協議の場を提供している。協議会は、徐々にケベック州の各地域で行われるようになる。

まるで本当に、フェミニズムが社会全体に影響を及ぼしたかのようだ。これら数多くのグループと、とりまとめ団体[1]があるおかげで、ある人々は、国家のフェミニズム、制度的フェミニズムということを話すようになった。3月8日の国際女性デー以降、活動家たちについて、自発的に一緒に活動しているという明らかな特徴が、すべての分野において強調される。**多くの活動の場にいるフェミニストたちの優先的課題とは何なのだろうか。**

28．フェミニストの新たな目的

さて、1970年代の激しい沸騰状態の後、フェミニズム運動は新たな目的を見出す。同じ時期、新しいパートナーがフェミニズムの舞台に登場する。

大きなフェミニスト団体

実際のところ、大きなフェミニスト団体が、かつてないほど必要になってきている。ケベック女性連盟の活動は続いている。新たな問題――中絶、女性の健康、女性に対する暴力、ポルノグラフィ、女性の労働――が日々の話題に上っており、それらの多くはラディカル・フェミニストたちの分析に依拠している。

人々は、20世紀末に相応しく、避けては通れない組織の構造改革について熟考している。団体会員は、もはや1960年代とは似ても似つかない。1974年から、FFQには雇用されたスタッフがいる。新たな女性グループと連盟の形ばかりのつながりを改善しなければならない。こうした見直しのおかげで、連盟はその会員数をしだいに更新していく。団体会員の数は、勢いよく増加する。1985年から1989年までに3倍となり、40団体から111団体になるのだ！

1986年4月、『ル・ドゥヴォワール』は最初のページに、フール地域の〝リアルな女性たち

（REAL WOMEN）〟に関する長い記事を掲載する。[2] REAL Women（文字通りでは「Vraies femmes（真の女性たち）」）は、中絶、託児所、同性愛の合法化に反対し、家庭に女性たちが戻ることを推奨している。確かにこの運動はアメリカでは深刻だが、ケベックでは非常に小さい。しかしながら、この運動に同調するメディア報道のせいで、CEQによって企画された重要なシンポジウム『ともに行動するためのツール（*Des outils pour agir ensemble*）』の影は薄くなる。活動家たちは激怒する。

10日後、FFQが大事なシンポジウムによってその20周年を祝っている一方で、『ル・ドゥヴォワール』は同じ過ちを繰り返して、プロ・ライフ派の国際シンポジウムをより重視するのだ。これは、モンレアルで開催され、新たに活発な論争を引き起こす。

「それはショックなこととして受け止められました。連盟は、この右翼の新しいラディカルなイデオロギーに対して警戒しなければなりません。」FFQの会長ジネット・ビュスク（Ginette Busque）は憤っている。

『ル・ドゥヴォワール』の編集長は、自らの立場を次のように主張している。

「それは、従来通りの言説の周縁で、カナダで大きく広がり表れ始めている運動の新たな傾向である。」

メディアは、フェミニズム闘争に関わるルポルタージュに、本当にうんざりしているように見える。だからこそ、１９９０年に行われる選挙権獲得50年の記念行事が象徴的に重要になってくるわけだ。１９８６年の終わりから、FFQの幹部たちとルレ＝ファムのアニマトリスたちは、この記念行事に力を入れることを目的にした大規模な組織を設ける。それについては後で述べる。FFQのメンバーが、1970年代のラディカル・フェミニストたちよりも穏健だと考えていた人々は、その幻想を捨てねばならない。FFQは、あらゆる連携の中心にいる。CSFの会長クレール・ボナンファンは、その任期の終わりにこのように述べている。

「私が口を滑らせて、ケベック女性連盟はこんなことを考えていると言おうものなら、政府は震えあがっていたものですよ！」

AFÉASでは、家庭にとどまっている女性たちのニーズを気にかけ続けている。この女性たちが、そのメンバーの大多数だからだ。そこでAFÉASは、専業主婦の状況に関する大きな調査を開始する。これまでなかった情報が更新される。経済的不安定さ、家庭内の権力の配分、彼女たちが行っている具体的な仕事、健康に関してである。ある専業主婦は、このように打ち明けている。

「私は、ちょっとでもお金を使うのに、いつでもお願いしないといけないのはうんざりだと思っています。とくに、結婚前は働いていた場合には。」

なぜ、家事労働は決して認められないのだろうか。AFÉASは、「家庭の女王」に向けたうやうやしい言葉とは別の方法で家事労働が評価されるために、要望書を作成する。家計の分配、家族住宅の保護、年金制度の分配、離婚の場合における補償手当の整備などである。働く女性たちには認められている利点を、主婦が享受することさえ要求する。イヴェットのエピソードの際に、主婦たちが舞台袖の桟敷席に戻れば、熱心なフェミニストたちは静まるだろうと思っていた人々は行き詰まる。主婦たちですら、主張し始めたからだ！　１９８９年に政府が家族相続に関する法律を採択するときに、この法律が、１９２９年にドリオン委員会の前で、マリー・ジェラン＝ラジョワによって作成された要望書に、半世紀が経ってようやく応えているということには、ほんのわずかな人々しか気がついていない。

「婚姻の契約が、少なくとも、妻にとって最低限の利益を含んでいるかを監視しなければならない。」

以降、AFÉAS の幹部たちは、フェミニストだと宣言することにあまりためらわなくなっていく。しかし、そのメンバーの一部は、自らが１９７０年代に設立するのに貢献した**協力女性協会**(Association des femmes collaboratrices) に加わるためやめていった。さらに、メンバーが高齢化し始める。替わりのメンバーはなかなか現れない。というのも、新しい世代の若い女性は、ほとんどみんな労働市場に参入しており、また彼女たちが一家の母親である場合には、二重の労働の一日と格闘しているからである。彼女たちには、フェミニズム闘争に割く時間があまりない。

労働組合の場合

また、労働組合のなかでは、頑張り方をよく考えなければならないことに人々が気付く。実際に各労働組合連合は、調べあげれば長いリストになるような自主活動を続けている。例えば、大会、シンポジウム、研究会、報告書の準備、要求などである。国際女性デーの3月8日の祝日のあたりで、いくつかの集団的な発議があった後に、女性組合連合会（Intersyndicale des femmes）が、１９７７年に主要な労働組合連合の支持を受けて正式に設立される。そこでは、女性たちの労働に関わる主要な問題を検討する。出産休暇、託児所、家庭における仕事の分担、職場でのセクシュアル・ハラスメント、非伝統的な職業への女性のアクセス、構造的《システミック》差別（組織的《システマティック》ではなく、SYS-TE-MI-QUE《システミック》で、社会システムに結びつき、文化と伝統の影響のみで作動する差別のこと）などである。間もなく、新たな問題が視界のなかにはっきりと入ってくる。女性たちが大部分を占めている仕事は、なぜ男性の仕事よりも給料が低いのか、という問題である。

土地のメンテナンスの男性募集。要件：運転免許。給与：１時間16ドル。
事務員の募集。要件：オフィスオートメーションのコレージュ修了証、英語・フランス語・文書処理ができること。給与：１時間12ドル。

この違いは、明らかな不公正ではないか。すぐさま新たな概念が提案される。賃金の公平性（équité salariale）、すなわち、男性的職業との関係においての女性的職業の再評価を意味している。もう1つ別の長い闘いが、視界に入ってくる。

１９８８年、はじめて女性が、労働組合大連合の議長の席につく。ロレーヌ・パジェ（Lorraine Pagé）は、CEQ、教員の大多数をまとめている労働組合の議長になる。非常に新鮮なことに、彼女は、自身のフェミニスト活動のことを秘密にしていない。

様々な女性たちとつながるための新たなグループ

1983年11月11日、戦争で亡くなった兵士に敬意を表すためのリメンブランス・デー（Jour du souvenir）[*4]の式典のすぐ後に、真っ黒な衣装を身にまとった不思議な婦人が前に進み出て、「戦時中にレイプを受けたすべての女性のために」という碑文をつけた花冠を置く。

ダナ・ズヴォノーク（Dana Zwonok）は、女性、男性、子どもからなる40人のグループを連れて、翌年も「すべての戦争犠牲者の女性のために」敬意を表すために、この行為を繰り返す。平和的で、敬意に満ちた行為である。式典に出席しているレジオンドヌール勲章佩綬者の妻は、グループ「リメンブランスの姉妹たち（Consœur de souvenir）」に加わりたいという気持ちを表明する。彼女の夫は、彼女を脅す。

「もし行ったら、お前を撃つぞ！」

しかし、戦争で被害を受けた女性たちのことを思い起こすことは、それほどまで奇異なことなのだろうか。

この行為は、いくつもの事柄を思い出させる。まずは、フェミニズムと平和主義の間にこれまでも存在していた結びつきのこと。また、地球上のすべての女性たちの運命のこと。そして最後に、ケベックのフェミニズム運動のなかで拡大しつつある移民女性たちの場のこと。戦争の深刻な影響を受けた国からやって来たたった1人の女性だけが、メディアに衝撃を与えるこの劇的なイニシアティヴをとり得たのである。

実際に、移民女性たちは、ケベックでますます増えていく。今後は、織物工場の職を占めるのは彼女たちだ。彼女たちが、家事手伝いや女中をしている。一部はフランス語を話さない。ある人々は、高学歴だが自分の専門分野で働くことはできない。彼女たちは全く違う文化からやって来ているが、共通の問題を抱えている。ところが、彼女たちはしばしば、ケベックのフェミニスト・グループに加わることをためらっている。とくに、ケベックのフェミニストたちは非常にラディカルで、移民女性たちにとっては大変重要な家族に価値を置いていないという風評があるからだ。多くの場合、男性優位主義とは言わないまでも、男性によって文化が支配されているコミュニティのメンバーである彼女たちは、互いに助け合うために自分たちの間で集まり、フェミニズムが自分たちにもたらす可能性を探る必要性を感じている。1985年、モンレアルに**移民女性センター**（Centre des femmes immigrantes）が開設され、他にもいくつかのセンターが非常に多くの移民女性たちがいる都市で登場する。

レズビアンたちは、1970年代の間、女性の自治グループにおいても、フェミニズム雑誌においても、非常に重要な役割を果たしていたが、1980年代初頭に自主独立に向けた運動を始める。彼女たちは、グループの再編を経た新たなフェミニズムから排除されていると感じている。そこで、彼女たちは、レズビアンとして集団的に声をあげる。1983年3月8日、はじめてレズビアンの集団がレズビアンとして、デモに参加する。彼女たちはカラフルな盾を持って行進し、盾を下げて自分たちが目に見える存在であることを見せる……。1982年には、2つの雑誌が創刊される。『昨日のアマゾンヌ、今日のレズビエンヌ（*Amazones d'hier et lesbiennes d'aujourd'hui*）』は1990年まで発刊され、『つかまえた！（*Ça s'attrape !*）』は、1984年に『13（*Treize*）』となって今日まで発刊されている。レズビアンたちはまた、ネットワークとコミュニティ・スペースを発展させ、歴史、アイデンティティ、文化を持った社会集団として自らを主張する。

また、ファースト・ネーションズ[*5]の女性たちは、1974年以来、活動を続けている。彼女たちは徐々に、ヘルス・センター、保護施設を設置していっている。彼女たちは特別な支援を受ける権利がある。1985年、長いプロセスを経て、インディアン[*6]に関するC－31法案が連邦法によって可決された。先住民女性は、白人男性と結婚しても、もう自分たちのインディアンの地位を失うことはない。しかし、この法律は穴だらけだ。「同法は、家族内に分断を作っている」と、ある1人の先住民女性は悔やしがっている。

確かに、ミソジニー的機関の一覧では、最初の列にカトリック教会が載るものだ。しかし、クリスチャンのコミュニティのなかで、女性の数は男性よりもはるかに多い。彼女たちの存在は、教会のなかで不可欠であり、下っ端的なあらゆる働きのほとんど占めている。今では修道女たちは新たな責任を持ち、もちろん、サクラメントを執行する権利を持っていないのに、「教区の司祭」ですら担っている。いく人かのクリスチャン・フェミニストは、教会の保守的な性格を前にして組織化し、抵抗する必要性を感じている。

彼女たちは、教会で働く女性たちを集めるために、1982年、**女性と聖職の会**（Femmes et ministères）を設立する。これらの女性たちの何人もが、フェミニズムは自分たちに関係ないと考える傾向にある。彼女たちにその反対であることを何とか理解してもらうために、女性と聖職の会の幹部たちは、大規模な調査を実施させる。『バラ色の聖職者（*Les soutanes roses*）』と題された報告書は、司牧神学の女性の信徒司牧者を襲う、長い間連なり続けている差別を紐解いて見せているので、小さな騒動を起こす。この文書に反応することは、司教たちの義務である。

1986年、ケベック州司教総会の社会事業委員会は2日間の大集会を企画する特別委員会を結成し、フェミニストたちが心配している問題について司祭たちが現状を解明できるようめざす。この集会を企画している女性たちは、入念に計画する。司教たちは、招待されていた数百人の女性たちの間で分散されて、家族と権力について、言語と労働に関して、セクシュアリティと暴力に関して、自分たちの調子をすっかり狂わす言葉を聞かなければならない。聖餐式は、衝撃的な象徴的行為を引き起こす。例えば、女性が説教をするのだ。聖別の言葉を述べている間、司式司祭と同時に、女性の声が群衆のなかにも聞こえている。まさに女性たちが、司教に聖体を配餐しているのである。このセッションは、とくに教会で働く女性たちの給料に関する非常に具体的な一連の要求によって、締めくくられる。あるジャーナリストは、この集会について次のように述べている。「雌ライオンの穴のなかの司教たち！」

続いてラウンドテーブルが、教会における男性と女性のパートナーシップに関して、セクシュアリティに関して、そして暴力に関して、司教区のなかで開催される。旧来の司牧方針は変更されなければならないのである。これらのラウンドテーブルに参加する神父たちは、女性たちに主に自身の苦しみを差し出すように助言するのは、もはや論外だということを学んでいる。1989年、司教総会は『引き継がれる暴力　夫婦間暴力に関する司牧神学的考察（*La violence en héritage, Reflexion pastorale sur la violence conjugale*）』を発行する。この冊子は、フェミニズム的考察が、あらゆる領域に通じたというもう1つのしるしである。

それでもやはり、当時のメディアが、フェミニズムは消えつつある、フェミニズムは行き過ぎだ、我々はポスト・フェミニズムの時代にいるという考えを堅持しているのは奇妙なことである。反対に、女性たちのグループはかつてないほど増え、組織化されており、フェミニズムは絶対に必要であることを日々証明しているのにもかかわらず。誰が正しいのだろう。メディアか、それともフェミニストか。**フェミニズムは流行遅れなのか。**

29. 論調を変えるフェミニズムのメッセージ

大規模なグループ再編が行われ、新しい女性グループが新たな活動家たちを集めている間に、フェミニズムのメッセージの論調が変わる。1978年に、雑誌『プリュリ・エル』が『女たちの闘いと笑い（*Des luttes et des rires de femmes*）』になったとき、タイトルを特徴づけている、この「笑い」という語のなかにフェミニズムのメッセージを変えようという意志が込められている。しかし、読者たちはあまり笑っていない！　かなりの女性たちが、フェミニストは悪い知らせをもたらす人たちで、女性たちをいけにえにしたと考えていた。彼女たちは、フェミニスト・ジャーナリズムは、あまりに悲観的だと思っていた。要するに、女性たちは、あまり読みたくなかったのである。ところが1980年、新たな風が、左派の雑誌『狂気の時代（*Le temps fou*）』に広告された雑誌から吹き始めていた。なんと唇を赤く塗った、ヨハネス＝ポール2世（Jean-Paul II）教皇が、『**ラ・ヴィ・アン・ローズ**（La vie en rose〔バラ色の人生〕）』の刊行を告知しているのだ！

以降この新しい雑誌では、魅力的なレイアウトで、もっと生き生きとした、もっと軽快な書きぶりを取り入れている。「女性向けと言われているメディアの悦に入った心理主義と、病的な楽観主義に対抗して、フェミニズムの視点からあらゆる時事をカバーする雑誌」、これが1970年代の「フェミニズム的論調」を断ち切りたい『ラ・ヴィ・アン・ローズ』の編集者たちの宣伝文句であ

【図 28】 1980 年から 1987 年、生意気な雑誌『ラ・ヴィ・アン・ローズ』はフェミストのメッセージの印象を変える。この写真は、『狂気の時代』に掲載されたティーザー広告で、ヨハネス=ポール 2 世教皇自身が、唇をピンクにそめて、雑誌の近日刊行を告知している。

る。「教訓的で、ゲットー化した、控えめのある一部のフェミニズムに対抗する雑誌」なのだ。

　最初の1年、雑誌は隔月で発行し、印刷部数は1万部に達する。編集チーム[3]は、主に、自由かつ無料の中絶のための闘争の会から来ていて、ダイナミックな目的を持っている。フェミニズム運動の内部に議論を起こすこと、女性の抑圧を告発すること、読者を喜ばせること、女性の文化の活発さを見せることとである。雑誌は、他者に見せつけるようなトーン、表紙、論争となった問題——ポルノグラフィ、検閲、家族、家事労働、メディア、愛、テロリズム、エロティシズム、売買春――に挑み、強烈な印象を与えている。

彼女たちは、フェミニズムのスターたち――シモーヌ・ド・ボーヴォワール（Simone de Beauvoir）、ケイト・ミレット（Kate Millett）、ブノワ・グルー（Benoît Groult）――とのインタビューを提案し、紛れもない大スクープに成功する。彼女たちはずけずけとこんな質問をしている。「男は好きですか」。

彼女たちは、エロティックなニュースが満載の号を準備する。そして、各号には、アンドレ・ブロシュー（Andrée Brochu）のおかしなマンガがあり、エレーヌ・ペドノー（Hélène Pednault）の辛口コラムがある。1985年から、雑誌は毎月発行され、発行部数は2万部に達し、6万人以上の読者がいる。編集者たちは、1984年3月8日に巨大パーティー、ローズ・タンゴを開催し、3500人の女性たちが参加する！

しかし、編集チームは集団的なバーンアウトになってしまう。雑誌は、4万部の発行部数がありながらも、1987年に発行を停止。このような雑誌は、広告なしには生き延びられないのに、大きな広告業者は、『ラ・ヴィ・アン・ローズ』を避けるのだ。そうは言っても、雑誌は8年続いた。フェミニスト・ジャーナリズムでは記録的だ！　また、記者たちは女性たちが個人主義になりすぎているのではないかと疑っているし、グループのメンバーたちは疲労困憊している。フランソワーズ・ゲネット（Françoise Guénette）は、次のように打ち明けてくれる。

「私たちは、私的生活を耕すことにしたんです。頑張りすぎと、その前の何年間かの長時間の仕事で、すっかり擦り切れてしまって。」

『ラ・ヴィ・アン・ローズ』とほぼ同じ時期に、**レ・フォール・ザリエ**（Les Folles Alliées〔おバカ仲間〕）が、1980年代初めのケベック市内で誕生する。レ・フォール・ザリエは、多彩なコメディアンの女性たちの驚くべき冒険であり、女性も男性も、あらゆる世代の人々を大笑いさせたショーで、文字通りフェミニスト・ユーモアを発明する。フェミニズム闘争と連帯している彼女たちは、自分たちのことをこのように述べている。「私たちは、ものすごく長いリレーの一走者です。」

彼女たちは、10年で12本もの劇作品を書いた。それらのうちの3本は、ケベック中を巡回した。誰もがまだ記憶している『最後に、侯爵夫人！』（*Enfin duchesses !*）は、ケベック・カーニバルの主催者たちによる女性の搾取を告発している。『マドモワゼル・オートボディー』（*Mademoiselle Autobody*）は、ポルノグラフィについて。『スシ一丁！　生ショー』（*C'est parti mon sushi ! Un show cru*）は、冒頭で聖母マリアの記念すべき誕生を紹介している。この芝居には、俗悪さのなかでの女性に対する男性の抑圧を見せることで、不意の一撃を食らわせる力がある。

「個人的なこととして受け取るな！　歴史的なこととして受け取れ！」このセリフは、フェミニズムのせいで調子の狂った男性たちに向けたものだが、私たちには、レ・フォール・ザリエのおかげでこのセリフがあるのだ。彼女たちは、資金援助不足により10年後に幕を閉じた。会場はいつでも満席だったのに……。

文化的シーンでは、フェミニズムのイベントは注目を集め続けている。映画、とくにビデオは、アーティストたちを惹きつけているし、フェスティバル、グループは組織される――それらの行事すべてをとりたてて述べることはできないが。カナダ国立映画制作局の監督たちは、フェミニズムの闘いを探究するドキュメンタリーを制作し続けている。多くの舞台演劇が上演されている。ポール・ペルティエ（Pol Pelletier）は、融通がきかないと同時に、並外れた俳優として突如現れる。

とりわけ、1982年の冬、ある芸術イベントが注目される。アメリカ人アーティスト、ジュディ・シカゴの「ディナー・パーティー（*Dinner Party*）」展がモンレアルへやって来たのだ。巨大な三角形のテーブルのまわりに、世界史のなかの39人の女性たちが招待されている。女性性器などをかたどった皿、形がデザインされたヴァギナが、その一人ひとりを表している。39組のフォークとナイフのセットが作り出す空間の中央、白い瓦には、数百名の女性たちの名が刻まれている。強烈な印象。途絶えない観客の列が並ぶ入り口の部屋には、別の2つの作品が置かれている。フランシーヌ・ラリヴェの「婚礼の部屋」と、ケベックの全地域の女性たちによって制作された、巨大なキルトだ。作品展を訪れる大多数の人々が、衝撃的な体験をする。しかしながら、一部の男性たちは、非難を露わにする。1人の知識人はこのように抗議している。「活動家の思考で芸術はできない！」と。

この人物は、無意味な展示会だと思ったのだ。女性たちには、自分たちのメッセージを届ける難しさを気づかせるコメントである。しかし、ピカソの「ゲルニカ」は、活動家的な油絵ではなかっただろうか。

何年かすると、女性アーティストたちは、自分たちの絵画、振り付け、舞台演出、キャラクター、カメラ、インスタレーション、言葉でもって、声を発した。彼女たちは、限界を突破したのだ。もう男性アーティストたちの視線の対象ではない。このようにして、彼女たちは、あらゆる芸術のなかで最も重要な、本質的に男性的伝統に異議を唱えている。

したがって、1980年代を通じて、フェミニズム的なメッセージは常に存在し、はばかることなく衝撃を与えている。しかしながら、その前の十年間の凪は、もう待ってはくれていない。はじめはおずおずとした、それからだんだんとあからさまな反発が、フェミニスト分析に対して、女性運動のアクションに対して露わにされるのだ。20世紀の初頭のように、アンチ・フェミニズムが罵詈雑言を重ねる。**このアンチ・フェミニズムはどのように現れるのだろうか。**

30. アンチ・フェミニズムの台頭

フェミニズム運動は、19世紀末の登場以来、ケベックで反感を引き起こしていた。この物語では、それを全章にわたって考慮に入れてきた。挙げてみると、アンリ・ブーラサのようなジャーナリスト、アレクサンドル・タシュローのような政治家、ヴィアンヌーヴ枢機卿のような司教たちの妨害である。取り上げられたすべてのアンチ・フェミニズム的話題だけで、もう一冊別の本が書けるだろう！　この妨害は、長きにわたって社会的秩序におけるあらゆる変化を阻んでいた。女性の選挙、民法における権利の平等、労働市場における既婚女性の参加、女性のための賃金平等、高等教育への女子のアクセス、政治の女性参加、託児所、避妊の実施、中絶の権利に反対してきた。また、このアンチ・フェミニズムは、家父長制文明の根源である、ミソジニー、憎悪、女性の軽視という古い伝統を糧としている。アメリカでは1980年代に、アンチ・フェミニズムの〝バックラッシュ〟が話題になり始めた。このバックラッシュが、ケベック社会に影響を与えないはずがなかった。

事実、20世紀の終わりにアンチ・フェミニズムは様々な方法で姿を現す。なぜなら、フェミニストたちの勝利が、状況を根本から変えたからである。人々の大部分はフェミニストたちの要求が行き過ぎではないことを認めているはずだ。あるジャーナリストは、このように主張している。

「フェミニストたちが正論であることは否定しようがない。彼女たちの言っていることと、彼女たちの目論見には、非難すべき点は何もない。」

しかしながら大部分の男性たちは、居心地悪く思いながらこの変化を経験しているのだ。彼らは、自分たちの特権を失いたくないのである。多くの男性たちにとって、女性たちの自立は受け入れがたいようだ。同時に一部の女性たちは、自分たちに与えられている新たな可能性を享受することに満足しており、フェミニズムは不要だと考えている。そのうえ、弁護士事務所やビジネスといった、いくつもの職業領域では、女性たちは自分をあまりフェミニストだと見せないほうが得策なのだ！

『ラクチュアリテ』のアンチ・フェミニズム

『ラクチュアリテ（*L'Actualité*〔現代〕）』のような大衆雑誌は、ケベックのフェミニズムの舞台で起こっていることを歪曲してリポートする。『ラクチュアリテ』によると、フェミニズムは、１９７８年にはたった10年、１９８４年にはたった20年のものでしかない。フェミニズムは、１８９３年からケベックで存在しているが、誰もそのことを知らないのだ！　この雑誌は、男性たちは今では用無しのように感じていると断言し、「マルハナバチ症候群（le syndrome du bourdon）」という診断を下している。マルハナバチという虫は、巣箱のなかでは何の役にも立たないのだ。

男性は沈黙している。なぜなら、理解されないことが恐ろしいからだ。
フェミニズムの冷たいシャワーの下では、欲望は賛同を得られない。
フェミニズムは、深刻な混乱を生じさせた。
フェミニズムには、偽善的なところがある。

この雑誌は、フェミニストによって、公の場に出された問題のうち何かしらを取り上げる際には、アメリカやあるいはフランスのことを参照する。ここケベックでの闘い、グループ、分析については、一言も触れない。それが、フェミニズムの政治的重要性を弱めさせる手口なのである。いく度も、この雑誌は、フェミニズムの終わりが近いことを告げる。「人々が、今日、フェミニズムを停滞状態にさせようとするのは当然のことである。」この雑誌は、ケベコワーズたちはフェミニストの勝利を否定していないものの、彼女たちはそのレッテルを引き受けることを拒否していると言う機会を逃しはしないのだ。

電話による視聴者参加形式の討論番組のいくつもの番組が、アンチ・フェミニズムの話を人々に広める。数多くの例のうちの1つは、「女がスクールバスの運転なんぞ話にならん！」というものである。なぜなのか。ちゃんと知りたいものだ！

女性ジャーナリズム

女性ジャーナリズムのほうでは、『シャトレーヌ』のような雑誌や他の多くの雑誌が、広告業者によって、フェミニズム的な考えと接近するのをやめざるを得なかった。それらは、新たな語彙を取り入れて、自由、自立、平等のことを話題にしているが、軽くて当たり障りのないテーマ――化粧品選び、流行、セラピー、心理テスト、ほっそりとしたボディ・ライン、半裸で煽るようなポーズをしたお色気たっぷりの全身――に関してである。女性ヘルス・センターのある活動家ははっきり言っている。「女性雑誌は体に悪くなった！」ほとんどページをめくるたびに、自分のことを年取ったな、しわだらけだ、ダサいと感じるからだ。写真が加工されていることを知ったところで無駄……。


テレビ番組で、フェミニズムに関して、ある女性編集長に質問する。彼女の返事はこうだ。

「ああ！　フェミニズムね、それはもう流行遅れですよ！」

別の女性編集長はこのように発言している。

「今では、フェミニズムはそれほど言われなくなってもいるし、もっと取り組まれてもいますよね。私たち、『シャトレーヌ』では、仕事、キャリア、お金のことを主張していくつもりです。そんなに独断的な視点を、読者全体に押し付けることはできませんから。」


しかしながら、雑誌は、美容整形外科、シリコン製の胸、レースの下着に単純化された女らしさのためのパイプ役となっているのだ。雑誌は、広告業者の浅薄的な基準を課すのに、一片のためらいもない。あらゆる犠牲を払ってでも貫かれる美への崇拝というのが、おそらくアンチ・フェミニズムの最も陰険な特徴である。

再び一面をかざる中絶問題

しかしながらも、前の10年に行ってきた闘いは、全く終息どころではない。中絶の問題は、新聞に大見出しで載り続けている。いくつかの地域では、治療目的の中絶の申請を検証する役割を担った委員会を閉じようとしている。それは動揺を引き起こす。

「フェミニストたちはいったい何をしているのか？　彼女たちは大声で喚いている。いい加減静かにしたまえ！　あなた方のせいで何もかも台無しだ！」ピエール・ブルゴー（Pierre Bourgault）は、1986年、このように説いた。

人々は腹の底では、フェミニストたちに発言するのをやめてもらいたがっている。1989年、168か所あるCLSC（Centre local de services communautaires〔コミュニティ・サービス地域センター〕）のうちたった12か所だけが、また140か所ある病院のうちたった35か所だけが、中絶を執り行っている。

ケベック党のある議員は、「ナショナリズムのために」、保健衛生に関する公のネットワークにおいて中絶を執り行っているクリニックに反対することを大々的に宣言する。彼は、団体「いのちのための闘い（Combat pour la vie）」に支持されている。この団体は、1984年に『神は男である、なぜなら神は正しく強いから。フェミニズムに対するある男の反乱（*Dieu est un homme parce qu'il est bon et fort. La révolte d'un homme contre le féminisme*）』という本を出版した、元ボクサーのレギー・シャルトラン（Reggie Chartrand）が代表を務めている。この本は、アリストテレスから、ウッディ・アレンに至るまで、何世紀にもわたる男性作家たちの引用の数珠繋ぎでしかない。すべての引用が、女性たちの価値を貶めるものである。この著作は、ちょっとしたスキャンダルとなり成功をおさめる。

1985年、レギー・シャルトランは、モルゲンタラー医師に対して訴訟を起こす。裁判官は、その訴えを「軽率で、迫害的」と形容して締めくくる。翌年、彼はまた別の医師を訴える。それは、結果として大長編の裁判物語となる。この事件のさなかに、トロワ・リヴィエール市の警察長が、妊娠の中断を選ぶ女性たちを非難して、このように言う。

「彼女たちはだらしのない女で、殺人者である」。

活動家たちが反発を示して謝罪を要求するが、市議会はむしろ警察長を許すために、『人間の諸権利と自由の憲章（Charte des droits et libertés）』[*7]を出してくる。

1988年、カナダの最高裁判所は、中絶に関する刑法の規定を無効にする。中絶はもう犯罪ではない。中絶を望む女性たちは、裁判官と法廷に決着をつけることができたのだろうか。

1989年夏、シャンタル・デーグル（Chantale Daigle）事件が起こる。この若い女性は、その夫であるジャン＝ガイ・トランブレー（Jean-Guy Tremblay）との関係がうまくいっていない。彼女が妊娠すると、夫の暴力がより頻繁に出るようになり、彼は彼女の外出もコントロールする。そこで、彼女はこの関係を考え直し、最終的には中絶に頼る決心をする。夫は彼女に対して、高等裁判所から、違反すれば懲役2年と罰金5万ドルの罰を受ける条件で、彼女に中絶を禁じる命令を得る。そのようなことは、ケベックではじめてだ。したがってシャンタル・デーグルは、この命令に異議を唱えることに決め、その闘いで彼女は最高裁判所までいく。この事件は、メディアで広く報道され、そして2つの陣営――プロ・ライフ派とプロ・チョイス派――にまさに激動を引き起こす。自由かつ無料の中絶の権利のためのケベック連合の活動家たちは、大規模なデモを組織し、1万人以上の人々、とくに女性たちが、シャンタル・デーグルを支持するために路上に立つ。『ケベックの女性たちのマニフェスト（*Manifeste des femmes du Québec*）』が、1989年7月27日、5か国語で読みあげられる。この日、人々は中絶の権利を力強く主張する。

この判決がもたらしたものは、女性たちにとって非常に深刻である。判決は、男性に、彼氏に、夫に、女性の自由と出産をコントロールする権力を拡大するかもしれないのだ。それは、その言葉どおりの意味で、家父長制的決定である。この決定は、出産に関して、母親よりも父親により多くの権力を与えている。それは、男性の権力の梃子として、胎児の生命の権利という概念を用いているのだ。

シャンタル・デーグルにとって、法的プロセスの遅さは脅威である。妊娠が進行するからだ。彼女はもうこれ以上待つことはできない。モンレアル女性ヘルス・センターの活動家たちの助けを得て、1989年11月30日、彼女はついに希望していた中絶を行うために、ボストンに秘密裡に向う。彼女は、パンクの恰好をして、髪を赤と緑に染めた。母親が彼女に付き添う。彼女が戻ってきた数日後、高等裁判所の決定が下る。彼女に対する命令は解かれる。判決は明解だ。

胎児は、「人間」という表現のなかには含まれない（……）。ケベックの法律のなかにも、判例のなかにも、自らがなした胎児に対する父親の利益が、女性が体内に宿している胎児に関する女性の決定への拒否権を行使する権利を父親に与えるという論拠を支持するものは何もない。

シャンタル・デーグルは匿名の人物に戻るが、その一方で彼女の夫は、その後の配偶者たちに対する暴力で何度も一面に載り続ける。

ポリテクニック大量殺人

1989年12月6日、1人の若い男性が、モンレアル大学の理工科大学（ポリテクニック）に侵入。自動操縦を装備して静かに教室に入り、男子学生と女子学生を分けて、計画的に女子たちに引き金を引いた。

「お前らは、フェミニストの一味だろ！」

「私たちは、フェミニストじゃない。単なるエンジニアになりたい女です！」彼女たちは抗議する。

数分間の間に、14名の女子学生を殺害、13人の負傷者を出す。犠牲者のうちの1人に声をかけられたマルク・レピンヌ（Marc Lépine）は、そのとき、武器を自分のほうに向けて自殺。この惨劇は、世界中のニュース欄をかけめぐる。

女性たちは、すぐさまこの行為の根底にある意味を理解する。フェミニストへの憎悪が、殺人的狂気を引き起こしたのだ。彼は、教室から教室へと移動しながらそう叫んでいた。彼の所持品のなかで見つかった手紙のなかには、まさにその言葉が書いてある。「もしたとえ、狂った狙撃者（TIREUR FOU）と形容されてでも、メディアのなかで言われても、自分は自分のことを理性的な学識者だと思う。フェミニストたちには、いつも俺をイラつかせる才能があった。」

また、彼が殺したがっていた、何人かのフェミニストの著名人のリストも見つかった。メッセージは、非常にはっきりしている。

しかしながら、当局は脅威にさらされた女性たちのリストしか公表しない。彼の行為の非常に政治的な意味を隠すために、文章は公開されない。そこで一部の人々は、フェミニストたちがこの事件を籠絡するつもりだと言って、フェミニストを非難しようとしている。「亡くなった学生たち（étudiants morts）のご家族に心からお悔やみ申し上げます」、テレビで、教育大臣のクロード・リャンが発言する。しかしリャンさん、そこは全員女子学生（TOUTES des étudiantes）なんですよ。なぜ、そのことを認めないのですか？

フランシーヌ・ペルティエ（Francine Pelletier）は、ラジオ・カナダの廊下で、こんな言い返しを聞く。「あいつは、女を皆殺しにしてしまえばよかったのに！」

したがって、フェミニストは、事実上発言が封じられてしまっている。彼女たちは、この犯罪の政治的意味を強調する権利がないのだ。彼女たちが新聞に投稿するいくつもの文章は拒否される。もし殺人者が、黒人やユダヤ人を大量に殺していたら、誰もが人種差別的犯罪だとか、反ユダヤ主義的犯罪だとか叫んでいただろう。彼は、若い女性たちを殺した。フェミニストだと思ったからである。しかし、その事実を言う権利がないのだ。レ・フォール・ザリエは、このように言っている。

「ちゃんとね、もうわかっているんですよ、怒りっていうのが私たちを守るのではなくて、私たちを拒否する感情だってことは。」

「フェミニストたちは、三面記事を丸め込むつもりでしょ」と、あちこちで主張している。しかし、フェミニストの専門家たちは、心理学らしき解釈をうんざりするほど聞いている間、身動きを取れずにいる。

「このような類のことで、これ以上の事態にならなかったことに驚いています！」

ある医者は、テレビで静かに言い切る。

このエピソードは、公然とした、雷鳴のごとく騒々しいアンチ・フェミニズムの始まりを特徴づけた。1年後、ジャーナリストのロッシュ・コテ（Roch Côté）は、女性に対する暴力に関する統計を再検証し嘲弄する冊子『卑劣な男のマニフェスト（*Manifeste d'un salaud*）』を出す。

「女性に対する暴力を誇張するこうした文書では、スターリングラード攻防戦の描写は、「赤軍のヴァカンス」とでも名付けるのだろう。」

ロッシュ・コテの冊子は、フェミニストたちから驚愕をもって受け取られる。しかし、一部の男性たちは異なった反応を示している。

「僕は、ロッシュ・コテの『卑劣な男のマニフェスト』を解放だと思って読んだよ。」

当時学生だったあるジャーナリストは、今日このように打ち明けている。

アンチ・フェミニズムの力は、女性たちの運動に影響を及ぼすのだろうか。

31．エネルギーが活発化する選挙権獲得50周年

ポリテクニックの悲劇と、それに付随するメディア、当局者、そして「専門家」の反応は、ある意味で、フェミニストたちの動きを活発化させた。わずかな期間でのいくつものイベントに、彼女たちの全エネルギーが集中する。選挙権獲得50周年の祝典、ミーチ湖憲法改正合意案の失敗後のカナダ憲法議論への参加、そしてフェミニスト社会プロジェクトを規定するためのシンポジウムの企画である。本章は、これら3つのイベントを中心に述べるが、この間、何千人もの女性たちが、その前の20年間に設立された数百ものセンターで常に活動をしていることを忘れてはならない。こうした存在が邪魔だという人たちにしてみれば、もう我慢ならない。国際婦人年の翌年、1976年から、フェミニズムの死が宣告される。「男性主義」団体の結成すら始まり、主張を曲げることはないフェミニズムの存在に対して抗議する。

選挙権獲得の記念祭

選挙権獲得の記念祭は、総括の機会である。まず手始めに、全団体を対象とした大規模な討議を実施した。この活動は、「フェミニズムを語り合ってみるとしたら」と題されている。この素晴らしい共同的なプロセスは、時に運営が困難でも実りある終わりを迎えた。グループ13が大きく貢献

し、農業婦人サークルのようなその他の団体は、自分たちの自主独立に非常にこだわって、フェミニズム的目的を担うことこそはしなかったが、それでも同様に参加している。1990年の春、成果は2つの団体に捧げられた書籍という形で発表される。

私たちの実の母へ、父の名の下に隠されていたほとんどの女性たちへ、それから私たちのまた別の母へ、マリー・ラコスト＝ジェラン＝ラジョワ、テレーズ・キャスグラン、イドラ・サン＝ジャン、私たちのために、家父長制にいくつも穴をうがち、選挙権を獲得した活動家たちへ。

私たちの娘たちへ、母たちの苦渋から解放され、ここでの女性の労働と闘いの、美しく辛い歴史から旅立ち、誇り高く、きっと喜びを抱いて、未来に向かって歩むことができる娘たち。その未来で、彼女たちには、地球の存続のために全力を尽くすという不可避のミッションがあることでしょう。

彼女たちは、このように付け加えている。

1989年12月の寒く暗い日々に、暴風の打撃のように、私たちを一掃し地面にたたきつけた悲劇的な事件の後、恐怖、憎しみ、絶望をすべての女性団体が経験しました。それから、1年の日々が過ぎました。私たちは顔を上げました。もう一度、希望の炎に火をともすために、たくさんの勇気がなければなりませんでした。

選挙権獲得50年記念祭の主宰者たちは、祝典を「先頭に立つ女性たち（*Femmes en tête*）」というタイトルにした。各地域で、女性団体がイベントを開催している。演劇、フォーラム、ラウンドテーブル、それらには数百人もの女性たちが集う。そのすべては、3日間に及ぶ大規模な集会によって、モンレアルで締めくくられる。「フェミニズム50時間（*Les 50 heures du féminisme*）」だ。リズ・パイエットには、その名誉代表になってもらうことを依頼した。

残念なことに、リズ・パイエットは数か月前に、ケベックの出生率の減少と移民数の増加が示す脅威に関する、『消えゆく（*Disparaître*）』というタイトルのドキュメンタリーを制作した。このドキュメンタリーで文化的コミュニティはショックを受けたため、**移民女性協会**（Association des femmes immigrantes）は「先頭に立つ女性たち」のボイコットを決定する。それでもやはり、イベントは開催される。初日の晩は、講演の最中、女性センターRのグループが、始まったばかりの連邦政府の予算削減に反対を表明するのに活用する。数十枚もの横断幕を、ケベック大学モンレアル校の大広間に広げるのだ。効果抜群である。次の2日間は、様々なワークショップが女性たちを集めて、フェミニズムが抱えている問題を議論する。単なる冷やかしのジャーナリストたちは、フェミニズムは衰退しつつあるという印象を相変わらず抱いているので、報道のなかで控えめな報告をしている。

最後の晩、１９９０年４月28日、モーリス・リシャール・センターに、ドゥニーズ・フィリアトロー（Denise Filiatrault）によって演出された、壮大なパーティーのために全員が集まる。まず演劇で、選挙権の闘いの歩みに思いを馳せる。「数人の女性たちが、みんなのための選挙権を得るために導いた闘いの素晴らしき物語（*L'incroyable histoire de la lutte que quelques-unes ont mené pour obtenir le droit de vote pour toutes*）」だ。それから、情熱的なアーティストたちが次々と登場するショー。会場の雰囲気は盛り上がっていく。女性たちは感激に満たされて、闘いを続けていこうと思う

【図29】　選挙権獲得50周年の際、ドゥニーズ・フィリアトロー監督のもとの巨大なショーには、ポーリーヌ・ジュリアン、クレマンス・デロシェ、マギー・ギリスも含む、情熱的なアーティストたちが集まる。

るのだ。地下鉄の隣の駅では、数百人の女性たちが両方のホームを埋め尽くす。列車が駅に入ってくると、1人の女性が運転していることがわかる。彼女は、ヒロインとして、女性たちが1世紀経ちようやく獲得した勝利のシンボルとして、拍手喝采を浴びたのだった。

ほぼ同時期に司教総会もまた、劇的な、しかしフェミニストたちの関心をさほどひいてはいないイベントを企画する。ケベックのカテドラルで、司教たちが、女性の選挙権にずっと長い間反対し、女性たちから基本的権利を奪っていたことに関して、自分たちの非を認めて謝罪するのだ。それは、クリスチャン・フェミニストたちの要求が聞き届けられたということになるのだろうか。まさか！　いく人かの女性たちは、式典に出席することを断った。彼女たちは、根本的に司教たちが何の責務を負うわけでもないこの行為を認めるつもりはない。しかしながら、あるフェミニスト神学者は、黒い服をまとい、帽子をかぶり、古い宝石のアクセサリーを身につけて出席した。彼女はこのように説明している。

「私は、私の母に対する、そして教会によって抑圧されていたすべての世代の女性に対する償いの行為として、司教たちの謝罪を受け入れることにしました。」だが、ローマからは、教会における女性たちの地位に関して、大きな強制力のある指令が届く。ケベックの教会はキリスト教徒の共同体のなかでもより自由な教会の1つであるという評判があるが、だんだんに元の位置に戻っていく。司教たちは、ローマに服従しなければならないのだ。

これらすべての式典が、メディアの一面を占めていると考えるのは間違いだろう。『ラ・プレス』が、選挙権獲得記念祭の際にフェミニズム特集号を出したとき、ある男性ジャーナリストはこのように断言する。

「いったいどのような出来事が、まるで歴史の転換点にいたかのように、文章にこれほどの紙面をとってもよしとされるのか。そんなもの何1つない。選挙権獲得の記念祭だけである。」

フェミニストと憲法論議

これに反して、ジャーナリストは、同じ頃に政治の舞台で広まっている憲法論議を、多くのページを割いて批評している。フェミニストたちも参加しているが、一般の人々は何も知らない。ところが、フェミニストたちがはっきりと2つの陣営に分かれた1980年の州民投票以来、議論は発展していた。選挙権獲得50年記念を祝したばかりなので、フェミニストたちが憲法論議に参入しようとするのはもっともだ。1981年の憲法改正権のカナダへの移管の際に、オタワ政府の単独行動は、ケベックの大部分の人々に衝撃を与え、またフェミニストたちも不安を覚えている。[*8] 彼女たちのいく人もが、憲法論議にほとんど女性がいないと考えており、「もしまた別の憲法があれば、それが連邦の新たな父たちの合意をもう一度反映するチャンスにきっとなるのに」と考えている。

1987年、人々が、マルルーニ政権が州と結論を出した、ミーチ湖の合意に関する態度を急ぎ決定しなければならないとき、[*9] ケベック女性連盟はある報告書を出す。彼女たちの目には、男女平等の尊重はケベック州の政治文化の一部をなしており、「独自の社会（société distincte）」であることを明示するのに貢献するのだ。ところが、カナダのフェミニストたちは、パン・カナダ大会で、次のように明言する。

「独自の社会は、女性の権利を脅かす。」

彼女たちは新たな情報に追い付いていないのだ、とFFQの代表者たちは考える。

「実際には、女性の地位の問題に関連する私たちの進歩は、独自の社会の概念に結びついている。」

フェミニストたちは、ネイションの問題に関して意見が一致したのだろうか。決してそうではない。ますます多くのケベコワーズが、政治に、しかも全政党に参入していく。１９９０年、ケベック州議会には23名の女性議員がいる。［カナダ議会の］下院には13名いる。

１９９０年、すべての人々の目はオタワに向けられている。州首相たちが、ミーチ湖の合意の批准にむけた審議の最中なのだ。この合意はケベック州に、１９８１年にその意向に反して移行された、カナダ憲法に署名させる可能性がある。最終的にこの合意批准は大失敗し、連邦政府の舞台で、多くの女性たちがいる、ケベコワ・ブロックという新たな政党が設立することになるハラハラさせる場面となる。

この合意の失敗で、ロベール・ブーラサの自由党が率いるケベック州政府は、ケベック州の憲法的地位に関する大きな委員会を設置する。ベランジェ＝キャンポー委員会（Commission Bélanger-Campeau）である。事実上、すべてのケベックの団体のメンバーたちが、そこに出席するよう招かれるが、女性団体には声がかからない。フェミニストたちは抗議する。CEQの代表として委員会に出席する、組合活動家のロレーヌ・パジェは、次のように述べる。

人々は女性たちに、彼女たちはやり過ぎだとか、女性の視点は広く聞き届けられているし、取り上げられているし、広められているはずだとか、考慮されているはずだとか、述べてきました。また人々は、女性であり、組合活動家であり、教育者であり、フェミニストである私は、十分しっかりと「働きをまっとうして」「この役割を担う」ことができるはずだと言いました。だからと言って、男性委員の同僚たちよりも、4倍多く発言できる権利を私に与えはしません。そのうえ、二重、三重、四重の業務システムが、議会の委員会にですら適用されていることを想像すべきです！

この機会に、ケベック女性連盟は、政党から自分の立場を切り離すことを堅持しながらも、公然と自身の主権派の立場を主張する報告書を発表する。

フェミニズム的観点から、我々は自主独立とアイデンティティの重要性を理解している。そのような争点は、これまでもそして今も、女性たちの闘いの核心部である。もし、我々がフェミニスト社会プロジェクトがケベック州で生み出され、形になっていくことを望むのであれば、

（……）ケベックは、その発展と開花の非常手段の指導者であるべきだ。

同様に、20団体近くの女性団体が、委員たちの前で報告書を発表する。これらすべてのテクストの用意に甚大なエネルギーをふり絞っている。女性たちは、何とか自分たちの声を聞き届けさせようとしているのだ。

しかし、人々はたちまち、経済的要請が最優先であることを理解する。最終報告書で、女性たちが述べたことは、ほとんど考慮に入れられていないのだ。よくよく探してみると、結論のなかに、男性と女性の間の形の上だけの平等に関して、本当に小さなパラグラフがある。

「そんなこと言ってません！」と、多くの活動家たちは激しく抗議する。

政治的大論争への参加によって引き起こされた大混乱のさなか、何人ものフェミニストが、ケベックの自治の問題を提起する以前に、何よりも自分たちがどのような社会を築きたいのかを明確にすることが重要だと確信する。そこで、FFQは、フェミニスト社会プロジェクトを明確にするために、そのメンバーを対象に新たなフォーラムを開催する。女性たちは、このプロジェクトについて意見を交わし合うために、（また別の！）大規模な集まりに招集される。取り組みの初期に、女性たちはどのような社会で生きたいのかを簡潔に説明する『女性複数形のケベックのために（*Pour un Québec féminin pluriel*）』という独自の文書を出す。

注目すべき点は、FFQがこれらすべてのことを考え尽くし、文書を準備することに成功したことである。実のところこの組織は、1989年から1993年の間、会長の辞職、運営問題、雑誌の発行の中止、補助金の減額などの大荒れの困難な時期を経験しているからだ。FFQは、何人かのボランティアによって、とりわけモンレアル総会のボランティアによって、何とか懸命に支えられている。しかしながら、フェミニスト社会参画（engagement féministe）は、新しい世代の活動家たちに移っていく。

政権への参入

もっとも、様々な権力の場において、ますます明らかな女性たちの台頭がみられる。女性たちは、男性権力の最後の巨塔に足を踏み入れつつあるのだろうか？　また他方では、たとえ女性の割合が議会や意思決定機関で増えていても、30％に到達してから頭打ちになっている。「それがガラスの天井です」と専門家たちは説明している。

女性たちが、1904年にはじめて地方議会選挙に投票したとき、マリー・ジェラン＝ラジョワは日記にこう記した。「氷は割られた。私たちが後戻りすることはないと思う。」確かに、氷は割られた。けれども、機構図と組織の頂点には再び障害物が設けられた。それがガラスの天井である。そこで、1990年代半ばにあちこちで、女性の政治への参入を促進する団体が作られる。オタワでは、女性の現職議員と元議員が、新しい候補者の「メンター」役を務める。しかし、女性たちの大半が、自分たちにもっと身近な地方議会政治に入ることを望んでいた。例えば、いく人もの女性が、モンレアルでは大きな責任を果たしている。彼女たちは、「いい時にいい場所にいる幸せ」を実感していると打ち明けている。

これらの団体のなかでも最も初期のものが、1992年にシェルブルックで誕生する。何人かの女性たちは、伝統的な政治は女性のことなど気にかけていないという厳しい現状を確認している。そこで、政府が植え付けようとしている「産業の房（grappes industrielles）」について話し合う。どのようにしてこのプロジェクトを組み込むか？　房のなかには、一粒一粒のぶどうがある。ぶどうのなかには、種がある。

「そうだ種だ！」

こうして、あらゆる意思決定機関における女性の役割を促進する、**ペピンヌの会**（Pépines〔種〕）の設立を決定する。その名前は、製造工場の巨大な機械のエネルギーを思い起こさせ[*10]、また「新たな社会的公平の一歩を促すエストリー地域女性促進会（Promotion des Estriennes Pour Initier une Nouvelle Équité Sociale）」の頭文字をとった略称でもある。エストリー地域が意思決定機関と見なしているすべてが、ペピンヌたちで構成されなければならない。彼女たちは、責務を引き受ける準備の整った女性たちのリストを周知する。権力の場に女性たちの存在を要求する。男性であっても女性であっても、社会的公平を促進する人々に敬意を表する。将来の論議に関する説明会を開催する。

ケベックでも似たような運動が登場する。**政治・民主主義・女性グループ**（Groupe Femmes, politique et démocracie）、**モンテレジー女性議員ネットワーク**（Réseau des élues municipales de la Montérégie）、**エスト**

リー地域女性と地方政治の会（Femmes et politique municipale de l'Estrie）、レヴィ地域の**女性実力者の会**（Femmes d'influence de Lévis）などの団体の登場である。これらのアクションの成果が実る。女性市長と議員の割合が顕著に増加するのだ。女性市長は、１９８０年の1.3％から２００５年の13％に、女性議員の割合は、１９８０年の３％から２００５年の27％になる。それから間もなく、ケベック州地方自治体連合会と地方自治体ケベック連合会に**女性部会**が誕生する。現場での直接政治的なアクションは、たちまちフェミニズム運動のダイナミックで新しい要素となる。２０００年以降、これらの女性たちは、将来の女性候補者たちに、政界に乗り出す前に必要な用意を整えられるように、養成インターンシップを始める。こうしたすべての組織が、女性と政権の間の橋渡しは可能なのだと示すようになるはずだ。

それでもなお、フェミニストの立場は弱いままだ。女性たちは扉の内側に片足を入れているが、一部のフェミニストたちにとって、男性たちのように活動するには不十分だ。女性たちは政権を変えることができるだろうか、あるいは女性たちを変えるのは、政権なのだろうか。例えば、一部のわずかな女性たちは、今後、女性が軍隊でキャリアを積むことが可能になる事実を、フェミニストの勝利として見なすことを拒否している。別の人たちは、平和主義がフェミニストたちのアクションのなかで、さほどの重要性をしめていないことを遺憾に思っている。また別の人たちは、つまるところ、フェミニズムは「普通の女性たち」のことを十分に関心を持っていないと思っている。フェミニストは、本当に世界を変えることができるのだろうか。**集団的プロジェクトは、再び、す**

べてのフェミニストたちを結集させることになるのだろうか。

32. 新たな行動の始まりの印、パンとバラのマーチ

1990年代は、あるパラドックスで特徴づけられる。次の世代の人々が、集まりのなかにいないことである。CÉGEPまでいき、労働市場にいる若い女性たちは、フェミニズム運動には自分の居場所を見出さない。彼女たちにとっては、それは過去のものなのだ。彼女たちには自分自身を掴みとることは簡単に見え、他の人たちも自分たちのようにしてると思っているらしいのだ！　女性たちの集まりについて何も知ろうとしていなかった、1960年代の若い女性たちに非常によく似ている。

「〝フェミニズム〟って言葉、怖い！」

「この運動って、苦労して疲れ果てたもっと年上の人たちのでしょ。多分、それをやるなりの理由があったんだろうけど、私には関係ない。」

若い女性たちは、フェミニストたちをラディカルすぎ、要求しすぎの人たちだと思っている。彼女たちは、男性たちと一緒に活動したがった。何人かは、このように言って賛同している。

「多分、もしなかにもっと男の人たちがいたら、もっと私たちもやる気になったと思うけど！」

それでもやはり、彼女たちはフェミニストたちの勝利、自由、自立を認めている。彼女たちも社会のなかに今なおある性差別を告発し、男性との平等な関係を望んでいる。しかし、子どもを持つ

ことへの展望については、自明ではない。彼女たちは、夫になるかもしれない人の選択に関して多くを要求しているからである。

「もし子どもと夫で選ばないといけないとしたら、子どもをとるだろう。」

一般住民を対象にした１９９２年の統計調査への回答では、フェミニズムの勝利への確かな支持（85％以上）が明らかになる。それは、職場での平等と賃金の公平性に関して、家事と家庭責任の分配、託児所、ワークライフバランスに関して、政治と管理職ポストへの女性のアクセスに関して、分娩時における人間性の尊重（humanisation）に関してである。避妊とくに中絶への支持がもっとも少ないが、それでもやはり70％には達している。最後に、質問された人々の22％が、自分のことを「疑いなくフェミニストである」と言っていて、29％が「おそらくフェミニストである」と言っている。人口の半分の支持は、世界を変えていくのに十分だろうか？　コップの半分は満たされているのだろうか、それとも半分空っぽなのだろうか。だんだんに人々は、１９９０年代の大きな課題は、社会が女性たちの状態に合わせるようにすることだと言うようになる。

変化するケベック女性連盟

１９９０年代初頭の大きな集会、「フェミニズム50時間」や、「女性複数形のケベック」の後、新たな争点が見えつつあることははっきりしている。FFQのいく人もが、とくに個人会員が、FFQはすべての女性を代表していると確信している。彼女たちは、25年以上にわたって自分たちを導いてきたアクションの世界を信頼しているのだ。その反対に、女性団体で働いている女性たちの意見は違う。日々、彼女たちは困難な状況に直面している女性たちに出会っている。夫婦間暴力や性暴力の被害者の女性、ダブル・タスクで手が回らない女性、貧困、精神的混乱、失業、孤立に苦しんでいる女性、そして、資金調達活動のために様々な女性センターにいる女性、ファースト・ネーションズの女性、移民女性。フェミニズム理論のもっともらしい分析は、これらの異なる女性たちを置いてけぼりにしている。したがって、こうした支援事業の責任を担っている活動家たちはしばしば、フェミニズムとは異なる、フェミニズム革命が倒れたまま見棄てておいた、こうした女性たちにもっと近いヴィジョンを持っている。

これらの活動家たちは今ではFFQのメンバーになっているので、その影響が会議で感じられるようになり始める。おそらくこれが理由で、この重要な団体は大事な意味を持つ大方向転換をしていくのだ。1994年、会議の際に、FFQの従来の機能は、今ではその一部をなしている、ますます数が増えていく団体により重きをおくように見直される。個人会員の影響力を減らし、新たな会員カテゴリーを受け入れ、各地域の協議会を統合し、二重に差別されている女性たち——レズビアン、先住民女性、移民女性、障害者女性——の団体を迎え入れようとしている。FFQのメンバーの大多数が、今では女性運動のために働く有償スタッフである。

「刷新の風が、FFQに吹いている」。1994年、ある女性ジャーナリストは宣言する。

しかしながら、一部のかつての活動家、四半世紀以上もの間、地方支部会でボランティアとして懸命にFFQを支えていた活動家たちはだまされたと感じて、団体を去っていく。このときFFQの会長に、女性センターRのコーディネーター、フランソワーズ・ダヴィッド（Françoise David）が着任する。彼女は、1994年の選挙でケベック党で立候補することに決めた、会長のセリーヌ・シニョーリ（Céline Signori）からいきなり代わることになったのである。

フランソワーズ・ダヴィッドは、フェミニズム運動に、女性たちの経済問題により軸を置いた分析をもたらす。1970年代に左翼団体にいた経験が、彼女のフェミニズムの見方の特色となっている。その独自の歩みのなかで、彼女はフェミニスト分析に根拠を与えることに時間を費やした。ところで、FFQのプロジェクトのなかには、彼女が熱心に取り組んだ、貧困に反対するマーチプロジェクトがある。しかし、フランソワーズ・ダヴィッドは、このようにはっきりと述べている。

「〝女性の貧困に反対〟のマーチではなく、〝貧困に反対する女性の〟マーチである。」

彼女は、このプロジェクトに身を投じる覚悟をして、女性団体に参加するよう説得するために州内ツアーを試みる。200キロ以上歩き、150人以上の人々を泊めて食事を提供し、1万人以上の女性たちを動員し、政府に提出する綿密な要望書を作成するのである。

パンとバラのマーチ

たちまちに、このマーチを「パンとバラ」と呼ぶことが決まる。このタイトルは、適当につけたものではない。これは、女性たちの歴史的な集結のことを思い起こさせるのだ。1912年、ニューヨークで、ストライキの際に1人の女性労働者が、「私たちはパンがほしい、バラもほしい！」という言葉のプラカードを掲げる。この標語は、その後も数多くのデモで繰り返し用いられた。パンとバラのマーチは、瞬く間に、多くの人を集める名の知れたイベントとなる。それどころか、このプロジェクトはメディアで共感をもって紹介される。

1995年5月26日、数百人の女性たちが、ケベックの方角へと行進を始める。彼女たちは、モンレアルを出発し、サンローラン河の左岸に沿って歩く。ロングイユを発ち、モンテレジー、エストリー、ケベック州の中央部を通過する。リヴィエール・デュ・ルーから出発し、サンローラン河の右岸を上昇する。通り過ぎる町ごとに、彼女たちは、共に歩き、宿泊させてくれ、サポートしてくれる町の活動家たちと合流する。6月4日のケベックでの集会は、ジャック・パリゾー（Jacques Parizeau）州首相に要望書を提出する州議会の前で開催される。2万人近い人々が、彼女たちを待ちうけていて、歓声をあげ、ともに歌を歌う。

「変革のために、パンとバラを！」

このマーチは、投入されたお金はわずかであったにもかかわらず、人々に相当に大きな影響を残した。要望書は非常に具体的である。養育費徴収の自動システム、学費の凍結と大学生奨学金の増額、1年で公営住宅1500棟の建設、労働市場への女性の参画のために、すべての女性たちを対象にした適切な財政支援つきの一般教養と専門職教育支援とそのプログラムへのアクセス、女性がアクセス可能な雇用を含む社会的インフラのプログラム、夫が見受保証人をしている移民女性に対して、10年から3年へ見受保証の期間の減少と、夫婦間暴力・家庭内暴力の被害者である移民女性のための社会的プログラムへのアクセス、賃金平等の法律、最低賃金の増額である。

その後の何年間かで、このプログラムは、フェミニストたちの監視、政府に対する圧力、議会に議席を持つすべての党の女性たちの顕著な協力——とりわけ1996年の賃金平等に関する法律の可決のとき——のおかげで部分的に実現される。

【図30】 1995年、パンとバラのマーチはケベック州中で、一気にフェミニズム的結集の弾みをつける。フェミニストたちは、人々と政府に貧困問題への関心を呼びかけるために行進することを決めた。

北京会議

1995年夏の終わり、何人かのケベック人のフェミニストが、1975年のメキシコ、1980年のコペンハーゲン、1985年のナイロビに続く、国連の第4回世界女性会議のために北京に集まる。メキシコでの最初の会議中、第三世界の女性たちはどちらかと言えば口数が少なかったが、彼女たちは徐々に発言するようになり、自分たちの優先権の必要性を認めさせた。すでに1985年のナイロビで、この女性たちは自分たちの困難に対する解決策を見つけていたが、それは先進国の女性たちのまねではないということを確信し、自分の国に戻った彼女たちは、西欧のフェミニストたちに多くの影響を及ぼした。しかし、北京では、草の根組織は周辺に追いやられる。会議は、再び何人かの白人の西欧人に支配されるのだ。とくに、アメリカの保守的な右翼の女性たちである。アフリカ、南アフリカ、アジアの代表団が大きく拡大するなかで、白人女性たちは目に見えてマイノリティになったが、彼女たちが国連の諸機関をコントロールしている。また、北京では、カトリック、福音主義、ムスリムといったいくつかの原理主義の宗教的潮流の代表者も目立っている。最終報告書はすべての政府に採択されたわけではなく、しかも、十数個もの少数派の声明が添付されている――それらはフェミニズムが得てきた知を軽視したものである。

1995年州民投票

ケベックへの帰路は、1995年秋に再び行われるケベックの主権に関する州民投票の雰囲気に包まれている。ケベックのフェミニストたちは、再び分裂するのだろうか。イヴェットたちは今回もまた、自分たちのことを話題にするのだろうか。いや、そんなことはない！ イヴェットたちは、すっかり葬り去られている。だが、1980年のように、女性たちとフェミニストたちは、州民投票問題に対して意見が一致していない。主権派だけが、ケベックの解放と女性の自立を結び付けている。1970年のスローガンは、今なお生きているのだ。「ケベックの解放なくして女性の解放なし。女性の解放なくしてケベックの解放なし。」

ある主権派の女性団体は、賛成派陣営と反対派陣営によって開催された集会にはほとんどいない女性たちとつながることを目的にして、ケベック中を巡回するためのバスをチャーターする。彼女たちは44人で、ケベック全域から来ている。それは、すてきなスローガンをかかげた主権派キャラバンだ。「小声ではなく大声で話そう！ 私たちの存在を！」

彼女たちは、10日間で4000キロメートル走る。フェミニスト団体と女性労働組合員を介して、バラエティに富んだアクティヴィティでもって、あちこちで迎え入れられる。ディナー講演会、芝居、スピーチ、ディスカッション。大熱狂だ。エストリーでのお祭りのような会、ロングイユでの大規模な集会、サグネーとアビチビでのあたたかな集会、しかしまた、ウタウェでは道路の橋での地下活動的集会もあった。そこでは、主権派を選択すると悪い評判が立ったからだ。全体としては、モンレアルのクラブ・ソーダでの、記憶に残るすばらしいパーティーで幕を閉じる。エレーヌ・ペドノー（Hélène Pednault）の司会による「主権者たち（*Souveraines*）」だ。このとき、フェミニスト主権主義派の影の女王ポーリーヌ・ジュリアン（Pauline Julien）が、人々の前で閉会の辞を述べる。

連邦主義側では１９８０年と全く同じように、女性たちは州民投票キャンペーンに参加していても、女性という理由で参加しているのでも、公然としたフェミニズム的目的のために参加しているのでもない。

信じがたい結果だが、反対派のぎりぎりの勝利（50.58%）でケベックにとって陰鬱な時期が始まる。いくつもの領域で、社会経済、財政赤字ゼロ、地球上の新たな争点をとりまく議論のなかでの緊張は高まっていき、フェミニストたちは、世界の昔からの均衡を失わせた、変化と解決不可能な問題を引き起こしたと責められる。よく聞く言葉は、フェミニストたちは行き過ぎだ、というものである。この意見が右翼の力を強固にして、２０００年代になるときに、アンチ・フェミニズムは様々な形で表出するが、この意見は1つの形態を表すようになる。

それでもやはり、パンとバラのマーチの興奮が再びよみ返ることを願っている。時代は世界化に向かっているので、FFQは世界女性パレードのプロジェクトを始める。**ケベックのフェミニストたちは、世界中の女性たちを集結させられるだろうか。**

33．2000年世界女性パレード

1995年、ケベック女性連盟によってケベックで開催されたパンとバラのマーチの成功の後、FFQのいく人かの活動家たちは——そのなかには、会長のフランソワーズ・ダヴィッドもいる——、国連が開催した第4回目の国際集会のために北京に集まった。北京での正式な議論の外で、同時並行で行われていた会合の特徴であるダイナミズムを目の当たりにして、この活動家たちは、世界中の女性たちを集めるパレードのアイディアを練る。実際、そのようなニーズは、国際的レベルで国際組織をコントロールしている白人で裕福な専門家だけでなく、草の根の女性たちを動員する運動から感じ取られている。ケベックに戻り、彼女たちはこの野心的なプロジェクトの土台作りに入る。2000年の世界女性パレードだ。

このイベントでは、活動家たちの新しい武器を動員することになる。それは、前世紀の前半のブルジョワの篤志家でもなく、20世紀後半の学位を持った専門職でもなく、草の根の女性たち、とりわけ全世界の草の根の女性たちである。大規模な業務がこなされていく。スポンサーを見つけること、準備会を組織すること、海外から来る派遣団を無料で宿泊させること、資料を準備すること、広告を企画すること、入念なコーディネートをすること。

どのようにして、ケベックのこの類まれなイニシアティヴを目立たせないようにするのか、そして誰が、世界中で異例の返答を受けとったのか。161か国から6000以上もの女性団体が集められた。50もの国内パレードを組織した国内コーディネーション組織の数は114を数えた。2000年10月15日から17日、女性たちは地球上全体で行進をした。彼女たちは、国連の事務局長、世界銀行の頭取、国際通貨基金の業務執行取締役とのニューヨークでの会合をとりつけた。彼女たちは、これらの指導者たちによって決められた会合には行かなかった。彼女たちが彼らに義務づけたのは、彼女たちとの話し合いだからだ。

5年後の2005年に、「人類のための世界女性憲章（*Charte mondiale des femmes pour l'humanité*）」の採択に続いて、また別の国際的プロジェクトが、この世界パレードから直接つながって行われた。このプロジェクトは、作成、議論、採択、宣言という長いプロセスを経ていた。「人類のための世界女性憲章」とともに、新たな国際的運動が行われる。その目的（平等、自由、連帯、正義、平和）は、包括的な綱領を提起している。「ここで主張されている権利は、すべてを網羅している。それらは、どれも同等に重要であり、相互に依存し合い、不可分である。本憲章におけるそれらの順序は、順不同である。」

このときには、数百万人の女性たちが集まる。それはまさに、現場で働いている女性たち、すなわち経済、保健、保護、教育といったあらゆる最前線で働いている女性たちである。2005年3月8日、リレー・パレードは、ブラジルのサンパウロを出発し、ブルキナファソのワガドゥグーへ12月の到着をめざす。常駐事務局が設置され、現在はブラジルに置かれている。

【図 31】 2000 年、FFQ は国際的なイベント、世界女性パレード 2000 を開催する。161 ヵ国から 6,000 以上もの女性団体が集まる。50 もの国内パレードを組織している国内コーディネーション組織は 114 個を数える。2000 年 10 月 15 日から 17 日、数千人もの女性たちが地球上の至るところで行進する。

ケベック発の力強い国際的潮流の誕生をどう説明したらいいだろうか。ファヴェーラ、[*11]スラム街、アフリカの地方、アジアの大都市、様々な民族の先住民コミュニティにおいて、ケベックは、今、新たな希望の光をもたらす灯台と見なされている。おそらくは、ケベックが植民地支配国家ではなく、いかなる戦争も起こしたことがなかったということが一役かっているのだ。さらに、貧困と暴力が言説の中心であることもまた、発展途上国の女性たちとの合流を促している。彼女たちは、白人女性たちに支配された大きな国際組織の平等についての言説などどうでもよいのである。フェミニズムは、現代の民主主義の基盤となる諸原則の再評価へと導いているように思える。またそれは、ようやくすべての女性たちを取り込むことができるように、自由、平等、連帯の考えについても、もう少し時間を経て再考することになりそうだ。

新たなラディカル・グループ

若い女性たちは、これらの大プロジェクトに関わっているのだろうか。1960年代の若い女性たちのように、彼女たちの一部はもっと重要な主張すべき問題があると思っている。地球の将来を彼女たちは案じており、エコロジスト・グループと一緒に活動している。彼女たちは、アルテルモンディアリスト運動[*12]のなかにいて、世界経済の決定者たちの大会のときに進んでデモに行く。彼女たちのいく人もが、発展途上国に働きに行き、北側諸国と南側諸国を分かつ溝に非常に憤って戻ってくるのだ。これらのアクションすべてを、同じ年齢の若い男性たちとともに実現している。

大学とコレージュのキャンパスには、フェミニズム運動の新たなグループが現れる。1960年代の終わりのように、これらの若い女性たちは、女らしさの伝統的なイメージに疑問を持つ。彼女たちはまた、フェミニストのイメージにも異議を唱える。grrrl スタイル——ピアス、タトゥー、蛍光色の髪——を取り入れる。彼女たちは、ぽっちゃりと太ること、アグレッシブであること、性的であることの権利を要求する。だんだんと彼女たちは、境界線を越える争点に向かって突き動かされていく。彼女たちは、フェミニズムが、資本主義と世界的家父長制の固い核にぶつかっていることを意識している。一部にとってはフェミニズムは、今や国際的次元で経験されている。

彼女たちは挑戦的だ。そのことは、そのグループ名が示している。**アデュー・資本家父長制**《キャプリアルキャ》（Adieu Capriarcat）、**ソルシエール**（Sorcières〔魔女たち〕）、**アンスミーズ**（Insoumises〔不服従〕）、**アメール・ノエ**

【図 32】 いくつかの新たなラディカル・フェミニスト・グループが、2000 年の転換期に、とりわけモンレアルで登場する。例えば、アデュー・資本家父長制、ソルシエール、レ・リュシオール、アンスミーズ、アメール・ノエル、ブロード・シスターズ、ネメシスである。このポスターは、FFQ の若手部会が企画した、2003 年の若手フェミニスト集会のもの。

ル（Amères Noëlles〔彼女たちの苦リスマス〕）、**ブロード・シスターズ**（Blood Sisters〔血のつながった姉妹〕）である。**リュシオール**（Lucioles〔ホタル〕）は、政治的ビデオの制作に特化している。これらのグループは、大学のなかや、フェミニスト・スタディーズのプログラムの周辺、CÉGEPのなかで結成されている。**FFQ若手部会**（Comité jeune de la FFQ）が設立され、2003年に、「反乱一揆（*S'unir pour être rebelles*）」集会を開催する。これらの若い女性たちは、1970年代の転換点のフェミニストのように、自分たちはラディカル・フェミニストであると宣言している。しかし、これらのグループは、もう雑誌を出していない。だが、Zine、DVDを出して、過激な言語（langage-choc）で、社会的、経済的、政治的な分析を提示している。

これらの新しいラディカル・フェミニストグ

【図33】 1997年から、FFQは若手部会を設置していた。このようにして、FFQは、あちこちで誕生している新たなグループとのコンタクトがある。この若手たちのいく人もが、2006年のFFQの40周年記念パーティーで大活躍する。

ループのいくつかは、アルテルモンディアリスト運動から来ている。この運動は、１９６０年代終わりに、民主主義に対する、民衆や恵まれない社会集団の解放の名のもとで立ち上がった左派のグループに非常によく似ている。ところが、女性解放運動が当時現れたのと同じように、それらは自分たちの考えを押し付けることはしなかったので、いくつもの女性グループが自主的なグループを結成するために、アルテルモンディアリストの大きなグループから離れていくのだ。以下は、その一例である。

１９９９年、あらゆる政治的干渉から大投資家たちを保護することを許可するAMI（投資に関する国際協定）の目的に反対して、ある運動が誕生した。この世界的抗議運動は、シアトルでのこの「協定」を失敗させることに成功した。この国際的運動に参加しているケベックのグループは、サラミ（SalAMI〔汚友達〕）といって、何人もの若い女性がその一員である。彼女たちはまず、フェミニスト育成ワークショップを企画した。たちまち、自分たちに認められている位置に不満を感じて、２０００年に女性部会を作る。2年後、彼女たちはサラミから出て、ネメシス（Némésis）を結成する。アルテルモンディアリストの大きな運動が、性差別の現実も認めるのにはあまり熱意を表明していない一方で、１９７０年代の転換点のように、これらのフェミニストたちは、階級と人種の争点に関連した問題の重大性を非常に強く意識している。彼女たちは、女性に関わる目的を主張するために男女混合グループから離れる選択はしていない。**21世紀初頭のフェミニストたちは、どのような議論に専念しているのだろうか。**

34. 新たなフェミニズム論争

人々の記憶に残っているように、1960年代の終わり、そのころに結成されたケベック女性連盟の活動的な女性たちは、圧力団体になることで、自分たちの至極正当な要求を通すことができるのだと信じていた。この精神において、まさに彼女たちは、1970年から女性の地位評議会の創設を要求していった。しかしながら、同じ年の女性たちの自治グループの突然の出現、つまり女性の抑圧と名づけられたものに対するラディカルな分析を提起したグループの登場は、フェミニズムの舞台を完全に一変させた。したがって、要望書は著しく長くなった。すでに見てきたように、そのすぐ後から多くのフェミニスト支援が実施される。

今、似たような状況が生じ始めている。新たなフェミニストたちは、彼女たちが新しいピューリタニスムに結び付けている、あるフェミニズム的な立場には自分たちの居場所を見出していない。再び、フェミニストたちのアジェンダは変更され、女性運動のなかに差違が生じる。これからは複数形のフェミニズム（féminismes）を語らなければならないだろう。本章では、この10年来登場した、そして、フェミニズム運動を揺さぶっているいくつかの困難な問題をざっと紹介するにとどめる。20世紀は、ある一時期、フェミニストたちを分断した多くの議論を経験した。女性の選挙、女性の有償労働、家事労働の賃金、中絶、託児所、家族相続、平等へのアクセスの政策、性的指向である。少しもケンカをしないで、世界を変え続けることはできないのだ！

自分たちのセクシュアリティと生殖をコントロールする権利を獲得した後、女性たちは、男性と女性の間の性的な二重規範《ダブルスタンダード》は終わったと考えていたはずだった。ところが……いくつもの問題が、相変わらず社会全体を、女性たちとフェミニストたちを分断しており、そしてこれらの問題は、ほとんどいつでも女性たちの身体と、そのセクシュアリティの表現に関わっているのである。

ポルノグラフィ

１９９０年代、ポルノグラフィに関する議論は新たな光の下で再び現れて、まだ取り上げられたことのない一連の問題を投げかける。どうして常に検閲と闘ってきたフェミニストたちが、ポルノグラフィに対する検閲を設けたい人々と同じ陣営に立つことになっているのか。この検閲は、我々が女性のセクシュアリティについて話すときに、私たちの文化でいまだに重きが置かれている不快感の表明とは違うのだろうか。反対に女性たちは、自分自身が抱いているファンタジー、欲望、選択を示すためにその制作にも進出していくべきだったのだろうか。

「ありそうもない検閲を期待するよりもむしろ、快楽のためのツールを持つほうがいい！」

他方では、ポルノグラフィは、若者の性への入門に最も頻繁に用いられている手段の代表ではないのか。同時に、ポルノグラフィはセクシュアリティのとくに暴力的な表現を吹き込むことに寄与しているのではないか。

マドンナは、フェミニストのヒロインなのか。たいていの場合、ポルノグラフィにおいてモノ化されている女性たちの貶められたイメージに反対するためにこそ、ポルノグラフィという現象では、女性と男性の平等が示されるべきではないか。また、公の平等はごくわずかな数の女性たちにとどまってはいないか――女性の大部分を置きざりにして、そして、女性に向けられている暴力を刺激する、蔓延するポルノグラフィ市場にとらえられている未成年の女性たちを顧みず、答えに窮してばかりの困難な問題である。

セックス・ワーカー

1970年代におけるネオ・フェミニズムの到来以来、売春をしている女性たちが、フランスのリヨン、アメリカ合衆国のロサンゼルスで、性産業で働く女性の権利擁護に貢献しようと集まっている。モンレアルでは、いくつかの試みの後に、セックス・ワーカーたちが1992年に協会の形をとって集まった。それから1995年、彼女たちは、自分たちの労働環境を改善するよう働きかける組織、**ステラ**（Strella）を設立した。ステラの活動家たちと援助者たちは売買春を統括し、この職業への従事を犯罪化する法律を告発する。彼女たちは、ステレオタイプ化された売春婦のイメージを押し付けるマジョリティの言説を批判する。HIVと性感染症に対して女性労働者たちの健康を守る方法を開発する。

1999年、ステラがケベック女性連盟に加盟したとき、フェミニストたちは分裂した。一部の人々にとっては、売春は本質的に疎外（aliénation）であるため、自由に選んだ場合ですら、労働として見なすことはできない。したがって、この人々は売春の廃止を支持している。より規模の小さなあるフェミニストたちのグループにとっては、売春は許されるべきだ。女性たちは、この職を営む選択ができるのである。売春をしている女性たちは、支援を必要とする女性たちである。彼女たちの闘いは、安全と尊厳が守られるなかで性的サービスでお金を稼ぐ権利に関わっているからだ。この見方によれば、売春は非犯罪化されるべきだが、他方で、売春を選択したわけではなかった女性たちの搾取を避けるよう統制されるべきである。ここでは、女性と少女の人身売買の国際的な激増、セックス・ツーリズム、インターネット上で広まっているネットワークについて考えることができよう。

売春を許可すべきか、あるいは禁止すべきか。両陣営は、1990年代初頭から、統計、密告、告発を駆使しながら言い争っている。2005年6月18日、2つの集会が同時にモンレアルの2つの異なる場所で開催される。ステラのメンバーは10周年記念を祝い、自分たちの支援、相談、情報提供、政治的圧力の活動の総括をする。同時に、**性的搾取反対闘争協議会**（Concertation des luttes contre l'exploitation sexuelle）が、「売春を大衆化し、地球規模で性産業を正当化する言説に反対する」ために設立される。闘いの火ぶたは切って落とされる。2つの国際的ネットワークが、それぞれの異なる立場を主張する。**女性人身売買反対連合**（Coalition Against Traffic of Women : CATW 1991）は廃止主義だが、その一方で**女性における人身売買反対グローバル連盟**（Global Alliance against Traffic in Women :

GAATW 1994）は、自己決定の結果である売春のあらゆる側面の非犯罪化を要求する。この闘いの特徴である主情的性格は、母と娼婦という2つの対立する象徴的イメージの間に女性を閉じ込める旧い図式を追い払おうとする見解の脆弱性を物語っている。

少女たちの過剰性対象化《ハイパーセクシュアリゼーション》

2000年、雑誌『シャトレーヌ』は300ページ近くからなる特別号で40周年を祝う。そのなかには、美容品、加工しグラマラスにした若くて細い女性たちのイメージを基にして作られている、大量の広告（162ページ！）が掲載されている。この記念号では、雑誌の歴史をまとめている。それは、当然同時代の女性たちの変遷に言及するものだ。その紹介は、軽薄さと皮相さにまみれている。雑誌の中央には、象徴となる記事「ロリータの時代（L'ère des Lolitas）」が、未成年の服装の問題を提起している。現代の問題、少女たちの過剰性対象化《ハイパーセクシュアリゼーション》であるそれは、女性たちを美と誘惑に従わせる掟の新たなエピソードである！

「私にとっては、若い女の子たちの振る舞いと、彼女たちの着こなし方は、とてもポジティヴな何かを表しています。彼女たちは、セクシーですが肯定的なイメージを打ち出しています。そうです、彼女たちは見られたがっているのです。でも、自分を肯定するためです。見世物にするためではありません。フェミニズムの成果です。女の子たちは自分たちの場を得て、ちょっと色っぽくなったのです。」こう説明するのは、ダンスの教師。

しかしながら、多くの人々が次のようにはっきりと言っている。

「女の子たちの過剰性対象化《ハイパーセクシュアリゼーション》は、フェミニズムの大きな失敗だ。」

このように言っている人々の多くは、幼い少女たちの性的対象化——消費の扇動、若い少女たちの脆弱性の強化、男性に対する女性の服従の新たなバージョンのことを表している——への扇動を告発している。間もなく思春期になる少女たちに、そのような服を買い与える母親たちの振る舞いをどのように考えればよいのか。

未成年の女性自身も、この問題に関心を持っている。14歳の女子生徒レア・クレルモン＝ディオン（Léa Clermont-Dion）は、同世代の少女たちに警告を発するために２００６年にモンレアルで講演を行う。何人もがこの新たな傾向を告発するためにメディアで発言し、署名を集め、図書館から一部の雑誌を取り除く。「私の場合には、自覚の経験ですね。そうやって、私はフェミニズムに対して開かれていったんです。」中学生のシャルロット・コントワ（Charlotte Comtois）は、このように述べている。

もし、ある若い女の子が、セクシーな見た目のせいで、痴漢に遭ったりのぞきをされたり、難癖をつけられるならば、彼女はこう反撃する
「おい、何か文句あんの?」

若いからこうした服を着ても許されるということを分かってて、彼女たちは楽しんでいる。自分のことを美しいと感じたいからだ。だが、自分たちの格好を自由気ままの印だと解釈する人たちと

は距離をとっている。

しかしながら、こうしたことすべてにおいて、ほんのわずかな人たちしか、批判されているのが少女たちであるということには気づいていない。誰も、少年たちの振る舞いを問題にはしないのだ。フェミニストたちですらしない——こうした流行の行き過ぎに対する闘いに参戦していたにもかかわらず。

イスラム教のベール

ケベックにおける新たな文化的マイノリティの存在は、私たちが発展途上国だけのものと思いこんでいた議論に私たちも加わるよう後押ししたところだ。これらのコミュニティの多くの女性たちが、自分たちに決められている、チャドル、ヒジャブ、さらにブルカといった、いずれかのスカーフを身につけていることを受け入れるべきか。フェミニストたちは意見が分かれている。許すべき、それで若い女性に勉学の継続が許されるならば、と一方の人々は言う。とくに、女性の地位評議会である。私生活では受け入れても職場では完全に禁止すべき、と別の人々は考えている。ムスリムの女性たちは自分たちのフェミニズム的考えを示し、ケベックの仲間に、たとえベールをつけていても、自分たちのやり方で自分たちの闘いを成し遂げさせてほしいと頼んでいる。一部には、ベールは女性の自己の喪失とコントロールの象徴を表しているから、ベールを禁じるべきだと考えている人々がいる。あるいはまた、それは宗教的なしるしであり、宗教は公的空間には適さないからだという理由もある。この議論はなかなか白黒がつかない！　しかし、次のことを理解することから逃れるわけにはいかない。またしても、いわゆる男性の性の抑制の難しさや、女性たちの身体を自分のものにしようという彼らの野望のせいにして、人々は女性たちの身体を隠したがっているのである。

次のように一言付け加えるのは不適切だろうか——未成年の女性たちの過剰性対象化した服装とイスラム教のベール、これら2つの服に関する規範は、女性に対して男性たちの視線を押し付ける2つの対立的な言説から生じているということ、そして、これら2つの言説はこうした押しつけ《ディクタ》に服従している女性たちによって内面化されていたということである。1世紀以上も前から社会に君臨していた性的な二重規範《ダブルスタンダード》は、いつまでも様々な顔の下で、家父長制の作用の主たる顕現の1つであるということを認めざるを得ない。新たなラディカル・フェミニストが、まさにこのように言っている。

「女性たちの身体は、常に戦場である。」

したがって、為すべきことは多い。世界的課題のために、私たちはケベックにおけるフェミニズム革命で得たものの脆さを忘れてはならないのだ。フェミニズムは1世紀のうちに幾度も刷新されており、今はその実践者たちとアクションの変化の前夜であるようにも見える。今まで以上にもっと、若い世代の力を必要としなければならないだろう。そしてこの世代は、もしこの１００年の闘いの歴史を知れば、もし必要な情報がどこで見つかるかがわかれば、もっとより良く行動できるはずだ。皆さんは、もうお分かりだろう。それが、このカミーユに向けた物語の目的なのである。

原注

1 他にもいくつかのとりまとめ団体がある。例えば、ひとり親家庭のとりまとめ団体、助産師のとりまとめ団体などである。

2 REAL は現実的で（Realistic）、平等で（Equal）、活発な（Active）人生（Life）を意味している。

3 とくに、シルヴィー・デュポン（Sylvie Dupont）、アリアーヌ・エモン（Ariane Émond）、フランソワーズ・ゲネット（Françoise Guénette）、リズ・モワザン（Lise Moisan）、フランシーヌ・ペルティエ（Francine Pelletier）で組織されている。

訳注

＊1 時代を意味するフランス語の ère[ɛr] と、R[ɛr] は発音が同じ。

＊2 エリアや範囲を意味するフランス語の aire[ɛr] は、Rと発音が同じ。

＊3 ディアーヌ・デュフレーヌ（1944-）はモンレアル出身の歌手で、彼女の歌のなかに「酸素（Oxygène）」というタイトルの曲があり、くり返し「酸素をちょうだい！」と歌うフレーズがある。

＊4 第一次世界大戦の終結を記念した祝日。

＊5 イヌイットでもメティスでもないカナダの先住民族の人々のこと。

＊6 カナダの先住民族の人々にとっては侮蔑的な言葉と見なされている。しかしカナダの法制度のなかで用いられてきた法律的な意味を持った言葉でもある。ここでは後者の意味で使用されているため、この

まま訳出した。

＊7　『人間の諸権利と自由の憲章』は、ケベック州独自の基本法。1975年に施行。

＊8　イギリスの自治領であったカナダが、法的にイギリスからの独立が完成したのは、1982年憲法の制定による。これより、イギリス議会にあった憲法の改廃権はカナダに移された（「カナダ憲法移管」）。しかし、連邦政府は、この憲法移管をケベックの同意なしに行った（1981年11月5日）。すなわち、ケベック州が1982年憲法への調印を拒否したにもかかわらず、他の9州の合意を得て、連邦議会で採択され、「1982年憲法」として公布されたのである。この新たな憲法秩序のもとでは、ケベックの独自性を認める条項は含まれなかった。そのため同憲法は、ケベックのあらゆる立場の人々から非難される。

＊9　1987年、ケベック党のロベール・ブーラサ州首相は、5つの条件を提案して、憲法容認を表明する（①憲法に、ケベックが「独自の社会」である旨を明記すること、②ケベックに定住する移民の選択および規模について州政府と同等の権利を保障すること、③ケベック州に割り当てられた最高裁判判事3人の選出に、同州政府の意向を反映させること、④州権分野における連邦政府の支出権を制限すること、⑤憲法改正にかんするケベックの包括的拒否権を認めること）。連邦議会のマルルーニー首相は、オタワ郊外のミーチ湖湖畔に各州の首相を招集し、この提案について協議した。それにより、「独自の社会」の項目を除いて、基本的に5項目は承認され、「ミーチ湖協定」とされた憲法改正案は、ケベック州と連邦議会の間で承認された。しかし、1990年、2つの州において、とくにケベック州を憲法で「独自の社会」と認める承認が得られず、協定は不成立という結果になった。

＊10　ケベックのフランス語で、pépine は、パワー・シャベルを意味する。

＊11　ブラジルのスラム街のこと。

＊12　アルテルモンディアリズム（altermondialisme）とは、１９９０年代ごろから主にフランス語圏で登場した運動であり思想。ネオリベラリズム的資本主義経済のグローバリゼーションとは異なって、民主主義的価値観の展望から、「別の方法で」世界の再構成と展開をめざす。

エピローグ――2008年の17歳の少女たち

彼女たちの名前は、カトリーヌ、ステファニー、ジェシカ、オードレイ、アレクサンドラ、エミリー、ヴァネッサ、メラニー、サブリナ。17歳。たいていの場合、両親は結婚しておらず、今では別れている。何人かは洗礼を受けなかった。ほとんどみんな託児所に行っていた。CÉGEPに入学する準備中で、何人かは大学でも勉強を続けるつもり。なりたい職業は色々。彼女たちにだめなものなどない。もうすぐ彼女たちも、やっぱり結婚もしないでカップルで暮らしていくことになる。きっと1人か2人の子どもを持つはず。学業の後、しばらくしてから。彼女たちは、かなり早く性を経験した。彼女たちは、クールなのだ。

彼女たちは、ケベコワーズが選挙権獲得50年を祝っていたときに生まれた。パンとバラのマーチのときには5歳で、2000年の世界女性パレードのときには10歳だった。彼女たちには、女の子たちはいつでも勉強していたように思える。いつでも、パソコン、iPod、DVD、携帯があったように。

彼女たちは、自分の選んだ勉強をすることができないだろうか？　やりたい仕事に向けて進路を決められないだろうか？　政治に参加できないだろうか？　自分たちの性の表現を制限する厳しい監視から解放されていないだろうか？

しかしながら、フェミニズムの勝利は脆いもの。女の子たちの学校での成功は当局者の邪魔になる。彼女たちが医学部でマジョリティになってからは、男の子たちの入学を優遇する規則を作ろうと考えているのだ。

女性の給料は、いつまでも男性の給料より低く、いまだに、女性労働者は男性の雇用を奪っていると非難されている。労働の世界は、今では小さな子どものいる母親が職場にいるという現実に、少しもあわせていない。託児所のある場所は十分にない。家事と家庭責任は、新米パパに関する感動的ないくつかの報告があっても、いまだに本質的には女性の責任である。

生殖をコントロールするための女性たちの選択権は、絶えず脅かされており、中絶はすべての地域で可能になっているわけではない。最近でさえ、2008年に、数人の議員が中絶を再び犯罪にするために奔走していた。

何としてでも手に入れたい美への崇拝は、女性を悩ませ続けている。「自分のために」、彼女たちはダイエット、整形手術、豊胸、矯正下着を取り入れているのだと納得までさせられた。若い女性も女の子たちも、自分のことを美しくないと思っているのだ。

あまりにも多くの女性が、いまだに暴力の状況を生きている。保護施設は満足に任務を果たせていない。

あまりにも多くの女性が、いまだにガラスの天井にぶつかっている。権力への参画を望む女性たちの多くを阻む、見えない障害である。

あまりにも多くの男性が、いまだに自分たちのかつての特権を失うのをためらっている。あまりにも多くの男性が、自分たちがコントロールし続けているメディアで、フェミニストたちの発言を歪曲している。その発言を許せない男たちが、激情して怒るフェミニストのイメージをつくり出した。残念なことに、あまりにも多くの女性が、この歪んだ鏡を受け入れたのである。かれこれ10年ほど前から、男性主義と呼ばれている人々は、男性を守ることだけが目的だと見せかけて、フェミニズムに対抗する執念深い言説を投じ始めた。作家のアンヌ＝マリー・シコット（Anne-Marie Sicotte）は、マリー・ジェラン＝ラジョワの素晴らしい伝記への序文に、このような言葉を託している。

私は自分のことを多かれ少なかれフェミニストだと思っていた。私はこんなことを感じずにはいられなかったのかもしれない、自分がフェミニストだと告白することへの困惑した陰険な感情を、男たちがそこから考えそうなことを、男たちが私に判断を下して、カテゴライズするやり方を予想させてしまう感情を……。いま、1世紀前の女性たちのことを思いながら、とりわけマリー・ジェラン＝ラジョワのことを思いながら、私は今日の女性たちと連帯するのだ。そして、懸命に、彼女たちと私たちが本当に自由になるために、まだ残っているなすべき仕事に取り組むのだ。

広告編集者のアニー・ムラソン（Annie Melaçon）は、２００８年、エストリー地域の女性運動にささげた特別冊子の冒頭にこのように書いている。

フェミニズムについて書くなんてこと、それは私の20年のキャリアで一度もありませんでした。多くの人たちのように、私は、何千人もの――男性たちからの支えもあった――女性たちの闘いの、私の日々の暮らしのなかにある影響には、ほんのわずかしか気がついていませんでした。私のように、皆さんも驚きに驚きを重ねて読むことでしょう。まず、フェミニストたちは、なにもかもに「激怒しまくっていた」のではなかったということが分かって。それから、彼女たちのアクションは本当に、社会全体の必要に応えているのだということが分かって。そして、たとえ多くのことがすでになされていたとしても、みんなが陽の当たる場所にいるために、提起すべき振る舞いがあるのだということが分かって。私がフェミニストかって？　もちろん。フェミニストであることは私の誇り！

カミーユ、カトリーヌ、ステファニー、ジェシカ、オードレイ、アレクサンドラ、エミリー、ヴァネッサ、メラニー、サブリナ、皆さんが、この物語を読みながら、この物語を発見しながら、アンヌ＝マリーとアニーのように反応することを私は強く願う。フェミニズムの闘いの大事さを分かってもらいたいし、これを読んで、フェミニズムの闘いに関するあらゆる心配事が晴れることを願う。女性たちと男性たちのための暮らしをもっと良いものにしたいと望むすべての女性たちの列に、皆さんにぜひ加わってほしいと思う。皆さんのひいひいおばあさんたちの、古き良きやり方は時代遅れなのだ。皆さんのお母さんのやり方も。そう。皆さんが、新たな方法を考え出す番なのだ。ちょっとの好奇心を持てば、皆さんは1人じゃないこと、そして物語の出来事は、21世紀の若いケベコワーズたちのために用意されているということに気がつくだろう。

謝辞

お礼の言葉を伝えたい人たちがあまりにたくさんおり、きっと抜けてしまうことがあるかと思いますので、その場合にはお詫び申し上げます。というのも、私の仕事机の上は、紙やアドレス帳に慌ててメモした名前や、パソコンの周りにはやることリストがあまりにたくさんありましたので。

まずは、もちろん、私の編集者である、エリーズ・ベルジュロンとラシェル・ベダール、その無限の辛抱強さと、とても細やかで知的なプロの仕事に。エリカ・フィグソートも忘れてはなりません。インターン生で、写真に関する複雑な案件を見事に処理してくれました。彼女たちは、私のことを信頼してくれ、しかも、執筆はまだ終わっていなかったのに私の本を宣伝してくれました。その間、私は、あまりに多すぎて自分では見つけるのが大変だった材料を整理するのに四苦八苦していました。ですので、文献表をよく見てみてください。数十年の間に彼女たちが出版した数十冊の本がなかったなら、私は何ができたでしょうか。

私の読者たち、カミーユ・ジョンソンは中学生、フレデリック・ブラッシュ＝ピシェットはCEGEPの生徒。ヴァレリー・デュベは大学生。30代のステファニー・ランティエ、50代のニコール・シャレット、60代のスザンヌ・デュモン。一番若い人たちは、自分たちがわからない言葉を全て私に教えてくれました。活動家たちは、私が忘れていたことや矛盾点を教えてくれました。私の解釈を議論してくれ、私の考えをはっきりさせるのを手伝ってくれ、彼女たちの記憶と私のそれとを突き合わせてくれました。

話し相手になってくれた皆さん。情報、日付、名前、説明、解釈、参考資料を私に提供してくれた皆さん、アーカイブス、写真、記事、雑誌、本、講義ノートを私に貸してくれた皆さん、私にウェブサイトを紹介してくれた皆さん。ドゥニーズ・バイヤルジュオン、モニック・ベジャン、モード・ベニー＝デュモン、コレット・ベルニエ、シスター・フロランス・ベルトラン、イザベル・ボワクレール、ピエレット・ブシャール、ニコール・ブードロー、ナンシー・ビュロー、ジネット・ビュスク、ルネ・B・ダンデュラン、ソランジュ・キャンタン、リーヌ・シャンベルラン、ロレット・シャンピニー＝ロビヤール、ニコール・シャレット、ルネ・クルティエ、ヨハンヌ・デーグル、マリア・ドゥ・コニック、リズ・ドゥルーアン＝パケット、ニコール・ドラン、リズ・グラットン、マリー・グラットン、シャロン・グレイ、ケロ、アンナ・クルシンスキー、フランシーヌ・ラリヴェ、アンドレ・レヴェック、ステファニー・マックキビン、オデット・ミショー、エレーヌ・ペドノー、マルジョレーヌ・ペロキン、クリスティーヌ・ピエット、ルイーズ・リアンドー、フランス・リウー、エヴリンヌ・タルディ、ルイーズ・トゥッパン、フラヴィ・トリュデル、シスター・ジゼル・トゥルコット。

私の家族へ。とくにロドリーグは、私がパソコンに向かってカッカしていたときや、迷子の本を探していたときに私を落ち着かせてくれたり、ちょっとした手料理で私を支えてくれ、甘やかしてくれました。最初の草稿と出版の間に、3年以上の月日が過ぎようとしています。ずいぶんたくさんの料理を作ってもらったことになりますね！

訳者あとがき

本書は、2008年、ケベックの女性史研究者であるミシュリンヌ・デュモン（Micheline Dumont, 1935-）によって出版された*Le féminisme québécois raconté à Camille*の日本語版です。デュモンは、ケベックの女性史を明らかにするだけではなく、ケベックのフェミニズム思想史研究や女性史研究の理論構築によって、フェミニスト・スタディーズの理論的土台の建設に寄与してきました。本書は、フェミニスト・スタディーズのパイオニアである著者が、自身の孫の世代にあたる若者たちに向けて書いたものです。

デュモンは、1935年にモンレアル市で生まれ、現在はシェルブルック大学名誉教授です。モンレアル大学文学部を卒業し、ラヴァル大学で歴史学の修士号を取得しました。モンレアル市内のいくつかのコレージュで教鞭をとったのち、1970年からシェルブルック大学で歴史学の教員になります。1999年にシェルブルック大学を退職しましたが、今なおフェミニスト研究者として活発に活動し続けています。また、デュモンはフェミニスト・スタディーズの研究者コミュニティの形成や若い世代の育成にも力を注いできました。ケベックのフェミニスト・スタディーズの学問分野としての構築を、研究と教育の両面から支えてきた第一人者といえます。

デュモン自身が彼女の別の著作のなかで述べているように、研究者として出発した当初、彼女は必ずしも自覚的なフェミニストではありませんでした。彼女自身の歴史学者としてのヴィジョンは、「非常に「中流階級的」、非常に「改良主義的」、非常に控え目で、非常に「白人的」であったと述べています（デュモン、2002）。1970年代に入り、フェミニズム運動の影響を受け、様々なフェミニズム理論の著作を読むことで、彼女のフェミニスト研究者としての意識が鮮明になっていきます。女性たちの歴史を発見し、そして同時に、フェミニスト的観点から歴史学研究の理論的転換を志すようになっていきました。彼女の女性史観については、「日本語版への序文」のなかで既に本人が明瞭かつ簡潔に述べている通りです。また、彼女自身のこれまでの研究や、フェミニスト・スタディーズの教育者としての教育観については、拙論をご覧ください。

ところで、「フェミニスト・スタディーズ」という語は日本の多くの読者にとって聞き慣れないでしょう。日本では、アメリカやカナダ、ヨーロッパ諸国などと同様に、1960年代末以降のフェミニズム運動がアカデミックな領域においては「女性学」を生み出しました。1980年代に、一部の大学教員らが女性の状況を明らかにする講義を行い始め、1990年代に入るとジェンダー・スタディーズ、すなわち性の二分法を前提とした権力の社会的関係を問う視点からの研究・教育を展開します。本書で述べられていたように、フェミニスト・スタディーズも同様にフェミニズム運動とは姉妹関係にあります。しかし、女性学やジェンダー・スタディーズと決定的に異なる点、より正確にいうと、ケベックのフェミニスト研究者たちがこの名称を用いることで示そうとしているその立ち位置とは、この学問は、分析のツールとしてジェンダー概念を用いながら、社会的諸関係の変革を目指す社会・政治的プロジェクトであり、同時に知の創造という学術的プロジェクトであるということです。本書もまた、このフェミニスト・スタディーズの1つの実践です。本書のプロローグ・インターリュード・エピローグの挿話や、各章末にある読者への問いかけは読者自らが思考を働かせる契機でもあり、著者との対話の時間でもあります。そうした工夫は、読者をケベックのフェミニズムを創る主体になっていくことに誘います。歴史の創造的主体の形成という点において、本書は社会変革的プロジェクトの側面を持っていると言えるでしょう。

さて、本書は若者に向けて書かれた入門書ですが、しかし、デュモン自身の歴史観、女性観、フェミニズム観に基づいた研究がここに結実しています。すなわち、著者はケベックという地域で生きる全ての女性たちが、この土地の歴史のなかに存在し、その一人ひとりが歴史を持ち、そして歴史を創ってきたことを示しています。そのことは、彼女によって描かれた修道女たちと先住民女性たちの姿から顕著に伝わります。修道女と先住民女性は、これまでのケベックの歴史記述のなかで、その存在が消されてきたからです。

修道女という存在は、ケベックの近代化である「静かな革命」以降、長い間ケベック社会を支配してきた教会に関わる残滓の1つとして負のイメージが付され、抹消されてきました。しかし、デュモンは修道女たちを肯定的に描きます。例えば、修道女たちの女子教育への貢献なしに、ケベコワーズたちの高等教育への扉は開かれませんでした。また、デュモンはケベックのフェミニズムの展開において、修道女たちとフェミニストたちは決して対立的な関係ではなかったことを明らかにしています。フェミニストたちもまた、キリスト教徒としての自らの立場との葛藤のなかで、「クリスチャン・フェミニズム」を発見していったことは、ケベックのフェミニズムが産声を上げた時期の一場面です。

他方、先住民女性たちは、先住民の抹消を目論むカナダ政府による同化政策の下、文化や言語を奪われ、コミュニティとの繋がりやアイデンティティの継承が断絶されてきました。それにより、先住民女性たちは、コミュニティの内外で様々な形態の暴力、貧困、依存症、自殺、心身の健康などの問題を抱えています。長らくこれらの問題はカナダ社会ではタブー視されてきましたが、近年ようやくカナダ社会全体がこれらの問題に対峙し始めています（詳細は拙論をご覧ください）。このように先住民女性問題が社会問題として認識されるようになった背景には、デュモンが本書で描いてきたように、先住民女性たち自身が声を上げて、問題を告発し、アクションを組織し、展開させてきた過程があります。とくに1967年のバード委員会による調査は、ケベックの女性史における1つの転換ですが、先住民女性たちの尊厳の回復の運動にとっても重要な出来事です。本書のなかでデュモンは、「まさにこのときに本当に大規模な覚醒が起こる」（傍点訳者）と述べています。このことは、先住民女性たち自身が植民地主義的かつ家父長制的な被支配状況を打破するという点において覚醒的であったのみならず、カナダ社会も自らの支配の歴史に対峙せざるを得なくなったからです。

以上のように、本書を通して、ケベックのフェミニズムの歴史が、様々な女性たちの「覚醒」

と、社会を変えていこうとする多様な声と道筋によって形成されていることがわかるでしょう。なお、ケベックのフェミニズムの歴史について修道女と先住民女性に光を当てて見たとき、それは、ケベック社会の近代化、さらにはカナダという国家を形成する背後にある近代の正体を浮かび上がらせることになるのではないでしょうか。日本の思想史研究者である鹿野政直は、日本の女性学の形成史を踏まえた上で、それが近代の上に誕生したものでありながらも、「まさにそれゆえに露呈されてきた「近代」の抑圧性とたたかう」学問であることを指摘することで、女性学という視座は、「「近代」の持つ疎外性抑圧性の提示」を女性史研究にもたらしたと述べています（鹿野、1989、130頁）。このような観点に立ったとき、ケベックのフェミニズムの歴史は、私たちに何を示しているでしょうか。

最後に、本書を翻訳することになった経緯について触れたいと思います。訳者は、2009年に東京の早稲田大学大学院文学研究科フランス語・フランス文学コース修士課程に在籍時、ケベック州のラヴァル大学で開催された「フェミニスト・スタディーズ夏季講座」に参加しました。性暴力をテーマにした1週間にわたるシンポジウム形式の夏季講座では、あらゆる分野の研究者や支援者、また性暴力の被害当事者が様々な形で発言し議論を行いました。それに刺激を受けて、性差別を解決していくためのより実践的な学びを深めたいと考え、2009年から2010年、同大学のフェミニスト・スタディーズ高等研究履修証明プログラムに留学しました。この留学によって、ケベックの様々なフェミニスト研究者や活動家たちに出会い、たくさんのエネルギーや知恵をもらいました。日本に帰国した後も、ケベックのフェミニズムに関心を持ち続け、修士論文では、ケベックのアマチュア音楽グループによるフェミニスト・ソングをまとめました。また、早稲田大学大学院文学研究科教育学コースの村田晶子先生の研究室で提出した博士論文では、コミュニティの意識化とフェミニズムというテーマで、ケベックのフェミニズム運動ともつながりの深いグループ（ラサントラル／ギャルリー・パワーハウス、ケベック意識化グループ、配偶者からの暴力の被害にあった先住民女性と子どものための共同ハウス・ミシナク）の実践分析研究を行いました。

本書と出会ったのは、2013年、博士論文の執筆準備のため、ケベックに調査に行った際に訪れた、モンレアルにあるフェミニズム関連の書籍やZINEなども取り扱っている書店でした。それまでも、デュモンの著作や論文からは多くを学んできましたが、本書を通して、ケベックのフェミニズムの歴史の全体像を掴むことになりました。

博士論文の提出後、ケベック州の先住民女性たち自身が行う、植民地主義支配と家父長制支配による抑圧との闘いと、尊厳の回復に向けた実践に着目し研究を続けています。そして、ケベックという地域で様々な女性たちが性差別を問い、克服していこうとする物語のなかに、性差別だけではなく、複雑かつ複合的な差別の状況を打開していくための知を見出すことができるのではないかと考え、本書の翻訳に取り組みました。ケベックと日本とでは、言葉も歴史も全く違いますが、しかし、ケベックのフェミニズムとの出会いが、ここでの新しい歴史を築いていくきっかけになればと願っています。

最後に、この日本語訳を出版することにあたって、多くの方たちに支えていただきました。この場を借りて心からお礼を申し上げたいと思います。原書の著者であるミシュリンヌ・デュモン先生は、私の突然で拙いフランス語での序文の執筆依頼に対して、喜んで引き受けて下さいました。日本ケベック学会の故立花英裕先生は、出来上がったばかりの翻訳を見て下さり、出版する価値があると後押しして下さいました。早稲田大学文学部の村田晶子先生は、女性たちが創り出してきた歴史の意味と価値を読み取ることに伴走して下さいました。早稲田大学文構想学部のロシア文学を専門とする安野直先生からは、いつもたくさんの知的な刺激をいただきました。そして、春風社の久喜さんには、不慣れなことの多い私をサポートしていただきました。最後に、この翻訳に着手してから3年、どんなときでもどこにいても私を精神的にも知的にも支え続けてくれた両親、離れていても気にかけてくれている弟に心からありがとう。

２０２３年２月末日　矢内琴江

※本書は日本学術振興会科学研究費若手研究 20K20093 の助成を受けたものです。

参考文献

DUMONT, Micheline, *Découvrir la mémoire des femmes : Une historienne face à l'histoire des femmes*, les éditions du remue-ménage, 2002.

鹿野政直『婦人・女性・おんな――女性史の問い』岩波書店（岩波新書）、1989年。

矢内琴江「ケベックのフェミニスト・スタディーズのパイオニア、ミシュリンヌ・デュモンが語るフェミニズム史――フェミニスト教育学の観点からの考察」『ケベック研究』第14号、177–192頁、2022年。

――「抑圧の歴史から信頼の歴史へ――カナダの先住民女性の支援コミュニティが生み出す知」『ジェンダー研究21』第10巻、26–52頁、2021年。

――「「もう1つの可能性」としてのジェンダー・スタディーズ」『なぜジェンダー教育を大学でおこなうのか――日本と海外の比較から考える』青弓社、78–80頁、2017年。

――「女性たちの創作活動を支える知の生成――カナダのフェミニズム・アートのギャラリーを事例にして」『ジェンダー研究／教育の深化のために――早稲田からの発信』彩流社、2016年。

――「女性たちによる自主運営アート施設の可能性――モントリオール市のラサントラル／ギャルリー・パワーハウスの例」『ケベック研究』第5号、135–151頁、2013年。

――「ケベックの第三波フェミニズムについて」『女性空間』第29号、108–121頁、2012年。

引用元

第1部　組織する女性たち　1893－1912

2．全国カナダ女性評議会のモンレアルの女性たち

「女性らしさの……」（35頁）Marchand, p. 161. ／「主催者の女性たちは……」（35頁）Sicotte, p. 136. ／「宗教的問題に関して……」（36頁）Marchand, 注136, p. 263. ／「まさに鉄の環！……」（36頁）*ibid.*, p. 164. ／「お好きに……」（36頁）*ibid.*, p. 166. ／「この女性は……」（37頁）Sicotte, p. 136.

3．キリスト教フェミニズム

「この発見には……」（39頁）Pinard, p. 196. ／「今どきの……」（40頁）Sicotte, p. 118. ／「今は……」（40頁）Dumont et toupin, p. 137. ／「私たち女性に……」（42頁）*ibid.*, p. 51. ／「氷は割られた！……」（44頁）Sicotte, p. 185. ／「フランスの……」（45頁）Roberty Rumilly, *Histoire de la société Saint-Jean-Baptiste de Montréal, des Patriotes au Fleurdelisé.* Montréal, L'Aurore, 1975, p. 198.

4．全国サン・ジャン＝バティスト連盟

「私たちの慈善事業……」（46頁）Béique, p. 227. ／「サン・ジャン＝バティスト会の……」（48頁）Dumont et toupin, p. 27. ／「賛同するほか……」（48頁）Sicotte, p. 211. ／「その頃……」（49頁）*ibid.* ／「非聖職者たち……」（51頁）M. Dumont, « Avelyne Bengle », *Dictionnaire biographique du Canada* (à paraître). ／「もし皆さん方が……」（53頁）Danylewycz p. 190 における引用

5．活動するフェミニストたち

「残酷かつ……」（55頁）Baillargeon, p. 71. ／「この国の女性たち……」（56頁）Sicotte, p. 236. ／「いくつかの界隈……」（59頁）*ibid.*, p. 241.

第2部　選挙権を要求するフェミニストたち　1913－1940

6．モントリオール・サフラージュ協会と選挙権への反対

「彼らは中世の……」（67頁）Cleverdon, p. 223. ／「若い女性たちが……」（70頁）Jean Letendre, *Les Cercles de fermières 1915-1930. Un exemple d'encadrement politique d'un mouvement populaire féminin*, Université de Sherbrooke, 1983, p. 211.

7．連邦議会選挙の選挙権

「負傷者の……」（72頁）Dumont et Toupin, p.163. ／「ようやく……」（72頁）*Le Bonne Parole*, septembre 1917, p. 1.

8．ケベックにおける初の試み

「行動するのに……」（76頁）Sicotte, p. 342-343. ／「フェミニズムは……」（79頁）Jean, p. 47-48 における引用／「でも、貴方は……」（79頁）Sicotte, p. 360.

9．ローマ会議

「女性参政権は……」（82頁）Sicotte, p. 375. ／「女性選挙は……」（83頁）*ibid.*, p. 411. ／「もし女性たちに……」（83頁）Dumont et Toupin, p.185. ／「フェミニズムは……」（84頁）*Le Devoir*, 5 avril 1928. ／「女性は……」（84頁）*ibid.*

10．新たな2つのフェミニスト団体

「私はフェミニスト……」（88頁）Dumont et Toupin, p.178. ／「人類は……」（88頁）Jean, p. 74. ／「ケベックは……」（89頁）Dumont et Toupin, p. 41. 「夫に対する……」（89頁）Collectif Clio, p. 359.

11．経済危機でも続く選挙権のための闘い

「気力を……」（91頁）Halpern, p. 36. ／「道徳的……」（95頁）Johanne Daigle, « L'éveil syndical des "religieuses laïques" : l'émergence et l'évolution de l'Alliace des infirmières de Montréal », dans Lavigne et Pinard, p. 120 における引用／「我々は……」（95頁）テレビ・インタビューでの発言／「苦労して……」（95頁）Dumont et Toupin, p. 110.／「政府の男性諸君……」（96頁）*ibid.*, p. 111／「私は夫の……」（99頁）*Histoire du mouvement des femmes au Saguenay-Lac-Saint-Jean*, Jonquière, La Chambarde, p. 91.／「広い心を……」（１００頁）Dumont, 1981, p. 20.

12. 勝利のストラテジー

「我々は……」（１０３頁）, Collectif Clio, p. 364.／「私たちの真の……」（１０４頁）, Dumont et Toupin, p. 221.

第３部　市民となった女性たちの参画への試み　１９４０－１９６９

13. 第二次世界大戦の最中

「主婦よ……」（１１３頁）Auger et Lamothe, p. 60.／「フライパン……」（１１３頁）*ibid.*, 本の見返しの遊び部分／「統治する……」（１１６頁）Dumont et Toupin, p. 123.

14. 女性のための政治的対立

「女性たちが……」（１１８頁）Léon Lebel, *L'État et les associations professionnelles*, p. 13.（１９４４年の冊子）／「マダム……」（１１９頁）Auger et Lamothe, p. 104.／「わかりました……」（１１９頁）*ibid.*, p. 104.／「民法は……」（１２１頁）Dumont et toupin, p. 329.

15. １９５０年代にフェミニストはいるのか?

「女性たちは自ら……」（１２３頁）Dumont et Toupin, p. 432. ／「私たちは……」（１２７頁）*ibid.*, p. 281. ／「女性が……」（１２７頁）*ibid.* ／「もし若い……」（１２８頁）*ibid.*, p. 117. ／この章の終わりの８つは le cahier spécial du *Devoir* 23 juin 1961 より引用

16. 女性たちと「彼女たちの」静かな革命

「完全に……」（１３３頁）Paré, p. 54. ／「女性たちが……」（１３４頁）Réjane Laberge-Colas, « L'incapacité de la femme mariée », *La revue du Barreau*, vol. XIII, 10 décembre 1963 ／「まともな人間……」（１３６頁）Dumont et Toupin, p. 400. ／「女たちよ……」（１３６頁）*ibid.*, p. 438. ／「私の目的は……」（１３８頁）テレビで聞いた発言／「今日我々の……」（１４０頁）女性ジャーナリストのサークルのアーカイブスから

17. ケベック女性連盟とAFÉNASの設立

「起きなさい……」（１４２頁）Dumont et Toupin, p. 439. ／「非難の……」（１４３頁）*Le Devoir*, 26 avril 1965, p. 3. ／「ケベコワーズの……」（１４３頁）*La Presse*, 26 avril 1965, p. 3. ／「新たな……」（１４３頁）*La Presse*, 26 avril 1965, p. 4. ／「いいえ……」（１４４頁）*Bulletin de la FFQ*, mars 1976, p. 22. ／「『団体の』主要な……」（１４５頁）Lamoureux et coll., p. 53. ／「女性団体は……」（１４７頁）*Le Devoir*, 4 octobre 1966／「フェミニズムと……」（１４７頁）, *Le Devoir*, 15 avril 1966.

18. バード委員会

「女性が家に……」（150頁）Dumont et Toupin, p. 259. ／「私たちは……」（150頁）*Bulletin de la FFQ*, mars 1976, p. 8. ／「私は……」（151頁）Lysiane Gagnon, *Vivre avec les hommes. Un nouveau partage*, Montréal, Québec Amérique, 1983, p. 199. ／「私はまず……」（151頁）O'Leary et Toupin, tome 1, p. 201.

第4部　沸き立つフェミニズム　1969－1980

19. 新たなフェミニズムの出現

「フェミニズム？……」（157頁）L. Gagnon, p. 197. ／「ケベック共同……」（159頁）O'Leary et Toupin, tome 1, p. 54. ／「女性たちの抑圧が……」（159頁）O'Leary et Toupin, tome 2, p. 329. ／「それか……」（159頁）*ibid.* ／「私は、大学でも……」（159頁）*ibid.*, p. 342. ／「サン＝アンリ地区の……」（160頁）*ibid.*, p. 349. ／「フェミニストたち……」（161頁）テレーズ・キャスグランが1971年にある活動家との電話でした発言

20. ラディカル・フェミニストたちの過激行動《ショック・アクション》

「1日だけ……」（164頁）O'Leary et Toupin, tome 1, p. 72. ／「我々は……」（164頁）*ibid.*, p. 71. ／「結婚……」（164頁）*ibid.*, p. 70. ／「なんだって？……」（165頁）Péloquin, p. 36. ／「差別だ！」（165頁）*ibid.*, p. 41. ／「正義なんて……」（165頁）*ibid.* ／「私たちを……」（166頁）*ibid.*, p. 42. ／

「こんなサロン……」（166頁）O'Leary et Toupin, tome 1, p. 97-98, ／「あまりに……」（170頁）*Les Têtes de pioche*, p. 115. ／「批判に対する……」（170頁）*ibid.*

21. ケベック女性連盟とその多様な現場

「委員会は……」（171頁）*Rapport Bird*, p. 464. ／「私からすれば……」（171頁）*ibid.*, p. 483. ／「女性の地位に……」（172頁）*ibid.*, p. 470. ／「私たちの報告書は……」（172頁）archives du comité. ／「FFQは……」（173頁）*Bulletin de la FFQ*, mars 1976, p. 15. ／「フェミニズムの話を……」（175頁）*Bulletin de la FFQ*, novembre 1975, p. 3.

22. 波を起こすフェミニズム

「私たちは……」（180頁）Desmarais, *passim*. ／「世間の人たち……」（183頁）*La Gazette des femmes*, vol. 1, nº1.

23. 困難な状況にある女性たちの支援

「これらの保護施設が……」（187頁）Lacombe, p. 75.

24. フェミニスト意識を探究するアーティストたち

「郊外の女性たち……」（１９１頁）*L'actualité*, octobre 1972, p. 40. ／「女性たちが……」（１９１頁）*ibid.* ／「私の息子……」（１９２頁）映画「王の娘」からの引用／「私は慰める……」（１９２頁）*ibid.* ／「騙されたのは……」（１９２頁）*L'actualité*, octobre 1972, p. 48. ／「文壇は……」（１９５頁）*Liberté*, « La femme et l'écriture », juillet-octobre 1976, p. 34. ／「私の最新刊を……」（１９６頁）*ibid.*, p. 77. ／「『私は女だ』……」（１９６頁）Brossard, p. 53. ／「『ユーゲリオンヌ』……」（１９７頁）*Les Têtes de pioche*, p. 135. ／「結婚は……」（１９８頁）Yolande Dupuis, « Fancine Larivée et *La Chambre nuptiale* », Sysiphe, 11 avril 2005.

25. 多様化し深化するフェミニズム

「フェミニズムは理論……」（２０４頁）当時のスローガン／「あんたらは……」（２０５頁）講義室で聞いた言葉／「私たちは互いに……」（２０５頁）*Les Têtes de pioche*, p. 156. ／「まさにそうすることで……」（２０５頁）*ibid.* ／「私たちは独立を……」（２０６頁）Yanacopoulo, p. 30.

26. １９８０年州民選挙によって分断されるフェミニスト

「私は、この国に……」（２１５頁）Godin, p. 50. ／「ガイは……」（２１６頁）*ibid.*, p. 52. ／「我々の恐怖の……」（２１６頁）*ibid.*, p. 53. ／「おまけに……」（２１６頁）*ibid.* ／「このように……」（２１６頁）*ibid.* ／「マドレーヌ……」（２１７頁）*ibid.*, p. 54. ／「もし、私の……」（２１７頁）*ibid.*, p. 55. ／「それ

はブーメラン……」（２１７頁）*ibid.*, p. 58. ／「ペキスト……」（２１８頁）*ibid.*, p. 63. ／「彼らは……」（２１９頁）Carton et coll., p. 193. ／「攻撃された……」（２１９頁）*ibid.* ／「私たちは……」（２１９頁）*ibid.* ／「参加の……」（２１９頁）*ibid.* ／「反対派だと……」（２１９頁）*ibid.* ／「私にとっては……」（２１９頁）*ibid.*

第５部　世界を変えるための活動　１９８１年から今日まで

27. 変化するフェミニズム

「私たちの……」（２２７頁）Dumont et Toupin, p. 222 ／「もし女性の……」（２２８頁）*ibid.*, p. 185. ／「『社会学における女性』……」（２３２頁）著者の実体験

28. フェミニストの新たな目的

「それはショック……」（２３７頁）Dumont et Toupin, p. 447. ／「それは、従来……」（２３７頁）*La Petite Presse*, juin 1986, p. 3. ／「私が口を……」（２３８頁）, *Approches et méthodes de la recherche féministe*, Québec, GREMF, 1986, p. 278. ／「私は、ちょっと……」（２３８頁）Radio-Canada, CBFT, 19 août 1980、イヴェット現象をめぐる考察／「婚姻の契約が……」（２３９頁）Dumont et Toupin, p. 149. ／「土地のメンテナンス……」（２４０頁）ポスター掲示板、シェルブルック大学、1988 ／「戦時中に……」（２４１頁）*La Vie en rose*, janvier 1984, p. 11. ／「もし行ったら……」（２４１頁）*La Vie en rose*, février 1985, p. 11. ／「同

法は……」（２４３頁）*Histoire des femmes au Témiscamingue*, Collectif témiscamien, 1988, p. 61. ／「雌ライオンの……」（２４４頁）bulletin paroissial de Montréal.

29. 論調を変えるフェミニズムのメッセージ

「女性向け……」（２４６頁）*La Vie en rose*, numéro hors série, 2005, p. 7. ／「男は好きですか。」（２４８頁）*La Vie en rose*, juin 1982, p. 4. ／「私たちは、私的……」（２４８頁）*La Vie en rose*, numéro hors série, 2005, p. 10. ／「私たちは……」（２４９頁）Godbout, p. 9.「個人的なこと……」（２４９頁）*ibid.*, *passim.* ／「活動家の……」（２５０頁）Pierre Vadeboncoeur, *Trois essais sur l'insignifiance*, Montréal, L'Hexagone, 1983, p. 62.

30. アンチ・フェミニズムの台頭

「フェミニストたちが……」（２５３頁）Georges-Hébert Germain, « Le syndrome du bourdon », *L'Actualité*, avril 1984, p. 44. ／「男性は……」（２５４頁）*ibid.* ／「フェミニズムの冷たい……」（２５４頁）*ibid.* ／「フェミニズムは……」（２５４頁）*ibid.*, p. 46. ／「フェミニズムには……」（２５４頁）*ibid.*, p. 47. ／「人々が……」（２５４頁）Dominique Demers, « Féminisme, mission accomplie ? », *L'Actualité*, déc. 1984, p. 124 ／「女がスクールバス……」（２５４頁）シェルブック市のテレビ局CHLTでの電話討論会番組で聞いたこと、１９８５年３月８日／「女性雑誌は……」（２５５頁）シェルブルック市内の女性ヘルス・センターで聞いたこと／「ああ！　フェミニズムね……」（２５５頁）ラジオ・カナダの番組「論点（*Le Point*）」

の女性雑誌に関するルポルタージュで聞いたこと／「今では……」（255頁）Beauchamp, p. 188.／「フェミニストたちは……」（256頁）*Châtelaine*, mai 1986.／「彼女たちは……」（257頁）Desmarais, p. 283.／「この判決が……」（258頁）*ibid.*, p. 339.／「胎児は……」（259頁）*ibid.*, p. 350.／「お前らは……」（259頁）メディアによる報道、1989年12月6日／「私たちは……」（260頁）*ibid.*／「もしたとえ……」（260頁）*La Vie en rose*, numéro hors série 2005, p. 36／「あいつは……」（261頁）*ibid.* p. 35.／「ちゃんとね……」（261頁）Gdbout, p. 225.／「フェミニストたちは」（261頁）メディアで聞いたこと／「このような類の……」（261頁）ラジオ・カナダのアーカイブス、1989年12月6日／「女性に対する……」（262頁）Roche Côté, *Manifeste d'un salaud*, Terrebonne, éd. Du Portique, 1990.／「僕は……」（262頁）Louis Cornellier, « Le féminisme et moi », *Le Devoir*, 1er décembre 2007.

31. エネルギーが活発化する選挙権獲得50周年

「私たちの母へ……」（264頁）*Femmes en tête*, p. 12.／「1989年12月の……」（264頁）*ibid.*, p. 14.／「私は、私の……」（267頁）*Gazette des femmes*, septembre-octobre 1990. p. 12.／「いったいどのような……」（268頁）Roche Côté, *Manifeste d'un salaud*, Terrebonne, éd. Du Portique, 1990.／「もしまた別の……」（268頁）*La Petitte Presse*／「独自の社会……」（269頁）Roberts, p. 6.／「実際には……」（269頁）*ibid.*, p. 13.／「人々は……」（270頁）L. Pagé, « Les femmes dans le Québec de demain », *Action nationale*, mai 1991, p. 623.／「フェミニズム的観点から……」（270頁）Maillé, p. 64.／「氷は割られ

た……」（２７２頁）Sicotte, p. 185. ／「そうだ種だ！」（２７３頁）ペピンヌの会の設立メンバーへのインタビュー

32. 新たな行動の始まりの印、パンとバラのマーチ

「〝フェミニズム〟って……」（２７６頁）Guidon, p. 60. ／「この運動って……」（２７６頁）*ibid.*, p. 64. ／「多分……」（２７６頁）*ibid.*, p. 76. ／「もし子どもと……」（２７７頁）*ibid.*, p. 89. ／「刷新の風が……」（２７８頁）*ibid.*, p. 29. ／「〝女性の貧困に反対〟……」（２７９頁）vidéo de Paula McKeown, *Désir de liberté.*

33. ２０００年世界女性パレード

「ここで主張……」（２８６頁）document de la *Charte.*

34. 新たなフェミニズム論争

「ありそうもない……」（２９３頁）Breton, p. 122. ／「私にとっては……」（２９６頁）*Châtelaine*, octobre 2000, p. 94. ／「女の子たちの……」（２９７頁）*Gazette des femmes*, septembre-octobre 2005, p. 19. ／「私の場合には……」（２９７頁）*La Tribune*, 22 février 2008, p. S3. ／「女性たちの身体は…」（２９９頁）Breton, p. 113.

参考文献

次の4つの著作は本書の全般にわたって参照しているので、それらを除いた文献を本書の5つの部ごとに分けている。その方が、ケベックにおけるフェミニズムの歴史の各時代に合致した文献ごとにまとめることが出来るからだ。

CARON, Anita et coll. *Thérèse Casgrain. Une femme tenace et engagée*, Montréal, Presses de l'Université du Québec, 1993.

COLLECTIF CLIO. *Histoire des femmes au Québec depuis quatre siècles*, Montréal, éd. du Jour, 1992.

DUMONT, Micheline et Louise TOUPIN. *La pensée féministe au Québec : Anthologie 1900-1985*, Montréal, Remue-ménage, 2003.

JEAN, Michèle. *Québécoises du xxe siècle*, Montréal, éd. du Jour, 1974.

第1部　組織する女性たち

BAILLARGEON, Denyse. *Un Québec en mal d'enfants. La médicalisation de la maternité, 1910-1970*, Montréal, Remue-ménage, 2004.

BÉIQUE, Caroline. *Quatre-vingts ans de souvenirs. Histoire d'une famille*, Montréal, Valiquette, 1939.

DANYLEWYCZ, Marta. *Profession : religieuse. Un choix pour les Québécoises, 1840-1920*, Montréal, Boréal, 1988.

DUMONT, Micheline. « L'accès à l'instruction et à la mixité », dans F. Thébaud et coll. (dir.), *Le siècle des féminismes*, Paris, L'Atelier, 2004, p. 149-162.

FAHMY-EID, Nadia. « La presse féminine au Québec, 1890-1920 : une pratique politique et culturelle ambivalente », dans Y. Cohen (dir.), *Femmes et politique*, Montréal, éd. du Jour, 1981, p. 101-115.

FAHMY-EID, Nadia et Micheline DUMONT. « Recettes pour la femme idéale : Femmes/famille et éducation dans deux journaux libéreaux : *Le Canada et La Patrie* (1900-1920) », *Atlantis*, vol. 10, n°I, automne 1984, p. 46-59.

LAVIGNE, Marie, Yolande PINARD et Jennifer STODDART. « La Fédéraion nationale Saint-Jean-Baptiste et les revendications féministes au début du 20e siècle », dans M. Lavigne et Y. Pinard (dir.), *Travailleuses et féministes : Les femmes dans la société québécoise*, Montréal, Boréal, 1983, p. 199-216.

MARCHAND, Joséphine. *Journal intime, 1879-1900*, Montréal, La pleine lune, 2000.

PINARD, Yolande. « Les débuts du mouvement des femmes à Montréal, 1893-1902 », dans M. Lavigne et Y. Pinard (dir.), *Travailleuses et féministes : Les femmes dans la société québécoise*, Montréal, Boréal, 1983, p. 177-198.

SICOTTE, Anne-Marie. *Marie Gérin-Lajoie, conquérante de la liberté*, Montréal, Remue-ménage, 2005.

STRONG-BOAG, Veronica. *The Parliament of Women: The National Council of Women of Canada, 1893-1923*, Ottawa, Musées nationaux du Canada, 1976.

第2部　選挙権を要求するフェミニストたち

La Bonne Parole, revue de la Fédération nationale Saint-Jean-Baptiste.

CLEVERDON, Catherine L. *The Women Suffrage Monvement in Canada*, Toronto, University of Toronto Press, 1974.

DARSIGNY, Maryse. *L'épopée du suffrage féminin au Québec (1920-1940)*, Montréal, UQAM/Relais-femmes, 1990.

La femme canadienne-française, Montréal, Almanach de la langue française, 1936.

HALPERN, Sylvie. *Le Chaînon : la maison de Montréal,* Montréal, Stanké, 1998.

JEAN, Michèle. « Idola Saint-Jean, féministe (1880-1945) », dans *Mon héroïne*, Montréal, Remue-ménage, 1989.

LAMOUREUX, Diane. *Citoyennes ? Femmes, droit de vote et démocratie*, Montréal, Remue-ménage, 1989.

LAVIGNE, Marie, Yolande PINARD et Jennifer STODDART. « La Fédéraion nationale Saint-Jean-Baptiste et les revendications féministes au début du 20e siècle », dans M. Lavigne et Y. Pinard (dir.), *Travailleuses et féministes : Les femmes dans la société québécoise*, Montréal, Boréal, 1983, p. 199-216.

SICOTTE, Anne-Marie. *Marie Gérin-Lajoie, conquérante de la liberté*, Montréal, Remue-ménage, 2005.

TRIFIRO, Luigi. « Une intervention à Rome en 1922 dans la lutte pour le suffrage féminin », *Revue d'hisoire de l'Amérique française*, vol. 32, n° I, juin 1978, p. 3-18.

第3部　市民となった女性たちの参画への試み

AUGER, Geneviève et Raymond LAMOTHE. *De la poêle à frire à la ligne de feu : La vie quotidienne des Québécoises pendant la guerre 39-45*, Montréal, Boréal, 1981.

Le Devoir, cahier spécial, 23 juin 1961.

DUMONT, Micheline. « La parole des femmes : Les revues féminines, 1938-1968 », dans F. Dumont et coll. (dir.), *Idélogie au Canada français, 1940-1976,* tome II *: Les mouvements sociaux*, Québec, Presses de l'Université Laval, 1981, p. 5-46.

DUMONT, Micheline. « Historienne et sujet de l'histoire », *Questions de culture*, n°8, Québec, Institut québécois de recherche sur la culture, 1986, p. 21-34.

DUMONT, Micheline. « The Origins of the Women's Mouvement in Quebec » dans D.-H. Flaherty et C. Backhouse (dir.), *Challenging Times: The Contemporary Women's Mouvement in Canada and the United States*, Montréal, McGill-Queen's University Press, 1992, p. 72-89.

GOSSELIN, Cheryl A. *Vers l'avenir. Québec Women's Politics Between 1945 and 1967: Feminist, Maternalist and Nationalist Links*, thèse de doctorat (histoire), Université de Montréal, 2002.

McKEOWN, Paula. *Désir de liberté*, vidéo produite par la CEQ, l'Intersyndicale des femmes et Vidéo-femmes, 1995.

PARÉ, Hélène. *Les comités de conditoin féminine dans les syndicats*, Monréal, Secrétariat d'État, Région du Québec, programme Promotion de la femme, 1983.

Rapport de la Commission Royale d'enquête sur la situation de la femme au Canada, Ottawa, 1970.

RIALLAND-MORISSETTE, Yvonne. *La passé conjugué au présent, Cercles de fermières du Québec : Historique, 1915-1980*, Montréal, Pénélope, 1980.

第4部　沸き立つフェミニズム

BOUCHER, Denise. *Les fées ont soif,* Monréal, Intermède, 1978.

BROSSARD, Nicole. *L'amèr ou Le chapitre effrité,* Montréal, L'Hexagone, coll. Typo, 1988.

Bulletin de la Fédération des femmes du Québec, collection complète.

COUILLARD, Danielle. *Féminisme et nationalisme. Histoire d'une ambiquïté : L'expérience du Regroupement des femmes québécoises*, mémoire de maîtrise (histoire), Université de Montréal, 1987.

DESMARAIS, Louise. *Mémoires d'une bataille inachevée : La lutte pour l'avortement au Québec*, Montréal, Trait d'union, 1999.

DUMONT, Micheline. « Le mouvement des femmes à Sherbrooke », *Possibles*, vol. 18, n° 4, automne 1994, p. 51-63.

La femme et l'écriture, numéro spécial de *Liberté*, vol. 18, n° 4-5, 1976.

GAGNON, Lysiane. *Vivre avec les hommes. Un nouveau partage*, Montréal, Québec Amérique, 1983.

GODIN, Stéphanie. *Les Yvettes comme l'expression d'un féminisme fédéraliste au Québec*, mémoire de maîtrise (histoire), Université du Québec à Montéal, 2003.

HALPERN, Sylvie. *Le Chaînon : la maison de Montréal*, Montréal, Stanké, 1998.

LACOMBE, Madeleine. *Au grand jour*, Montréal, Remue-ménage, 1990.

LAMOUREUX, Jocelyne, Michèle GÉLINAS et Katy TARI. *Femmes en mouvement : Trajectoires de l'Association féminine d'éducation et d'action sociale, AFÉAS, 1966-1991*, Montréal, Boréal, 1993.

PÉLOQUIN, Marjolaine. *En Prison pour la cause des femmes : La conquête du banc des jurés*, Montréal, Remue-ménage, 2007.

O'LEARY, Véronique et Louise TOUPIN. *Québécoises deboutte !*, tome 1 *: Une anthologie de textes du Front de libération des femmes (1969-1971) et du Centre des femmes (1972-1975)*, Montréal, Remue-ménage, 1982.

O'LEARY, Véronique et Louise TOUPIN. *Québécoises deboutte !*, tome 2, *Collection complète des journaux (1972-1974)*, Montréal, Remue-ménage, 1983.

Les Têtes de pioche. Journal des femmes, collection complète, Montréal, Remue-ménage, 1980.

YANACOPOULO, Andrée. *Le Regroupement des femmes québécoises, 1976-1981*, Montréal, Point de fuite/Remue-ménage, 2003.

第５部　世界を変えるための活動

BEAUCHAMP, Colette. *Le silence des medias*, Montréal, Remue-ménage, 1987.

BEAUCHAMP, Colette, Rosette CÔTÉ et Sylvie PAQUEROT (dir.). *Pour changer le monde : le forum* Pour un

Québec féminin pluriel, Montréal, Écosociété, 1994.

BRETON, Émilie et coll. « Mon/notre/leur corps est toujours un champ de bataille. Discours féministes et queers libértaires au Québec, 2000-2007 », *Recherches féministes*, vol. 20, n° 2, 2007, p. 113-140.

COLLARD, Nathalie et Pascale NAVARRO. *Interdit aux femmes : Le féminisme et la censure de la pornographie*, Boréal, 1996.

DESMARAIS, Louise. *Mémoire d'une bataille inachevée : La lutte pour l'avortement au Québec*, Montréal, Trait d'union, 1999.

DUMONT, Micheline. *Le mouvement des femmes, hier et aujourd'hui*, Ottawa, ICREF/CRIAW, coll. Perspectives féministes, n° 5-A, 1986.

DUMONT, Micheline. « Réflexions féministes face au pouvoir », dans *Mémoires d'un forum de femmes : Des outils pour agir ensemble*, Montréal, CEQ, 1987, p. 15-21.

DUMONT, Micheline. « Quebec Women and the Contemporary Constitutional Issue », dans F.-P. Gingras (dir.), *Gender and Politics in Contemporary Canada,* McGill-Queen's University Press, 1995, p. 153-173.

DUMONT, Micheline et Stéphanie LANTHIER. « Pas d'histoire, les femmes. Le féminisme dans un magazine québécois à grand tirage : *L'Actualité* », *Recherches féministes : Ils changent... disent-ils*, vol. II, n° 2, 1998, p. 101-124.

DUMONT, Micheline. « Réfléchir sur le féminisme du troisième millénaire », dans M. N. Mensah (dir.), *Dialogues sur la troisième vague féministe*, Montréal, Remue-ménage, 2005, p. 59-73.

FEMMES EN TÊTE. *De travail et d'espoir : Des groupes de femmes racontent le féminisme*, Montréal, Remue-ménage, 1990.

La Gazette des femmes, collection complète, en particulier le numéro de mars 1994 : *Si la tendance se maintient.*

GODBOUT, Lucie. *Les dessous des Folles Alliées : Un livre affriolant*, Montréal, Remue-ménage, 1993.

GUINDON, Geneviève. *Les opinions et les perceptions des jeunes femmes à l'égard du féminisme*, mémoire de maîtrise (sociologie), Université de Montréal, 1996.

LACELLE, Nicole. *À l'école du pouvoir,* Montréal, Remue-ménage, 1999.

MAILLÉ, Chantal. *Cherchez la femme : Trente ans de débats constitutionnels au Québec*, Montréal, Remue-ménage, 1990.

MALETEE, Louise et Marie CHALOUH(dir.). *Polytechnique, 6 décembre*, Montréal. Remue-ménage, 1990.

La Petite Presse, revue de la Fédération des femmes du Québec, collection complète.

QUÉNIART, Anne et Julie JACQUES. *Apolitiques, les jeunes femmes ?*, Montréal, Remue-ménage, 2004.

ROBERTS, Barbara. *Beau fixe on nuage à l'horizon : L'Accord du lac Meech jugé par les groupes féministes du Québec et du Canada*, Ottawa, ICREF/CRIAW, coll. Perspectives féministes, n° 12.

TOUPIN, Louise. « Analyser autrement la "prostitution" et la "traite des femmes" », *Recherches féministes*, vol. 19, n°1, 2006, p. 153-176.

TOUPIN, Louise. « La scission politique du féminisme international sur la question du “trafic des femmes” : vers la “migration” d'un certain féminisme radical », *Recherches féministes*, vol. 15, n° 2, 2006, p. 9-40.

VERDIÈRE, Brigitte. *Femmes en marche : regards sur les actions et revendications de la Marche mondiale des femmes*, Montréal, Marche mondiale des femmes/Remue-ménage, 2002.

La Vie en rose, collection complète (1980-1987) et numéro hors série, Montréal, Remue-ménage, 2005.

図版出典一覧

図1　Collection privée.

図2　Tirée de Henry James Morgan, *Types of Canadian Women and of Women Who Are or Have Been Connected with Canada*, vol. 1, Toronto, William Briggs, 1903.

図3　Tirée de *Le Monde illustré*, vol. 1, n°4, p. 25, 31 mai 1884. Bibliothèque et Archives nationales du Québec. Avec l'autorisation des Éditions de la Pleine Lune.

図4　Harold Mortimer-Lamb, Bibliothèque et Archives Canada, PA 212948.

図5　William James Topley, Bibliothèque et Archives Canada, PA 028033.

図6　Conseil national des femmes du Canada, Bibliothèque et Archives nationales du Québec.

図7　Tirée de Henry James Morgan, *Types of Canadian Women and of Women Who Are or Have Been Connected with Canada*, vol. 1, Toronto, William Briggs, 1903, Bibliothèque et Archives nationales du Québec.

図8　Marie Lacoste-Gérin-Lajoie, Arless, 4 novembre 1895, Bibliothèque et Archives nationales du Québec, Direction du Centre d'archives de Montréal, Collection Institut Notre-Dame du Bon-Conseil de Montréal, P783, S2, SS9, P2/ U. 2. 2. 2

図9　*La Patrie*, 27 mai 1907, p. 1. Reproduction autorisée par Gilles Brown des Éditions Musicobec.

図10

図 11 William Notman & Son Ltd, Collection Cleverdon, Catherine L., Bibliothèque et Archives Canada, C 68506.

図 12 Bibliothèque et Archives nationales du Québec – Série Revues anciennes, n° 2688, séquence 2747242.

図 13 Bibliothèque et Archives Canada/Fonds Thérèse Casgrain/PA-127291.

図 14 *La Patrie*, 1937. Reproduction autorisée par Gilles Brown des Éditions Musicobec.

図 15 Coupure de presse « Femmes sandwich militant pour le droit de vote », anonyme, 1929, Bibliothèque et Archives nationales du Québec, Direction du Centre d'archives de Montréal, Collection Institut Notre-Dame du Bon-Conseil de Montréal, P783, S2, SS9, P2/E.10.

図 16 Affiche tirée de Geneviève Auger et Raymonde Lamothe, *De la poêle à frire à la ligne de feu. La vie quotidienne des Québécoises pendant la guerre '39-'45*, Montréal, Boréal, 1981, p. 3.

図 17 Conférence de presse de Claire Kirkland-Casgrain, ministre du Tourisme, de la Chasse et de la Pêche, Gabor Szilasi 1971, Bibliothèque et Archives nationales du Québec, Centre d'archives de Montréal, Fonds du ministère de la Culture et des Communications, E6, S7, SS1, D710131.

図 18 Archives de la Fédération des femmes du Québec.

図 19 Archives de la Fédération des femmes du Québec.

図 20 Archives de la Fédération du Québec pour le planning des naissances.

図 21 Théâtre du Nouveau Monde, Fonds André Le Coz P29/M105, Service des bibliothèques et archives de l'Université de Sherbrooke.

図22 *Les Têtes de pioche*, vol. 2, n°3, mai 1977.

図23 *L'Autre Parole*, n°1, 1976; *Pluri-elles*, bulletin de liaison des groupes autonomes de femmes, vol. 1, n°6, juin 1978; *Des luttes et des rires de femmes*, bulletin de liaison des groupes autonomes de femmes, vol. 2, n°1, octobre- novembre 1978 ; *Communiqu'Elles*, vol. 16, n° 5, septembre 1989.

図24 *Pour les Québécoises : égalité et indépendance*, 1978. Reproduction autorisée par Les Publications du Québec.

図25 Premier numéro de la *Gazette des femmes*. Reproduction autorisée par Les Publications du Québec.

図26 Réunion des ministres Denis Lazure et Lise Payette, Hôtel Constellation, Montréal, Henri Rémillard 1980, Bibliothèque et Archives nationales du Québec, Centre d'archives et des communications, E6, S7, SS1, D8005923.

図27 Fédération des femmes du Québec, *La Petite Presse*, vol. 5, n° 5, mars 1986.

図28 Conception/réalisation par le collectif La Vie en rose.

図29 Archives de la Fédération des femmes du Québec.

図30 Archives de la Fédération des femmes du Québec.

図31 Archives de la Fédération des femmes du Québec.

図32 Conception Élise Gravel, Archives de la Fédération des femmes du Québec.

図33 Archives de la Fédération des femmes du Québec.

索引

【さ】

【た】

【な】

【は】

【ま】

【や】

【ら】

【著者】ミシュリンヌ・デュモン（Micheline Dumont）
シェルブルック大学名誉教授。専門は歴史学・女性史。
Dumont, Micheline (2022), *De si longues racines : L'histoire d'une historienne*, les éditions du remue-ménage.
Dumont, Micheline (2002), *Découvrir la mémoire des femmes : Une historienne face à l'histoire des femmes*, les éditions du remue-ménage.
Dumont, Micheline, et le Collectif Clio (1992), *Religieuses sont-elles féministes ?*, *Histoire des femmes au Québec depuis quatre siècle*, Éditions du jour.

【訳者】矢内琴江（やうち・ことえ）
長崎大学ダイバーシティ推進センター　コーディネーター／准教授。専門は、社会教育学、フェミニスト・スタディーズ、ケベック研究。主な著作に、村田晶子・森脇健介・矢内琴江・弓削尚子『ジェンダーのとびらを開こう～自分らしく生きるために～』（大和書房、２０２２年）、矢内琴江「貧困地区の住民を支えるアニマトゥール・ソシアルの実践と力量形成―実践者の意識化を支える学びの構造」（日本社会教育学会編『社会教育職員養成と研修の新たな展望』、東洋館出版、２０１８年）など。

本扉画像：LA CENTRALE/Galerie Powerhouse
40周年記念イベント

ケベックのフェミニズム――若者たちに語り伝える物語

二〇二三年四月三日　初版発行

著者　ミシュリンヌ・デュモン
訳者　矢内琴江《やうち ことえ》

発行者　三浦衛
発行所　春風社　Shumpusha Publishing Co.,Ltd.
横浜市西区紅葉ヶ丘五三　横浜市教育会館三階
〈電話〉〇四五・二六一・三一六八　〈FAX〉〇四五・二六一・三一六九
〈振替〉〇〇二〇〇・一・三七五二四
http://www.shumpu.com　✉ info@shumpu.com

装丁　苑田菊見
印刷・製本　シナノ書籍印刷株式会社

ISBN 978-4-86110-834-1 C0036 ¥2800E